工业和信息化普通高等教育
“十四五”规划教材立项项目

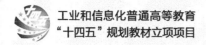

高等院校
市场营销
新形态
系列教材

U0590008

沟通技巧与团队合作

微课版 第4版

惠亚爱 舒燕 / 主编
吕芳 任艳 / 副主编

MARKETING MANAGEMENT

人民邮电出版社
北京

图书在版编目（CIP）数据

沟通技巧与团队合作 : 微课版 / 惠亚爱，舒燕主编
. -- 4版. -- 北京 : 人民邮电出版社，2024.1
高等院校市场营销新形态系列教材
ISBN 978-7-115-62730-8

Ⅰ. ①沟… Ⅱ. ①惠… ②舒… Ⅲ. ①企业管理－市场营销学－高等学校－教材 Ⅳ. ①F274

中国国家版本馆CIP数据核字(2023)第182133号

内 容 提 要

本书系统地介绍了与沟通有关的基本理论和基本技能，以及沟通在日常生活和工作中的应用。本书共12章，具体包括沟通概述、沟通过程、沟通障碍、书面沟通技巧、演讲、会见、电话沟通技巧、上下级沟通技巧、接近客户的技巧、非语言沟通技巧、倾听和团队合作等内容。

本书理论与实践相结合，突出系统性、实践性和实用性，通俗易懂，深入浅出，可作为营销管理类、财会经济类专业及其他相关专业的课程教材，也可作为企业各类管理人员培训和自学的参考书。

◆ 主　　编　惠亚爱　舒　燕
副 主 编　吕　芳　任　艳
责任编辑　孙燕燕
责任印制　李　东　胡　南

◆ 人民邮电出版社出版发行　　北京市丰台区成寿寺路 11 号
邮编　100164　　电子邮件　315@ptpress.com.cn
网址　https://www.ptpress.com.cn
北京盛通印刷股份有限公司印刷

◆ 开本：700×1000　1/16
印张：12.25　　2024 年 1 月第 4 版
字数：260 千字　　2025 年 9 月北京第 5 次印刷

定价：49.80 元

读者服务热线：(010)81055256　印装质量热线：(010)81055316
反盗版热线：(010)81055315

前 言

党的二十大报告指出，育人的根本在于立德。本书的修订始终以“立德树人”为理念，让学生在工作和生活中学会与不同的人打交道，树立正确的沟通意识，提升沟通能力，成为会沟通、懂礼貌的社会有用之才。

本书通过对沟通理论和技能的系统分析以及对众多案例的深入研究，总结出一套完善的沟通学习体系。本书立足职场，紧扣职场人员所需的知识、技能和态度，系统全面地介绍了沟通与团队合作的基本技巧。

本书具有以下特色。

（1）注重能力的培养。本书根据应用型和高素质技术技能人才培养体系的要求，把培养学生的综合能力作为人才培养的重点。而沟通能力既是一种基本的能力，又是一种可持续发展的能力，是人才培养中的关键能力，因此培养沟通能力有助于提高学生的综合职业能力。

（2）形式多样。本书不仅以二维码形式嵌入微课视频，重点讲解每章的重点、难点知识；而且设置了“案例”等模块，可提高读者的阅读体验和兴趣。

（3）立德树人。本书每章设有“素养目标”“素养课堂”板块，对培养新时代德、智、体、美、劳全面发展的社会主义建设者和接班人具有非常重要的意义。

（4）案例丰富。本书选取了大量贴近行业实际的沟通案例，通过对案例的阐述和分析，加深学生的理解。

本书由惠亚爱、舒燕担任主编，吕芳、任艳担任副主编。具体分工为：惠亚爱教授负责本书的统稿并修订了第7章、第8章和第11章；舒燕老师修订了第4章、第6章和第9章；吕芳老师修订了第1章、第2章和第3章；任艳老师修订了第5章和第10章；彭江浩老师修订了第12章。

限于编者水平，本书尚有不足之处，诚望读者不吝指正！

编　者

2023年7月

目 录

第1章 沟通概述

【学习目标】	1. 掌握沟通的内涵 2. 树立沟通意识
【技能目标】	1. 培养良好的沟通态度 2. 具备沟通的基本能力 3. 掌握不同的沟通类型
【素养目标】	树立文化认同和文化自信

案例导入

李老太的空调

七月份，天气炎热，李老太在某家电卖场买了一台空调。工作人员上门安装好后，李老太仅使用了两天就发现空调出现了故障。无奈之下，李老太又跑去卖场和销售员发生了如下对话：

李老太："姑娘，我的空调从你们这买回去才两天就坏了，这么热的天，让人怎么办哟？！"

销售员："家电一经售出，质量问题都由售后部门负责，我们是不管的。"

李老太："我就是从你这买的，你不管谁管啊？我找谁去呀？"

销售员："都说了不归我们管，找售后去。"

李老太非常生气，直呼要经理出面来解决问题。经理来到后首先批评了销售员，然后对李老太说："阿姨，家里空调坏了，这么热的天太难熬了。这样，您先回家，我帮您联系售后工作人员尽快上门为您维修。麻烦您告诉我您的家庭住址、电话号码和空调品牌。"接着当着李老太的面给售后部门打电话预约维修，之后又将售后部门的联系电话存在李老太的手机上。李老太这才满意地离开卖场回家了。

本案例中，销售员所说属实，却没能让客户满意并受到批评的主要原因是：沟通不仅是信息的传递与反馈过程，而且是感情的传递与反馈过程；沟通不仅要关注说了什么，而且要关注所说内容达到了怎样的效果。经理的沟通体现了非常重要的一点：说要说得对方愿意听；听要听得对方愿意说。这就实现了通畅的、令双方满意的沟通。

1.1 沟通的内涵

扫一扫 微课视频

1.1.1 沟通的含义

1. 沟通是一项活动

“沟通”一词的本意是挖沟开渠使两水相互流通畅达。沟通有名词和动词之分，作为名词的沟通是指一种状态，作为动词的沟通是指一种行为。后来，沟通一词被用来比喻两种思想的交流与分享等。在信息社会中，沟通又泛指信息沟通。

人类需要沟通，沟通是建立人际关系的手段。人们通过沟通与周围的社会环境相联系，而社会环境又是由人们互相沟通所维持的关系组成的一张大网。沟通就像血液流经人的心血管系统一样流经社会系统，为有机体服务。例如，中国女排姑娘们在赛场上通过呐喊、手势、表情、眼神进行充分沟通，既发挥了中国女排的战术水平，又发扬了中国女排团结战斗、无所畏惧的精神。赛场上女排姑娘们的沟通是自然而然的、必需的、无处不在的。人们在工作和生活中，也需要沟通。

2. 沟通是一门科学

20世纪70年代末80年代初，海外学者把传播学引入中国，与沟通联系在一起。

（1）沟通的渊源。沟通作为传播学的核心概念，原译自英文单词 communication。从翻译角度看，该单词又可译为传播、通信、交换、交流、交通、交际、交往等。在现代汉语中，交流与沟通意义相近，都是一种相互交换的活动；而传播则强调单方面行为以及这种行为使信息在社会中的传递、流传和散播。本书将以沟通作为学科的中心术语，同时以传播、交流、交际、交往作为表述的近义词语。

（2）沟通的学科定义。据不完全统计，沟通的定义迄今有 150 多个。概括地说，沟通的定义有以下几种类型。①共享说：强调沟通是传者与收者对信息的分享。例如，美国传播学家施拉姆认为：“我们在沟通的时候，是努力想同谁确立‘共同’的东西，即我们努力想同谁‘共享’信息、思想或态度。”②交流说：强调沟通是有来有往的、双向的活动。例如，美国学者霍本认为：“沟通即用言语交流思想。”③影响（劝服）说：强调沟通是传者欲对收者（通过劝服）施加影响的行为。例如，美国学者露西和彼得森认为：“沟通这一概念，包含了人与人之间相互影响的全部过程。”④符号（信息）说：强调沟通是符号（信息）的流动。例如，美国学者贝雷尔森认为：“所谓沟通，即通过大众传播和人际沟通的主要媒介所进行的符号的传送。”

由于具有中国特色的沟通学这门独立学科在我国还未建立，也没有系统的理论作为支撑，因此我们有必要对它的概念进行界定。我们侧重在沟通活动和行为方面进行分析和认识，研究个人的沟通行为，研究人际互动中的沟通关系，并注重其实用性。从这个意义上来讲，我们认为，沟通学应是社会学或人类学（anthropology）的分支学科。沟通是人类的一种行为，是人类的一种活动。它的语言文化表现形式有：语言的沟通、准语言的沟通和体态语的沟通。

我们认为，把沟通学放在人类学或社会学中进行研究，既能加深人们对沟通活动及其过程的理解和分析，又有助于人们对社会化与人际关系、人类互动关系及其影响的理解，更有助于人们认识世界，认识人类语言现象和非语言现象，对人们思考人生及其价值都将产生积极意义。

基于此，本书把沟通定义为：沟通是人类借助于共同的符号系统（包括语言符号和非语言符号）获得信息、彼此传递和交流信息的个人行为和社会互动行为，是人类有意识的活动及能力。

1.1.2 沟通的内涵

扫一扫 微课视频

根据沟通的概念和性质，沟通的内涵主要包括以下几个方面。

1. 沟通不是“只说给别人听”

有人认为，沟通是“我说给你听”。我是说话者，你是听话人，我发出一条信息并传递给你，你收到信息后译解，然后采取令我满意的行动。但是，我说给你听，你未必都愿意听；就算你听了，也不见得真正听懂了我的意思；即使你听懂了我的意思，也不一定会按我的意图去行动。因此，沟通并不是片面的“我说给你听”。

2. 沟通不是“只听别人说”

“世事洞明皆学问。”无论何时何地、面对何人，我们都有学不完的东西。多听别人的话，可以让我们学到许多书本上没有的东西，从而对我们产生很大的助益。

然而，仅仅你说我听，算不上有效的沟通。因为，仅仅你说我听，我以为我听懂了，其实可能没有听懂。因为，当我照着你说的去做的时候，结果却证明“原来我听错了”，这等于没有沟通，甚至会带来危害。

3. 沟通是“通”彼此之“理”

沟通是人与人之间传达思想、观念或交换情报、信息的过程，等于“你说给我听”加上“我说给你听”，以求得相互了解并且使彼此达到某种程度的理解。

沟通，“理”是基础，但“通”理首先要寻求共鸣。常言道，“酒逢知己千杯少，话不投机半句多”。寻求共鸣可使你成为对方的知己，避免话不投机。所谓“共鸣”，是沟通双方在思想感情上获得一致的体验，产生共鸣意味着沟通双方的情绪已经融洽，这为通“理”铺平了道路，使对方从心理上愿意接受你的观点和主张。

案例1

真诚的发言

德国一家知名的电器公司在某一年推出了一个新产品。他们准备设计一个出色的商标，并重点把这个新产品推向日本市场。公司的总经理设计了一个商标，并自鸣得意。在一次会议上，他提议大家对他设计的商标进行讨论。会上，这位总经理说："我想，这个商标一定是非常合适的。它的主题图像太阳，和日本国旗有点相似，日本人肯定会喜欢它。"

看起来，举行这个会议的实际意义不大。因为大家似乎都只有一种选择，那就是同意总经理的意见，所以绝大多数人都赞扬这个商标。（你的内心或许不赞同总经理的设计，可是你做好如何提出意见的准备了吗？）

这时，广告部经理站起来说："这个商标设计得太完美了（言外之意：我认可你的劳动付出与才思）！毋庸置疑，日本人一定会喜欢这样的商标（言外之意：我刚才认真倾听了你的观点）。但是，问题在于我们的商品并非全部销往日本，也销往亚洲的其他国家，其他国家的消费者都会喜欢这个商标吗（言外之意：这个设计还是有问题的）？"（你提出问题，让他自己想，把你想说的变成他的观点更容易得到认可。）

本案例中广告部经理在发言时既给总经理留了面子，也暗示了该商标的问题，不会因为自己的发言而得罪人，反倒会给别人留下真诚、可靠的印象。

1.2 沟通的层次与原则

1.2.1 沟通的层次

无论是服务消费者，还是与朋友交往、与客户谈判等，每个人都希望可以成为沟通高手。而实际上，每个人受到人格特质、家庭成长环境、接受教育情况和社会接触面等诸多因素的影响，形成了具有独立风格的沟通习惯。根据沟通效果，沟通基本可以分为以下4个层次。

（1）阻断与抗拒。这个层次的沟通是完全无效的，类似我们常说的冥顽不灵、顽固不化，一般多见于情绪激动等情况。常听到的语言信号为"哼""你凭什么这么说"等。

（2）鸿沟现象。这个层次的沟通中信息的接收与传递往往只是信息的发布与传达，其效果完全取决于接收者对自我的认识与对沟通的重视程度。所谓鸿沟现象，是指在沟通过程中基本为单方交流，就像两个人站在天堑的两边，之间仿佛有一道天然的鸿沟，始终无法平等交流。这一层次的沟通类似我们说的耳边风或填鸭，也就是只有"沟"没有"通"的现象，一般多见于领导训话、颁布指令等。常听到的语言信号为"哦""嗯""啊"等。

（3）桥梁效应。这个层次的沟通使双方在互动过程中得到磨合以达成共识。所谓桥梁效应，是指经过互动与信息的碰撞与磨合，双方可以逾越鸿沟，达成共识。这一层次的沟通类似我们所说的讨论、争辩、交流等情况，一般多见于经验交流、共同协作完成某项任务等。常听到的语言信号为"你是什么感觉""说说你的看法"等。

（4）及时回应。这个层次的沟通已经跳出了基本沟通的圈子，它融合了对人们根本心理需求的体察与人性化理念的运用，是确实有效的沟通。这一层次的沟通类似我们说的发自内心的交流、自然的沟通等情况。常听到的语言信号为"经过我们的相互讨论，我想我们已经达成了共识""请稍等，我5分钟后与你讨论"等。

1.2.2　沟通的原则

要使沟通有良好的效果，必须遵循以下 3 个原则。

（1）谈论行为不谈论个性。谈论行为就是讨论一个人所做的某一件事情或者说的某一句话。谈论个性就是谈论对某一个人的观点或看法，如我们通常所说的这个人是好人还是坏人等。因此，“谈论行为不谈论个性”的原则就是“对事不对人”的原则。为了避免出现矛盾或激化矛盾，我们都应该坚持“谈论行为不谈论个性”的原则。

（2）明确沟通。明确沟通就是在沟通的过程中说的话一定要非常明确，能让对方产生准确的、唯一的理解。在沟通的过程中，有人经常会说一些模棱两可的话。例如，经理拍着下属的肩膀说：“某某，你今年的成绩非常好，工作非常努力。”这句话好像是在表扬对方，但是接下来他还说了一句：“希望你明年更加努力。”这句话好像又是在说对方不够努力，这就容易让对方产生误解。所以，沟通时一定要明确自己所说的话。

（3）积极倾听。积极倾听是调动全身各器官协同合作，有意识地对信息进行积极主动的搜寻行为。通俗地说，积极倾听即用耳倾听、用眼观察、用嘴提问、用脑思考、用心感受。积极倾听，不仅是获得信息、实现沟通的途径与原则，而且是沟通双方了解彼此思想与情感的途径之一。

1.3　沟通的类型

扫一扫　微课视频

由于沟通具有互动性和社会性，因此我们可以根据不同的标准对沟通进行分类。一般来说，沟通分为以下几种。

1.3.1　语言沟通和非语言沟通

按照信息的载体，沟通可以分为语言沟通和非语言沟通。

1. 语言沟通

语言沟通是指以词语符号实现的沟通，可以分为口头语言沟通与书面语言沟通。口头语言沟通是指借助于口头语言实现的沟通，是日常生活中常用的沟通方式，同时也是能保持信息整体性的沟通方式。我们平时的交谈、讨论、开会等都离不开口头语言沟通。书面语言沟通是指借助于书面文字材料实现的信息交流。书面语言沟通可以修正内容，因此是一种准确性较高的沟通方式。书面语言沟通的另一个优点是具有持久性，它使沟通过程超越了时间和空间的限制。人们通过文字记载，不仅可以研究古人的思想，也可以将当代人的成就传给后代。但是，书面语言沟通缺乏信息发送者背景信息的支持，使信息接收者感受不到信息发送者的人格和情感因素。因此，该沟通方式对信息接收者的影响力有限。

2. 非语言沟通

非语言沟通包括身体动作、眼神、面部表情以及信息发送者和信息接收者之间的身体距离等。有学者认为，每一种身体动作都有其意义，都不是随便表现出来的。身体语言补充了语言沟通的不足，并常常使语言沟通更为复杂。身体动作或运动本身并不带有精确的或普遍性的意义，但将它与口头语言结合起来，就会使信息发送者发送的信息更为丰富。对于信息接收者来说，留意沟通中的非语言信息十分重要。信息接收者在倾听信息发送者的语言的同时，还应注意非语言线索，尤其应注意二者之间的矛盾所在。1965 年，美国心理学家乔治·米拉经过研究发现，沟通的效果来自文字的不过占 7%，来自声调的占 38%，而来自身体语言的占 55%。当语言信息与非语言信息存在矛盾时，非语言沟通传达的信息更令人信服。

非语言信息的类型主要有以下几种：形体语言，包括面部表情、目光、手势、肢体动作等；个人身体特征，包括体形、体格、姿势、气味、身高、体重、发色及肤色等；副语言，包括音质、音量、语速、语调等；空间利用，包括人们利用和理解空间的方式，如座位的布置、谈话的距离等；物理环境，包括内部装潢、整洁度、光线、家具和其他摆设等；时间安排，包括迟到或早退、让他人等候、对时间的不同理解等。

非语言信息有以下 4 种沟通功能：反映对他人的态度，如友好或厌恶等；提供心理信息，如是否自信及自信的程度等；传递情绪信息，如情绪的变化程度等；揭示相关信息，如个人偏好、权力地位等。

素养课堂

曾国藩的“一面识人”

有一次，李鸿章带 3 个人去拜见曾国藩，想请曾国藩为他们分派合适的职务。当时正巧曾国藩出去散步，李鸿章就安排他们站在屋外等候。

待曾国藩散步回来，李鸿章禀明来意并请曾国藩考察三人能力。曾国藩说道：“不必了，刚才散步回来，我走过三人身边，三人同时向我施礼。施礼完毕后，左边那个人还低着头，态度温顺，小心翼翼，大气都不敢喘，可见是老实谨慎之人，虽忠厚但不勇猛，因此安排他镇守后方，做后勤供应一类的工作。中间那位，行礼之时毕恭毕敬，但等我走后，便左顾右盼，神色不端，看着心浮气躁，明显是个阳奉阴违、两面三刀之徒，万万不可重用。右边那位，始终挺拔而立，神色坚毅，向我行礼时也不卑不亢，是大将之才，可委以重任。将来他的成就，不会在你我之下。”

李鸿章听后，便按照曾国藩的要求为三人安排职务。果不其然，那位“大将之才”便是后来立下赫赫战功、官至台湾巡抚的刘铭传。

本则故事中，曾国藩仅通过三人的非语言信息的传递就解读出三人的性格特征，体现出非语言信息在沟通中传递信息的功能。

1.3.2 正式沟通和非正式沟通

按照沟通的组织系统，沟通可以分为正式沟通和非正式沟通。

1. 正式沟通

正式沟通是指通过组织明文规定的渠道进行的信息传递和交流，如按组织系统逐级下达的上级批示或下级将情况、意见向上级反映等。正式沟通的优点在于沟通效果好，具有较强的约束力。一般较重要的信息采用这种沟通方式。但它也有局限性，如沟通速度慢、不易于沟通感情等。

2. 非正式沟通

非正式沟通是在正式沟通渠道之外进行的信息传递和交流，如员工之间私下交谈，各抒己见等。正式沟通一般是官方的、规范的，而非正式沟通则是非官方的、非规范的。我们在进行非正式沟通时要注意甄别信息，不要被流言蜚语干扰，以至于混淆视听，使信息失真。

在一些情况下，交互使用正式沟通与非正式沟通可增强沟通效果。例如，同事们对公司的某个制度不满意，私下里经常抱怨（非正式沟通）。在这种情况下，非正式沟通解决不了问题，大家不如将意见整合成一份正式的书面意见，并提出合理的解决方案，采用正式沟通渠道递交给管理部门（正式沟通）。只有这样，管理部门才会重视，问题才有可能被解决。

1.3.3　上行沟通、下行沟通和平行沟通

按照组织结构和流动方向，沟通可以分为上行沟通、下行沟通和平行沟通。

1. 上行沟通

上行沟通是指下级将情况、意见通过组织系统向上级反映的沟通形式，也就是自下而上的沟通，如汇报工作、表明态度、提出建议等。但如果群体的组织结构不完善、组织层次过多，上行沟通就会受到影响。因此，疏通沟通渠道，如进行民意测验、召开各种类型的座谈会、设立建议箱、实行领导接待来访制度、开展抽样调查等是十分重要的。

与上级沟通的具体建议：主动与上级交流，如谈论对工作的意见或建议等，这代表下级在用心工作并向上级展现自己；学会提建议，要提出成熟的建议并把握交流时机，但千万不要表露出“我比你聪明”“你不行”等信息；不卑不亢，要在尊重上级的基础上，有独立的见解；要清楚上级需要的是有见识并且诚实可靠的下属；正确对待来自上级的批评和指正，虚心接受正确的部分，委婉拒绝错误的部分；以理服人，不顶撞上级；语气恰当、措辞委婉，做到言简意赅。

2. 下行沟通

下行沟通是指组织内部上级管理人员向下级人员传达指示和发布命令、通知、通报等。下行沟通顺畅，管理者就能很快把自己的意图传达给员工，使员工提高自身行动的自觉性，为实现管理者的决策和集体活动目标而努力工作。

与下级沟通的具体建议：尊重下级，这是得到对方尊重的前提，诚恳态度不是一种妥协和退让，而是需要在必要的时候保持权威；清晰、明确地下达指令，话语简洁有力、没有歧义，便于下级理解上级下达的指令，以确保指令被有效执行；不要朝令夕改，要确保指令都是成熟的想法；随时和下级谈心，了解下级的想法和意见，这是防患于未然的重要方法；明确每次沟通的主题，选择合适的时间和地点进行沟通；了解谈话对象，以更好地

引导谈话；对下级进行有效批评，要清楚孰能无过，批评时对事不对人，保持公平公正的态度，秉持适度的原则，还要对其进行鼓励，以达到最佳的沟通效果。

3. 平行沟通

平行沟通是指同一层次的组织人员之间的信息交流，即横向联系，包括群体内部平行组织之间的横向信息交流、群体之间的信息交流。平行沟通是保持组织间正常关系的重要条件，对加强平行单位之间的相互了解、增进团结、搞好协作、克服本位主义等极其有益。如果平行沟通渠道不畅通，群体、下属部门就会各自为政，从而容易使部门之间产生隔阂、矛盾和冲突。因此，平行沟通是不容忽视的一种沟通方式。

在平行沟通中，与平级同事沟通的具体建议如下。

第一，对同事多赞美，少指责，一定要真诚、有原则地赞美，赞美得越详细、越具体，越能表现真诚，赞美的效果就越好。例如，“你很优秀”和“你的工作方法很新颖，你为人和善，我们都喜欢与你一起工作”相比，第二种赞美更能够让被赞扬的一方感受到真诚。

第二，端正心态，纠正态度，避免对人不对事。

第三，学会调节气氛，可适当幽默，但要注意分寸、场合与沟通对象。讽刺挖苦他人不是幽默，万不可将玩笑建立在他人的痛苦之上。

第四，多倾听，少说话，态度谦逊有礼，多发现别人话语中的积极因素。

第五，在遇到为难的事情时学会巧妙地拒绝，以维持关系为前提，讲出拒绝的原因。

第六，注意交谈中的忌讳，如不要探听别人的隐私，要保护对方的弱点；保持低调谦虚的态度；不要命令别人；等等。

案例2

陈经理的委屈

财务部陈经理每月总会按照惯例请下属吃一顿饭。一天，他走到休息室叫员工小马通知其他人晚上吃饭。

快到休息室时，陈经理听到里面有人在交谈，他从门缝看过去，原来是小马和销售部员工小李在里面。

小李对小马说：“你们陈经理对你们很关心，我见他经常请你们吃饭。”

“得了吧！”小马不屑地说，“他就这么点儿本事，笼络人心，遇到真正需要他关心、帮助的事情，他没一件能办成的。就拿上次公司办培训班的事儿来说，谁都知道如果能上这个培训班，工作能力会得到很大提高，升职机会也会增加。我们部门几个人都很想去，但陈经理却一点儿都没察觉到，也没积极为我们争取，结果让别的部门抢了先。我真的怀疑他有没有真正关心过我们。”

“别不高兴。”小李说，“走，吃饭去。”

陈经理只好满腹委屈地回到自己的办公室。

本案例中，上级陈经理和下属之间因为沟通不充分，产生了误会与隔阂。因此不论是在工作中还是在生活中，我们都应重视沟通并注意应用合理的沟通技巧。

1.3.4　单向沟通和双向沟通

按照信息流通的方向，沟通可以分为单向沟通和双向沟通。

1. 单向沟通

单向沟通指的是信息发送者以命令的方式面向信息接收者，一方只发送信息，另一方只接收信息，双方无论在语言上还是在情感上都不存在信息反馈。例如，发指示、下命令、电视授课、广播演讲与报告等都属于单向沟通。单向沟通的优点在于快捷、迅速。但是在单向沟通中，信息发送者和信息接收者之间没有讨论的余地。所以，从单向沟通得到的信息往往并不十分准确。另外，单向沟通比较严肃呆板，当信息接收者具有潜在的沟通障碍时，易产生抗拒、对立的情绪。

2. 双向沟通

双向沟通指的是信息发送者以协商、讨论或征求意见的方式面对信息接收者，在信息发出以后，信息发送者还需要及时听取反馈意见，必要时还要与信息接收者进行多次交流，直到双方都准确把握了信息。例如，召开座谈会、听取情况汇报等都属于双向沟通。双向沟通的优点在于信息发送者和信息接收者间有反馈机会，易于准确把握信息。同时，双向沟通比较灵活自由，信息接收者有表达自己观点、建议的机会，因此有利于双方相互理解，形成融洽的人际交往关系。但是，在双向沟通中因为要听取反馈意见，所以传递信息的速度较慢。

1.3.5　自我沟通、人际沟通和群体沟通

按照沟通者的目的，沟通可以分为自我沟通、人际沟通和群体沟通。

有的时候，信息的发送者和接收者是同一个人，这种在个人内部发生的信息传递的过程就是自我沟通。它是其他形式的人与人之间成功沟通的基础。

人际沟通指的是两个人之间发生的信息传递的过程。它是人际交往的起点，是建立人际关系的基础。

群体沟通指的是三个及三个以上的个体之间发生的信息传递的过程。

沟通能力不是某些人所独有的，也不是可望而不可即的。只要勇于实践、积极沟通，沟通能力就会提高。但有的人缺乏沟通实践，对沟通的惧怕、忧虑和不适应会使其存在沟通缺陷。害怕沟通可能是心理现象，也可能是生理反应。不愿意沟通是一种观念，可能是由生活中的挫折等因素导致的，害怕沟通是不愿意沟通存在的一个主要原因。而沟通缺乏属于一种实践活动，主要受人们不愿意沟通观念的支配。沟通缺乏的结果必然是沟通能力不强。因此，沟通的实践活动是基本、关键的因素，它不仅明显地影响着人们的沟通心理和沟通认识，而且直接制约着人们沟通能力的提高。

沟通能力的提高没有捷径，只有在实践过程中遵循“敢于沟通，坚持沟通，善于沟通，走向成功”的理念。我们每一个人经过实践、反思和再实践，都可以成为沟通的高手。

本章小结

◆ 在多元化社会中，要想整合各有所长的意见，就要靠沟通。沟通的具体内涵包括：沟通不是“只说给别人听”；沟通不是“只听别人说”；沟通是“通”彼此之“理”。

◆ 根据沟通效果，沟通基本可以分为以下 4 个层次：阻断与抗拒、鸿沟现象、桥梁效应、及时回应。

◆ 高效沟通的 3 个原则：谈论行为不谈论个性、明确沟通、积极倾听。人们依靠沟通才能达成共识，并发挥群体的力量。

◆ 根据不同的标准，沟通可以分为多种类型，不同类型的沟通分别具有不同的优缺点。

◆ 沟通能力与个人生活密切相关，只有勇于实践、积极沟通，沟通能力才可能得到提高。

思考题

1．什么是沟通？沟通的具体内涵包括哪几个方面？

2．当你要传递一些信息给你的亲朋好友时，你可以给他们写信，也可以与他们交谈。这两种沟通方式各有何优缺点？

3．说说沟通在哪些方面对我们的生活很重要。

4．与平级同事沟通有哪些要求？

5．沟通的原则有哪些？

技能训练

你想了解自己的性格属性吗？你是一个善于沟通的人吗？让我们一起来做下面的测试吧！

沟通技能自我测试

请回答以下 6 个问题，根据表格所列得分规则计算得分，算出总分后，你便可知道自己是否善于沟通：(　　)

A．一个朋友邀请你参加她的生日宴会，可是参加生日宴会的人中没有任何一位是你认识的。

a．你非常乐意去认识他们

b．你愿意早去一会儿帮助她筹备生日宴会

c．你借故拒绝，告诉她：“那天已经有别的朋友邀请我了。”

B．在街上，一位陌生人向你询问去火车站的路径，但这是很难解释清楚的，况且你还有急事。

a．你让他去向远处的警察打听

b．你尽量告诉他

c．你向他指明火车站的方向

C．你表弟来到你家，你已有两个月没见到他了。可是，这天晚上有一个非常精彩的电视节目。

a．你关上电视机，让他看你假期拍的照片

b．你说服他与你一起看电视

c．你开着电视机，与他议论

D．你父亲给你寄钱来了。

a．你把钱搁在一边

b．你和朋友小聚一番

c．你买一些东西，如油画、一盏漂亮的灯等，装饰你的卧室

E．你的邻居要去看电影，让你照顾一下他们的孩子，你把孩子放在卧室睡觉，但孩子醒后哭了起来。

a．你关上卧室的门，到客厅去看书

b．你把孩子抱在怀里，哼着歌让他入睡

c．你看看孩子是否需要什么东西，如果他无故哭闹，你就让他哭，他终究是会停下来的

F．如果你有闲暇时间，你会干什么？

a．与朋友一起看电影，并与他们一起讨论

b．到商店去买东西

c．待在卧室听唱片

计分方法如表 1-1 所示。

表 1-1　计分方法

题号	a 项得分	b 项得分	c 项得分
A	2 分	3 分	1 分
B	1 分	2 分	3 分
C	3 分	2 分	1 分
D	1 分	3 分	2 分
E	1 分	3 分	2 分
F	3 分	2 分	1 分

总分为 14～15 分：说明你非常喜欢沟通。你的朋友们非常喜欢你，这是可以理解的。你总是面带笑容，为别人考虑的比为自己考虑的多。朋友们为认识你而感到幸运。

总分为 8～13 分：说明你不喜欢独自一个人待着，你需要有朋友在身边，你非常喜欢帮助别人。比起关爱别人，你更加需要被人关爱。

总分在 8 分以下：说明你置身于众人之外，仅仅为自己而活着，是一位利己主义者。

第2章 沟通过程

【学习目标】	1. 了解沟通模式的含义及其内容 2. 掌握沟通过程及其中包含的要素 3. 了解沟通与信息的关系 4. 掌握符号及其意义的内涵
【技能目标】	1. 能够熟悉沟通模式和过程 2. 能够熟练掌握某种类型符号的内涵
【素养目标】	1. 培养主动沟通的意识和能力 2. 了解东西方文化差异，培养辩证看待问题的能力

案例导入

大仲马就餐

法国作家大仲马到一家德国餐馆就餐，本想品尝有名的德国蘑菇，可是服务员根本听不懂法语，而他又不会德语。于是，他灵机一动，在纸上画了一张蘑菇图交给服务员。服务员一看，马上飞奔出去。大仲马心想，总算让服务员明白自己的意思了。谁知过了一会儿，服务员气喘吁吁地跑回来，递给他一把雨伞。

本案例中，双方由于语言不通，无法实现有效的沟通，大仲马就将他认为能够表达自己意思的符号作为他的沟通媒介，可是服务员在接收信息时对该符号的解读与大仲马的不同，这就出现了解码差异。我们只要了解沟通的基本过程和要素，就可以避免类似问题的发生。假如大仲马不仅画了蘑菇，还在蘑菇下面画了盘子，就能排除蘑菇与雨伞相像的干扰，那么服务员产生理解偏差的概率就会小很多。

2.1 沟通的过程

扫一扫 微课视频

沟通的过程是指沟通主体对沟通客体进行有目的、有计划、有组织的思想、观念、信息交流，使沟通成为双向互动的过程，也是信息发送者将信息通过选定的沟通渠道传递给信息接收者的过程。

在传播学的研究史上，不少学者采用构建模式的方法对传播过程的结构和性质做了各种各样的说明。所谓模式，是指科学研究中以图形或程式的方式阐释对象的一种方法。模式既与现实事物具有对应关系，但又不是对现实事物的单纯描述，具有某种程度的抽象化和定理化性质；它与一定的理论相对应，但又不等于理论本身，而是对理论的一种解释或描述，且一种理论可以与多种模式相对应。可以说，模式是人们理解事物、探讨理论的一种有效方法。正因如此，在沟通学的研究中，模式的使用非常普遍。

第一位提出沟通过程模式的是美国学者拉斯韦尔。1948 年，他在《传播在社会中的结构与功能》的论文中，首次提出了构成传播过程的 5 个基本要素，并按照一定的结构顺序对它们进行排列，形成了被人们称为“5W 模式”或“拉斯韦尔程式”的过程模式。这 5 个基本要素分别是谁（who）、说什么（say what）、通过什么渠道（in which channel）、对谁（to whom）、取得什么效果（with what effect）。

拉斯韦尔程式第一次将人们天天从事却又阐释不清的沟通活动明确表述为由 5 个环节和 5 个要素构成的过程，为人们理解传播过程的结构和性质提供了具体的出发点。此后，沟通学者们不断地开发和修正沟通过程，提出了比较完整的沟通过程模式，如图 2-1 所示。

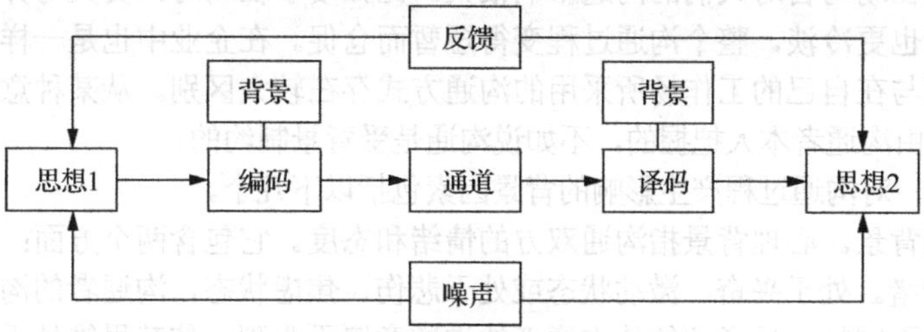

图 2-1　沟通过程模式

这一沟通过程模式包括 8 个要素：思想 1、编码、通道、译码、思想 2、反馈、背景和噪声。其中，形成思想 1、编码由信息发送者完成，而给出译码、形成思想 2 则是信息接收者的任务。

2.2 沟通过程中的要素

沟通过程中的要素具体如下。

1. 编码与译码

编码是信息发送者将其信息符号化，编成一定的文字等语言符号及其他形式符号的过程。译码则恰恰相反，是信息接收者在接收符号后，将符号还原为信息，并理解其意义的过程。完美的沟通应该是经过编码与译码两个过程后形成的思想 2 与思想 1 完全吻合。也就是说，编码与译码完全对称。对称的前提条件是双方拥有共同的意义空间，如果双方对信息符号及信息内容缺乏共同经验，即缺乏共同语言，则编码、译码过程会不可避免地出现偏差。

因此，甲方在编码的过程中必须充分考虑乙方的经验背景，注重内容、符号对乙方的可读性；乙方在译码的过程中也必须以甲方的经验为背景，这样才能更准确地把握甲方要表达的真正意图，而不至于曲解、误解其本意。

2. 通道

通道是由信息发送者选择的、用来传递信息的媒介物。

不同的信息内容要求使用不同的通道。例如，政府工作报告不宜以口头而应采用正式文件作为通道；而邀请朋友吃饭，则宜选择电话、短信作为通道。

有时人们可以使用两种或两种以上的通道。例如，双方可先口头达成一个协议，然后予以书面认可。由于各种通道都有其利弊，因此选用恰当的通道对实现有效沟通十分重要。但是，在各种沟通方式中，影响力最大的仍然是面对面沟通。面对面沟通时，我们向对方传递的除了词语本身的信息外，还有沟通者整体心理状态的信息，这些信息使得信息发送者和信息接收者可以产生情绪上的相互感染。

3. 背景

沟通总是在一定背景下发生的，任何形式的沟通都要受到各种环境因素的影响。研究发现，配偶在场与否对人们的沟通影响很大。比如妻子在场时，丈夫与异性保持的距离更大，表情也更冷淡，整个沟通过程变得短暂而仓促。在企业中也是一样的，员工在总经理办公室与在自己的工作场所采用的沟通方式存在较大区别。从某种意义上说，与其认为沟通是由沟通者本人把握的，不如说沟通是受背景制约的。

一般认为，对沟通过程产生影响的背景因素包括以下几个。

（1）心理背景。心理背景指沟通双方的情绪和态度。它包含两个方面：其一是沟通者的心情、情绪。处于兴奋、激动状态或处于悲伤、焦虑状态，沟通者的沟通意愿、沟通行为是截然不同的，后者往往使沟通者的沟通意愿不强烈，使其思维处于抑制或混乱状态，编码、译码过程自然会受到干扰。其二是沟通者对对方的态度，如果沟通双方彼此敌视或关系淡漠，沟通过程则常由于偏见而出现偏差，双方都较难准确地了解对方的思想。

（2）物理背景。物理背景指沟通发生的场所。特定的物理背景往往形成特定的沟通气氛。在一个千人礼堂演讲与在自己的办公室慷慨陈词，其气氛和沟通过程是大相径庭的。

（3）社会背景。一方面，社会背景指沟通双方的社会角色关系。对应不同的社会角色关系，人们有不同的沟通模式。上级可以拍拍下级的肩头，告诉他要以厂为家；但下级绝不能拍上级的肩头，告诫他要公而忘私。因为对应每一种社会角色关系，无论是上下级关系还是朋友关系，人们都有一种特定的沟通方式预期，沟通方式只有符合这种预期，才能被人们接纳。但是，这种社会角色关系也往往成为沟通障碍，如下级往往对上级投其所好等，这就要求上级能主动改变，消除这种角色预期带来的负面影响。另一方面，社会背景还包括沟通情境中对沟通产生影响但不直接参与沟通的其他人。比如，上级在场与否或竞争对手在场与否，人们沟通采用的措辞、言谈举止是大不相同的。

（4）文化背景。文化背景指沟通者长期的文化积淀，也是沟通者较稳定的价值取向、思维模式、心理结构的总和。它们因已转变为人们精神的核心部分而为人们自动保持，是思考、行动的内在依据。因此，人们通常体会不到文化对沟通的影响。实际上，文化影响着每一个人的沟通过程，影响着沟通的每一个环节。当不同文化发生碰撞、相互交融时，人们往往才能发现这种影响。例如，西方国家重视和强调个人，其中人们的沟通风格也是个体取向的，并且直言不讳；对于组织内部的协商，西方管理者习惯于使用布告等正式沟通渠道来表明自己的看法和观点。而在一些东方国家，人际间的相互接触相当频繁，沟通渠道多是非正式的，管理者针对一件事一般是先进行大量的口头磋商，然后才以文件的形式总结已做出的决议。这些文化差异使得不同文化背景下的管理者在协商、谈判过程中遇到不少困难。

4. 反馈

沟通过程的最后一环是反馈。反馈是指信息接收者把信息返回给信息发送者，并对信息是否被理解进行核实的过程。为检验信息沟通的效果如何、信息接收者是否正确接收并理解了每一条信息的内容，反馈是必不可少的。在得到反馈之前，我们无法确认信息是否已经得到有效的编码、传递和译码。如果反馈显示信息接收者接收并理解了信息的内容，则这种反馈为正反馈；反之，则为负反馈。

反馈不一定来自对方，我们往往可以从自己发送信息的过程或已发出的信息中获得反馈。当我们发觉自己所说的话含糊不清时，就可以自己做出调整，这就是所谓的自我反馈。与沟通一样，反馈可以是有意的，也可以是无意的。对方不自觉地流露出的震惊、兴奋等表情能够给信息发送者很多启示。沟通者应尽量控制自己的行为，使反馈处于自己的控制之下。

素养课堂

墨子与耕柱子的故事

墨子对耕柱子感到生气，耕柱子很委屈地问墨子：“难道我没有比别人好的地方吗？”墨子就问他：“假如我要上太行山，你是准备鞭策一匹好马驾车还是鞭策一头耕牛驾车呢？”耕柱子答：“当然是好马了。”墨子表示同意，好马才值得鞭策，“我认为你值得鞭策才会对你感到生气”。

本则故事中，耕柱子与墨子的问答就是对彼此信息的反馈，信息有了反馈，才有了思想的融通，才使墨子实现了对耕柱子的教导。同时，这则故事也勉励今天的我们要合理看待并虚心接受批评，这样才能不断进步。

5. 噪声

噪声是指妨碍信息沟通的一切因素。它存在于沟通过程中的各个环节，并有可能造成信息失真。例如，模棱两可的语言、难以辨认的字迹、不同的文化背景等都属于噪声。典型的噪声包括以下几个因素。

（1）影响信息发送的因素

影响信息发送的因素主要包括以下几个。

① 表达能力的欠缺。表达能力不佳、词不达意，或者逻辑混乱、艰深晦涩，从而使人无法准确地对其进行译码。

② 知识经验的局限。你无法向一个小学生解释清楚相对论，因为他只能在自己的社会经历及知识经验范围内译码，当传达的信息超过这一范围时，他是无法理解的。同样，企业内不同部门的交流也会因各自使用的专业知识、术语不同而困难重重。

③ 形象因素。如果信息接收者认为信息发送者不守信用，则即使信息发送者所发出的信息是真实的，信息接收者也极有可能用怀疑的眼光去看待它。

（2）影响信息传递的因素

影响信息传递的因素包括以下几个。

① 信息遗失。例如，在对部门员工进行会议通知转述时遗漏了会议的召开时间，从而影响本部门员工参加会议。

② 外界干扰。例如，在马达轰鸣的环境下交谈是一件十分吃力的事情。

③ 物质条件限制。例如，没有电话，自然无法与千里之外的总部进行口头沟通。

④ 媒介选择不合理。例如，用口头形式布置一个意义重大、内容庞杂的促销任务将使传递信息的实际效果大打折扣。

（3）影响信息接收和理解的因素

影响信息接收和理解的因素主要包括以下几个。

① 选择性知觉。每个人的心理结构及需求、意向系统各不相同，这些差异会直接影响人们接收信息时知觉的选择性，即人们往往习惯于对某一部分信息敏感，而对另一部分信息充耳不闻。不难理解，我们对能印证自己推断、论点的信息常表现出高度的兴趣，而对其他信息却漠然视之。正如有学者指出，我们不是看到了事实，而是对我们所看到的东西进行解释并称之为事实。

② 信息过滤。信息接收者在接收信息时，往往会根据自己的理解和需要对信息加以过滤。当信息传送下来时，其每经过一个层次，都要产生新的差异，最后则突破了极限范围。过滤的程度与组织结构的层次和组织文化密切相关。

③ 信息接收者的译码和理解偏差。前文多次论述，个人所处的社会环境不同，其在团队中的角色、地位、阅历也各异，从而对同一信息符号的译码、理解都各异。即使是同一个人，接收信息时的心情、氛围不同，也会使其对同一信息有不同的理解。

④ 信息量过大。管理者在做出决策前需要足够的信息，但如果信息量过大，则容易使管理者无法分清主次，或浪费大量时间。

⑤ 社会地位的差距。企业内各部门因目标各异而造成的冲突和互不信任，也往往会干扰他们之间的有效沟通。例如，技术人员与营销人员，前者往往责怪后者提出一些不

切合实际的要求，而后者则认为前者不能顺应消费趋势、潮流的变化。

6. 消除沟通噪声

沟通的每个环节、每个阶段都存在干扰有效沟通的噪声，我们该如何越过沟通中的这些障碍呢？

（1）树立基本的沟通观念

沟通（communication）一词，与共同（common）、共有（community）、共享（communion）等词语都有交集，一个人与他人有多少“共同”“共有”“共享”的东西，将决定其与他人沟通的程度。

共同、共有、共享意味着目标、价值、态度和兴趣的共识。人们如果缺乏共识，而只是一味去尝试沟通，是无益的。例如，一位经理若只是站在自己的立场上考虑，而不去考虑职工的利益和兴趣，势必会与职工产生隔阂，从而给沟通制造无法逾越的障碍。

沟通者必须避免以自己的职务、地位、身份为基础进行沟通，而应试着适应他人的思维架构，并体会他人的想法。换言之，不只是替他人着想，还要想象他人的思路，进入他人的世界，感受他人的感受。设身处地地替他人着想是很有益的，但若能和他人一起思考、一同感受，则会有更大的收获。在这个过程中，很可能会遇到“不同意所看到的和所听到的”情况，可是跳出自我立场而进入他人的心境，目的是要了解他人，并不是要认同他人。只有体会到他人是如何看待事实、如何看待自己，以及如何衡量人与人之间关系的，才能避免掉入“和自己说话”的陷阱。

沟通者还应该明确有效的沟通不是斗智斗勇，也不是辩论比赛。信息发送者如果发觉信息接收者心不在焉或不以为然，就需要改变沟通方式。信息接收者有“要不要听”和“要不要谈”的决定权。信息发送者或许可以强制对方做出沟通行为，但却没有办法控制对方的反应和态度。

（2）全面掌握沟通技巧

沟通技巧多种多样。首先，知识是沟通的基础。沟通是人们对信息的发送和理解，如果缺乏理解信息所必需的知识，沟通将无法进行。其次，沟通的核心是系统思考，沟通者必须全面考虑沟通内容的特点、沟通双方的实际情况、沟通背景、沟通渠道等各种因素，寻求最佳的沟通策略和形式，以实现自己的目的。沟通者对任何一个因素的考虑不当，都有可能对沟通效果产生不利的影响。在系统思考的基础上，沟通者应培养发送技巧和接收技巧。其中，发送技巧包括说和写，接收技巧包括听和读。对于沟通者来说，熟悉组织的沟通特点，成功地利用或建立适合自己的信息系统，确保组织内信息流动在各个方向上的畅通，也是十分必要的。

（3）充分反馈

由于种种沟通障碍的存在，信息发送者和信息接收者对相同信息的理解总会存在一定的偏差。这就要求沟通双方积极使用反馈这一手段，减少理解误差的产生。

（4）利用现代计算机技术和通信技术

现代计算机技术和通信技术的飞速发展给人们的信息沟通创造了很多便利条件。开发和建立计算机管理信息系统、决策支持系统和专家系统等，利用现代计算机技术处理大量数据，并把有用的信息提供给大多数决策者使用，沟通者可以经济地、及时地得到必要的信息进而做出决策。另外，利用现代通信技术可以消除距离障碍，使身处各地的决策者可以通过远程通信会议“面对面”地进行直接沟通，并及时做出决策。

案例1

妻子的要求

有个妻子即将过生日，她希望丈夫不要再送她花、香水、巧克力或请她吃一顿饭了，而是送她一枚钻戒。这天下午，丈夫下班回来后，妻子对他说：“今年过生日我不要花、香水、巧克力了，一下就枯萎了、用完了、吃完了，不如钻戒，可以做纪念。”丈夫说：“钻戒什么时候都可以买。送你花、请你吃饭多有情调啊！”妻子嚷道：“可是我就要钻戒，别人都有，就我没有。”丈夫怒道：“别人有的你就一定要有吗？你怎么不看看别人没有的？”于是两人吵了起来。

本案例中，夫妻两人发生争吵是因为沟通出现了问题。对于信息的发送者妻子而言，她的沟通目标不明确、表述不清楚；对于信息的接收者丈夫而言，他在解码过程中忽略了妻子内心真正的要求，而仅仅关注到“别人都有，就我没有”这一点，从而引发了矛盾与争吵。双方都因缺乏沟通技巧，导致了一场不愉快的谈话。若要避免此类问题，应在充分理解噪声的基础上，使用恰当的沟通技巧来消弭噪声。

2.3 沟通与信息

从信息科学的立场出发，沟通无非是信息的传递或信息系统的运行。沟通本质上是信息的流动。那么什么是信息？信息的实质又是什么？

在信息论等信息科学形成以前，人们较少使用“信息”这个概念，即使使用，一般也是将其当作消息、情报的同义词，指人们对某种事物的认识。例如，《牛津字典》的解释为：“信息就是谈论的事情、新闻和知识。”《韦氏字典》的解释为：“信息就是在观察或研究的过程中获得的数据、新闻和知识。”《广辞苑》的解释为：“信息就是所观察事物的知识。”

作为一个科学概念，信息最早出现于通信领域。20世纪20年代，哈特莱在探讨信息传输问题时，提出了信息与消息在概念上的差异。他指出：信息是包含在消息中的抽象量，消息是具体的，其中载荷着信息。20世纪40年代，香农和维纳从通信和控制论的角度提出了信息的概念，产生了巨大的影响。此后，信息的概念广泛渗透到了包括沟通和传播学在内的许多科学研究领域。

香农提出的信息概念是：“信息就是在人们需要决策之际，影响他们可能的行为选择的概率的物质——能量的形式。”即我们对事物的反应或决策都是基于对事物的认识进行的，任何事物都具有自己的内在属性和规律，这些内在属性和规律通过一定的物质或能量的形式表现出来。这些表现形式，如重量、形状、颜色、温度、质感、声音等，便是反映事物内在属性的信息。

维纳是控制论的创始人。他认为，任何系统（包括物理系统、生物系统和社会系统）都是按照一定的秩序运行的。但由于系统内部以及环境中存在许多偶然的和随机的偏离因素，任何系统都具有从有序向无序、从确定状态向不确定状态变化的倾向。为了保持系统的正常运行和系统目标的实现，我们需要对系统进行控制。实现这种控制的一个重要方法就是信息反馈。即系统输出物反映了系统的秩序状态和功能执行的结果，把系统输出物的全部或一部分作为反馈信息送回系统，并对系统的运行进行再调整，就可以起到修正偏差的作用。

维纳提出的信息概念和香农提出的信息概念有着重要的区别。香农主要考察的是离散信息，而维纳主要考察的则是连续信息，即信息的不停流动。维纳研究信息理论最早是从考察电流的不间断流动开始的，这样一个视点就决定了反馈机制是作为一个前提包含在维纳提出的信息概念之中的。

自然界的刮风下雨、电闪雷鸣，生物界的扬花授粉、鸡鸣蛙叫，人类社会的语言交流等，都属于信息传播的范畴，如图2-2所示。

图2-2 不同的信息

2.3.1 沟通中的符号

在沟通活动中，信息是符号和意义的统一体。符号是信息的外在形式或物质载体，而意义则是信息的精神内容。在沟通活动中，任何信息都携带着一定的意义，而任何信息也都必须通过符号才能得到传递和表达。考察符号和意义的性质和作用对把握沟通的过程有重要的作用。

符号是信息表达和传播中不可缺少的一种基本要素。

符号具有极为广泛的含义。日本学者永井成男认为，只要在事物X和事物Y之间存在某种指代的事物或表述的意义——X能够指代或表述Y，那么事物X便是事物Y的符号，事物Y便是事物X指代的事物或表述的意义。根据这个定义，我们在日常生活中能够感觉到的声音、动作、形状、颜色、气味甚至物体等只要能够携带信息或表述特定的意义，都属于符号的范畴。人类是通过符号或符号体系来传递信息的，但符号却不是人类社会独有的。从广义上来说，自然界和社会中普遍存在符号。以动物界来说，蜜蜂的“8”字飞行就是一种动作图形符号。

1. 符号的种类

我们可以用一种比较简单的分类法把符号（sign）分为信号（signal）和象征符（symbol）两大类。

信号具有以下特点。

（1）信号与其表示的对象事物之间具有自然的因果性。从这个意义上说，一切自然符号都是信号。例如，冒烟是有火的信号，乌云压顶是大雨来临的信号，发烧是得了某种疾病的信号，青年男性长出胡须是发育成熟的信号等。这种对应关系是客观的，具有因果性的联系。

（2）信号与其表示的对象事物之间通常具有一对一的固定对应关系。在自然符号中，这种对应关系比较明显，如萤火虫尾部发亮是一种求偶行为等。在人工符号中，也有许多存在一一对应关系的符号，如狼烟、交通信号、旗语、电报信号等。严格来说，计算机语言，如 Basic 语言、C 语言等，在被翻译成一般人能理解的语言、文字或图像之前，也是根据一定的语法规则相互对应的电子信号。

与信号相比，象征符具有不同的特性，具体如下。

（1）象征符必须是人工符号，是人类社会的创造物。

（2）象征符不仅能够表示具体的事物，而且能够表达观念、思想等抽象的事物。

（3）象征符不是遗传的，而是通过传统、学习来继承的。

（4）象征符是可以自由创造的。这就是说，象征符与其指代的对象事物之间不需要有必然的联系，它们的关系具有随意性。语言就是一种典型的象征符体系。

非语言符号大致可以分为以下几种类型。

第一类是语言符号的伴生符号。例如，声音的高低，语速的快慢，文字的字体、大小、粗细等，都是声音语言或文字的伴生符号，也称副语言。副语言不仅对语言起着辅助作用，也具有其本身的意义。一般来说，一个人说话无论声音大还是小、语速快还是慢等，变成文字后都是一样的，没有很大的区别。但是，声调的高低、语气温柔与否等都具有特定的意义，起着加强语言符号的作用或传递着语言符号以外的信息，甚至笔迹也可以反映传播者的许多信息，如传播者的个性、受教育程度、修养以及写字时的心情等。

第二类是体态符号，如动作、表情、视线等。由于它们也能像语言符号那样传递信息，又被人们称为“体态语言”。一般来说，体态符号既可以独立使用，也可以与语言符号并用，它们在形成语境（传播情境）方面起着重要的作用。

第三类是物化、活动化、程式化的符号。如果说上述两类符号大多还是语言符号的辅助物，那么这类符号更具有独立性和能动性。日本传播学者林进有这样一段论述：“在人的中枢神经系统中，处于比感觉、运动更高的层次并代表高度表象活动（即象征性活动）的，无疑是语言。但是，语言并不是唯一的继承性的观念体系。各种非语言的象征符体系，如仪式和习惯、徽章和旗帜、服装和饮食、音乐和舞蹈、美术和建筑、手艺和技能、住宅和庭园、城市和消费方式等都包括在其中。这些象征符体系在人类生活的各个领域都可以找到。”

2. 符号的基本功能

符号是人类传播的介质，人类只有通过符号才能相互沟通信息。概括来说，符号的基本功能有以下 3 个。

（1）表述和理解功能。人与人之间传播的目的是交流意义。换句话说，就是交流精神内容。但是，精神内容本身是无形的，传播者只有借助于某种可感知的物质形式，借助于符号才能将精神内容表现出来，而传播对象也只有凭借这些符号才能理解其意义。因此，人与人之间的传播活动首先表现为符号化和符号解读的过程。所谓符号化，即传播者将自己要传递的信息或意义转化为语言、声音、文字或其他符号的活动；符号解读则是传播对象对接收到的符号加以阐释和理解，读取其意义的活动。不仅如此，传播对象对传来的信息做出反应——反馈也是在符号解读的基础上的再次符号化活动。

（2）传达功能。这就是说，作为精神内容的意义，如果不转换为具有一定物质形式的符号，是不可能在时间上和空间上得到传播和保存的。例如，孔子是一个伟大的思想家，但如果没有《论语》这部记录他言行的文字著作，我们可能无从接触到他的精神世界。

（3）思考功能，即引发思维活动的功能。思考是人脑中与外部信息相联系的内在意识活动，是内在的信息处理过程。人在思考之际，首先要有思考的对象和关于对象事物的知识，而这些都是以形象、表象或概念等符号形式存在于人脑之中的。例如，我们在对现代交通工具——飞机进行思考之际，脑子里会有飞机的形象以及关于飞机的功能和用途等各种概念，没有飞机的形象和概念，我们就不能对飞机进行思考。概念是反映事物内涵和外延的思维方式，它并不能独立存在，而是作为符号与语言共存的。思维离不开语言，因此也离不开符号。

案例2

一字之差

我国东北某公司与韩国某公司签订了一份提供橡子面原料的合同，但是货物发出去后，韩方拒收。原因是合同上写的是“橡子”，而我国该公司发出的是“橡籽”。虽然同为一种东西，但前者是加工后的半成品，而后者却是原始农作物。后经了解发现，我国该公司工作人员在签订合同时，由于两个词读音相同而没有细看，从而对公司造成了巨大损失。

本案例是符号使用不准确而引起沟通失败的案例。文字是语言符号的一种。汉语言文化源远流长，既有同音字也有形近字，在使用时必须确保其准确性，才能保证信息传递准确、有效。

2.3.2　符号在沟通中的意义

在人类传播过程中，任何符号都与一定的意义相联系。换句话说，人类传播在现象上表现为符号的交流，而在实质上则是精神内容的交流，即意义的交流。

意义是一个非常抽象的概念，其在不同的学科领域有不同的定义。在日常生活中，人们对意义也有多种多样的理解。从沟通的角度来看，所谓意义，就是人对自然事物或社会事物的认识，是人赋予对象事物的含义，是人类以符号形式传递和交流的精神内容。人类在传播活动中交流的一切精神内容，如意向、意思、意图、认识、知识、价值、观念等，都包括在意义的范畴中。

意义活动属于人的精神活动的范畴，但它与人的社会存在和社会实践密切相关。在与自然和社会打交道的过程中，人不断地认识和把握对象事物的性质和规律，并从中抽象出意义。例如，太阳的升起和落下是一种自然规律，人类在生活中不但认识了太阳东升西落这一自然规律，而且将对这一自然规律的认识应用到了对人生意义的思考中，于是便有了“朝阳一般的年轻人”的比喻，也有了“夕阳无限好，只是近黄昏”的感叹等。意义在人类的社会生活中起着重要的作用，人与人之间的社会传播实质上就是意义的交流。意义活动是人类最基本的活动之一。

意义本身是抽象和无形的，但其可以通过语言及其他符号得到表达和传递。符号是意义的载体和表现形态。

1. 符号的意义的分类

符号是意义的携带者，任何一种符号都有其特定的意义，即符号的意义。符号的意义可以分为若干类型，具体如下。

（1）明示性意义与暗示性意义。这是诗学和语义学中的一种分类，前者是符号的字面意义，属于意义的核心部分；后者是符号的引申意义，属于意义的外延部分。例如，“北极熊”一词原指生活在北极地区的一种凶猛的大型食肉动物，但在 20 世纪成了当时某个国家的代名词；前者是明示性意义，后者是暗示性意义。一般来说，明示性意义具有相对稳定性，暗示性意义则容易发生变化。明示性意义是某种文化环境中多数社会成员共同使用和有着共同理解的意义，暗示性意义中既有多数成员共同使用的，也有特定个人或少数人基于自己的联想在小范围内使用的，因此多数成员共同使用时对符号的暗示性意义的理解未必都一致。

（2）外延意义与内涵意义。外延意义是概念符号所指示的事物的集合，如“人”这个概念的外延可以是男人和女人、中国人和外国人、青年人和老年人等，它包括了古今中外的一切人。内涵意义则是对所指示事物的特征和本质属性的概述，如“人”的内涵意义是“能够制造和使用工具，具有抽象思维能力”，这是对人的本质属性的界定。确定外延意义和内涵意义，是为事物的概念下定义的两种基本方法。

（3）指示性意义和区别性意义。这是符号学中的分类方法之一。指示性意义是将符号与现实世界的事物联系起来进行思考之时的意义。例如，我们在说“植物”这个词时，它的意义是通过现实中的各种植物来表现的。换言之，“植物”这个词的意义就是自然界中的植物的表象或我们对植物的印象。区别性意义是表示两个符号含义异同的意义。例如，汉语中的“植物”和“动物”，这两个词中各有一个“物”字，表示指示的对象属于生物；而“植”和“动”二字则分别表示前者是草本或木本的生物群，后者是鸟兽类有运动和感觉能力的生物群。

案例 3

对“狗”的理解

前些日子出差，客户的公司门口有一家宠物店，宠物店中有一只小狗，经过一番讨价还价，我把小狗买了下来带回家去。晚上给二姐打电话，二姐从小就喜欢狗，我告诉她我买了一条白色的博美犬，她非常高兴，马上询问狗多大了、是否可爱等。而随后大姐打电话来询问我最近的情况，小狗在我接电话的时候叫了起来，大姐在电话里一听到有狗在叫，就问狗是否很脏、是否咬人、有没有打预防针等。

本案例中，对同一个事物，由于经验、背景的差异，不同的人的理解是有差异的。真正理解符号的意义，并综合考虑信息接收者的背景经验，将有助于实现信息的有效传递。

2. 符号的意义

符号是人们交流意义的基本载体。但是，符号所传达的意义并不总是很清晰的，有时甚至会很模糊。就拿常用的语言符号的意义来说，其在很多场合是很难被明确判断的，这主要体现在以下两个方面。

（1）语言符号本身含义的模糊。例如，“水果”一词的范围很大，如西红柿是属于“水果”还是属于“蔬菜”，一般人是不太清楚的。一些新词和流行语的意义也具有这种模糊性，如现在传媒上流行的“潇洒”一词，人们对它的理解就不同，有的人将“潇洒”解释为现代人健康的、洒脱的生活态度和行为方式，有的人则用不负责任的放荡不羁或一掷千金的挥霍享乐来注解“潇洒”。“潇洒”一词具有社会规范和价值意义上的模糊性，以至于我们很难确定对“潇洒”应该持褒扬的态度还是抨击的态度。

（2）语言符号的多义性。多义性指一种语言符号具有两种以上的意义。语言符号具有多义性是常见的，一个单词或词组、一个句子都可能具有多种意义。例如，“老张的画很珍贵”这句话就有两种意义：一是老张收藏的画很珍贵；二是老张是个画家，他画的画很珍贵。除此之外，同音异义词的存在也是造成语言符号多义性的一个重要原因。

语言符号具有模糊性和多义性，这种模糊性和多义性有时会成为人们之间沟通的障碍，但人们可以借助传播过程中的其他条件或情境来予以消除。不仅如此，人类还能积极地利用这种模糊性和多义性来创造和表达新的意义。例如，民间常说的“罗锅上山——前（钱）紧”“老虎驾辕——谁赶（敢）”等谐音歇后语，就是巧妙地运用同音异义词进行的生动活泼的意义交流。

总之，符号的意义是从社会生活中产生的。正如社会生活纷繁复杂、千姿百态一样，符号的意义也是丰富多彩的。上面所谈的只不过是人类传播中复杂的意义活动的若干侧面。

本章小结

◆　拉斯韦尔认为，沟通过程模式由 5 个基本要素构成。拉斯韦尔程式将人们天天从事而又解释不清的沟通活动明确地表示出来。

◆　沟通学者们经过不断开发和修正，认为沟通过程模式包括 8 个要素：思想 1、编码、通道、译码、思想 2、反馈、背景和噪声。

◆　沟通的本质是信息的流动。一切表述（或反映）事物的内部或外部互动状态或关系的东西都是信息。按照信息领域的不同，信息可分为 3 类，即物理信息、生物信息和社会信息。社会信息是沟通过程中的主要沟通内容。

◆ 在人的沟通活动中，信息是符号和意义的统一体。符号是信息的外在形式，而意义则是信息的精神内容。在沟通活动中，任何信息都携带着一定的意义，而任何信息也都必须通过符号才能得到传递和表达。考察符号和意义的性质和作用对把握沟通过程有重要的作用。

思考题

1．简述沟通过程模式的基本含义及其与沟通过程的联系。

2．根据自己的沟通实践，描绘沟通过程。

3．如何理解沟通的符号和意义？

4．从沟通的符号和意义的角度分析为什么会产生沟通噪声。

5．沟通的每个环节、每个阶段都存在干扰有效沟通的噪声，我们该如何越过沟通中的这些障碍呢？

技能训练

活动目的：我们在沟通过程中若使用单向沟通方式，其结果是听者总是见仁见智，个人按照自己的理解来执行，因此通常会出现很大的差异。但即使使用双向沟通方式，差异依然存在，虽然有改善，但增加了沟通过程的繁杂性。所以采用什么沟通方式是最好的呢？我们要依据实际情况而定。

参与者：所有学员。

时间：15～20分钟。

材料：每人两张A4纸，可用循环纸。

场地：教室。

操作程序：

第一阶段：

1．给每位学员一张A4纸；

2．老师发出单向指令：

大家闭上眼睛，

全程不许问问题。

把纸对折，

再对折，

再对折，

把纸的右上角撕下来，将纸转180度，把左上角也撕下来。

睁开眼睛，把纸打开。

第二阶段：

1．老师请一位学员上来，让学员重复上述操作，唯一不同的是这次学员们可以问问题。

2．完成后老师可以请学员讨论：为什么第一阶段和第二阶段会有不同的结果？大家的感受是什么？

第3章 沟通障碍

【学习目标】	1. 掌握有效沟通的4个法则 2. 掌握有效沟通的6C原则 3. 了解沟通中的障碍 4. 掌握克服沟通障碍的策略
【技能目标】	1. 掌握与不同人打交道的技巧 2. 能够自如地克服沟通障碍
【素养目标】	1. 开阔胸襟，充分理解并践行“求真务实”“和而不同”“求同存异” 2. 提高敬业、友善修养，将社会主义核心价值观内化为精神追求，外化为自觉行动

案例导入

夔一足

《吕氏春秋·察传》中有一个小故事：鲁哀公向孔子求教“夔一足”的事是否真实。孔子说，古时舜帝为了将音乐作为辅助工具，向天下百姓传播教化，便让夔作乐正，夔校正六律、协和五声，用来调和阴阳之气，因而天下归顺。于是舜帝说，夔能调和音律，从而使天下安定，像这样的人一个就够了，便说了“若夔者一而足矣”。可是，后来人们却误传成这位乐官叫夔一足，只有一条腿。

本案例中，舜帝赞扬夔有能力，一人足以成事，终被人传为夔一足。这说明在沟通的过程中会出现多种障碍，只有认知并克服这些障碍，才能实现有效的沟通。这则故事同时也启发我们凡是听到的传闻都必须深透审查、求真务实。

3.1 如何有效沟通

所谓有效沟通，是指通过听、说、读、写等思维的载体，以演讲、会见、对话、讨论、信件等方式准确、恰当地表达信息，以促使对方接受信息的过程。

有效沟通须具备两个必要条件：一是信息发送者清晰地表达信息的内涵，以便信息接收者能确切地理解；二是信息发送者重视信息接收者的反应，并根据其反应及时改变信息的传递方式，以免出现不必要的误解。两者缺一不可。

3.1.1 有效沟通的4个法则

如何实现有效沟通呢？要想实现有效沟通，必须清楚有效沟通的4个法则。

1. 法则一：沟通是一种感知

有人曾提出过一个问题："若林中树倒时无人听见，会有声响吗？"答曰："没有。"树倒了，确实会产生声波，但除非有人感知到了，否则就是没有声响。因此，沟通只在有信息接收者时才会发生。

与他人说话时，必须以对方的经验为依据。一个经理人如果和一个文化水平较低的员工交谈，他需要用对方熟悉的语言，否则将达不到预期的效果。信息接收者的认知水平取决于他的受教育程度、过去的经历以及他的情绪，如果信息发送者没有意识到这些问题，他的沟通将是无效的。

沟通是否有效取决于信息接收者如何去理解。例如，经理告诉他的助手："请尽快处理这件事，好吗？"助手会根据经理的语气、表达方式和身体语言来判断，这究竟是命令还是请求。德鲁克说："人无法只靠一句话来沟通，总是得靠整个人来沟通。"

所以，无论采取什么样的沟通渠道，沟通的基本问题都必须包括：这一信息是否在信息接收者的接收范围之内？他能否收得到？他如何理解？

2. 法则二：沟通是一种期望

对于管理者来说，其在进行沟通之前了解信息接收者的期望显得尤为重要，这叫有的放矢。只有这样，管理者才可以知道是否能利用信息接收者的期望来进行沟通，并使其领悟到意料之外的事已经发生。因为我们所察觉到的都是我们期望察觉到的东西；我们的心智模式会使我们强烈抗拒任何不符合期望的企图，因而出乎意料的事通常是不会被接收的。

例如，一位经理安排一名主管去管理一个生产车间，但是这位主管认为管理该生产车间是件费力不讨好的事。于是经理开始了解主管的期望，如果这位主管是一位积极进取的年轻人，经理就应该告诉他，管理生产车间更能锻炼他，今后他还可能会因此得到提升；如果这位主管得过且过，经理就应该告诉他，由于公司要精简人员，他必须去管理生产车间。

3. 法则三：沟通产生要求

一个人一般不会做不必要的沟通。沟通是一种宣传，是为了达到某种目的，如发号施令、指导、斥责或款待等而进行的。沟通总是会产生要求，如总是要求信息接收者要成为某人、完成某事、相信某种理念，也经常诉诸激励。换言之，如果沟通符合信息接收者的期望、价值观等，它就具有说服力，这时沟通会改变一个人的性格、信仰与期望。假如沟通违背了信息接收者的期望等，它可能不会被接受，甚至可能被抗拒。

宣传的风险在于无人相信，这使得每次沟通的动机都变得可疑，并导致沟通的信息无法被人接受。宣传的结果若不是造就狂热者，而是造就讥讽者，那么此时的沟通便会产生反效果。

例如，一家公司的员工因为工作压力大、待遇低而产生了不满情绪，纷纷怠工或准备辞职。这时，公司管理层反而提出“今天工作不努力，明天努力找工作”的口号，从而加深了员工对公司的反感。

4．法则四：信息不是沟通

公司年度报表中的数字是信息而不是沟通，但年度股东大会上董事会主席的讲话则是沟通。当然，这一沟通是建立在年度报表中的数字的基础之上的。沟通以信息为基础，但和信息不是一回事。

信息不涉及人，不是人际关系。它越不涉及诸如情感、价值、期望与认知等因素，就越有效力且越值得信赖。信息可以按逻辑关系排列，在技术上也可以存储和复制。信息过多或不相关都会使沟通达不到预期效果。信息是中性的，而沟通的背后都隐藏着目的。沟通由于信息发送者和信息接收者的认知和意图不同而显得丰富多彩。

尽管信息对沟通来说必不可少，但信息过多也会阻碍沟通。信息就像照明灯一样，当灯光过于刺眼时，眼睛会不舒服。总之，信息过多会让人无所适从。

扫一扫　微课视频

3.1.2　有效沟通的 6C 原则

为了更有效地进行沟通，在沟通的过程中，我们必须遵循包括清晰、简明、准确、完整、有建设性和礼貌在内的 6C 原则。

（1）清晰。清晰（clear）是指表达的信息要完整、清楚。在沟通的过程中，信息发出者能够清晰、准确地编码，是信息实现有效传递的第一步。尤其是当涉及人员、时间、地点、数据等相关信息时，更应做到清晰无误。

（2）简明。简明（concise）是指表达同样多的信息要尽可能占用较少的信息载体容量。这样既可以降低信息保存、传输和管理的成本，又可以提高信息使用者处理和阅读信息的效率。

（3）准确。准确（correct）是衡量信息质量的重要指标，也是决定沟通结果的重要指标。不同的信息往往会形成不同的沟通结果。

准确包括两个层面：一是信息发送者头脑中的信息要准确；二是信息的表达方式要准确，特别是不能出现重大的歧义。

（4）完整。完整（complete）也是对信息质量和沟通结果有重要影响的一个因素。例如，“盲人摸象”的故事讲的就是片面的信息导致了判断和沟通的失败。

（5）有建设性。有建设性（constructive）实际上是对沟通的目的性的强调。沟通的目的是促进沟通双方的信息传播。因此在沟通的过程中，我们不仅要考虑所表达的信息应清晰、简明、准确、完整，还要考虑信息接收者的态度和接受程度，力求通过沟通使对方的态度有所改变。

（6）礼貌。情绪和感觉是影响人们沟通效果的重要因素。沟通者很懂礼貌（courteous），能够在沟通中给予对方良好的第一印象，甚至能够产生移情作用，有利于沟通目标的实现。相反，不礼貌的语言和举止会使沟通无法进行下去，更不用说达到沟通的目标了。

以上 6 个原则的英文首字母都为“C”，因此我们将其简称为有效沟通的 6C 原则。

扫一扫 微课视频

3.2 沟通中的障碍

沟通中的障碍主要包括信息发送者造成的障碍和信息接收者造成的障碍。

3.2.1 信息发送者造成的障碍

1. 目的不明

若信息发送者对自己将要传递的信息内容、交流的目的缺乏真正的理解，即不清楚自己到底要向对方倾诉什么或阐明什么，那么其沟通便很难顺利进行。“以其昏昏，使人昭昭”，是不可能的。因此，信息发送者在进行信息交流之前必须有一个明确的目的和清楚的概念，即“我要通过什么通道向谁传递什么信息并要达到什么目的”。

2. 表达模糊

无论是口头演讲还是书面报告都要表达清楚，使人心领神会。若信息发送者口齿不清、语无伦次，或词不达意、文理不通，就会产生噪声并造成信息失真，从而使信息接收者无法了解信息发送者所要传递的真实信息。

3. 选择失误

沟通者对发送信息的时机把握不准，缺乏审时度势的能力，会大大降低信息沟通的价值；沟通者对信息沟通通道选择失误，则会使信息传递受阻，或延误传递的时机；沟通者对沟通对象选择错误，无疑会造成对牛弹琴的局面，从而直接影响沟通的效果。

4. 形式不当

当我们用语言，即文字或口语和非语言，即形体语言（如手势、表情等）表达同样的信息时，一定要使之相互协调，否则会使人感到莫名其妙；当我们传递一些十万火急的信息时，若不采用电话、传真或互联网等现代化的快速通道，而是通过邮递寄信的方式，那么信息接收者收到的信息往往会由于失去时效性而成为一纸空文。

案例 1

“自己”是谁

一个学生给校长信箱发消息说：“新学期以来，刘老师对自己很关心，经常肯定自己、表扬自己。”校长看后非常纳闷，搞不清楚这究竟是一封表扬信还是批评信，其中的“自己”是指“老师”还是指“学生”。经过询问，校长才弄清楚这是一封表扬信，信中的“自己”是指学生本人。

本案例中，信息发送者使用的“自己”一词指代不明，这就是由表达模糊而引起的沟通不畅，属于信息发送者造成的障碍。信息发送者如果遵循有效沟通的 6C 原则就可以避免此类问题发生。

3.2.2　信息接收者造成的障碍

1. 过度加工

信息接收者在信息交流的过程中，有时会按照主观意愿对信息进行过滤和添加。例如，在下级向上级所进行的上行沟通中，就是某些下级投其所好，导致其所传递的信息经过层层过滤后或变得支离破碎，或变得虚假；又如，在由决策层、管理层和执行层所进行的下行沟通中，逐级人员经过自己的领会而添加信息，使所传递的信息或断章取义，或面目全非，自然会模糊或失真。

2. 知觉偏差

信息接收者的个人特征，如个性特点、认知水平、价值标准、权力地位、社会阶层、文化修养、智商、情商等将直接影响其对信息发送者所传递信息的正确认识。人们在信息交流或人际沟通中，总习惯以自己的信息为准则，对不利于自己的信息要么视而不见、要么熟视无睹，有时甚至颠倒黑白，以达到防御的目的。

3. 心理障碍

信息接收者可能由于在人际沟通或信息交流的过程中曾经受到过伤害或有过不良的情感体验，而形成“一朝被蛇咬，十年怕井绳”的心理阴影，从而对信息发送者心存疑惑、怀有敌意，或由于内心恐惧、忐忑不安，会拒绝接受信息发送者所传递的信息，甚至抗拒信息交流。

4. 思想差异

在信息接收者的认知水平、价值标准和思维方式等与信息发送者之间存在差异的情况下，沟通往往是无效的，甚至会引发冲突，导致信息交流的中断以及人际关系的破裂。

案例 2

秀才买柴

有一个秀才去买柴，他对卖柴的人说：“荷薪者过来！”卖柴的人理解不了“荷薪者”（担柴的人）这三个字的意思，但是听得懂“过来”两个字，于是来到秀才面前。

秀才问他：“其价如何？”卖柴的人对这句话不全懂，只听得懂“价”的意思，于是就告诉了秀才价钱。

秀才接着说：“外实而内虚，烟多而焰少，请损之。”（你的木材外表是干的，里头却是湿的，燃烧起来，会浓烟多而火焰小，请便宜些吧。）卖柴的人因为听不懂秀才的话，于是担着柴就走了。

本案例中，信息的发送者与接收者存在认知偏差和文化偏差，导致沟通障碍产生。在实际工作和生活中，我们要想与人真诚和谐相处，就要在沟通中重视对沟通对象的判断与了解，克服障碍，使得信息和情感得以通畅交流。

3.2.3　克服沟通障碍的策略

尽管存在上述沟通障碍，但是沟通现状并非那么令人绝望。研究表明，有效沟通将科学与艺术结合在一起。因而，解决沟通中的思路、理念问题和障碍以及沟通中的方法、手段等技术问题非常重要。以下是克服障碍实现有效沟通的策略。

1．明确沟通的目的

沟通双方在沟通之前必须弄清楚沟通的真正目的是什么、动机是什么、要对方理解什么。确定了沟通的目的，沟通的内容就容易规划了。因为从本质上讲，沟通意味着目的、价值、态度和兴趣的共识，如果沟通双方缺乏共同的目的和感受，而只是一味地尝试沟通，不仅会失去沟通的意义，还无法实现有效沟通。因此，信息发送者在沟通前必须先确定沟通目的，然后对要沟通的信息进行详尽的准备，并根据具体的情境选择合适的沟通方式来实现这个目的。另外，不仅要分析信息接收者的特点，学会换位思考，而且还要善于激发信息接收者的兴趣，这样才能达到有效沟通的目的。

2．尊重别人的意见和观点

在沟通的过程中，沟通者要试着去适应别人的思维架构，并体会别人的看法。也就是说，沟通时不只是要替他人着想，还要能够体会他人的世界，感受他人的感觉。因此，沟通者无论是否同意对方的意见和观点，都要学会尊重对方，给对方以说出意见的权利，同时更有效地将自己的观点与对方的观点进行交换。在沟通中，沟通双方都不能把自己的观点强加到对方身上，更不能因不同意对方的观点而指责对方。

3．考虑沟通对象的差异

信息发送者必须充分考虑信息接收者的心理特征、知识背景等状况，并据此调整自己的谈话方式、措辞或服饰、仪态，同时要避免以自己的职务、地位、身份为基础进行沟通。例如，上级在车间与一线工人沟通，如果穿得西装革履且又咬文嚼字，势必会给工人的心理造成一道鸿沟。技术人员在与其他员工沟通时，也要尽量避免使用过多的专业词汇，否则不仅达不到应有的沟通效果，反而可能会弄巧成拙。

4．充分利用反馈机制

许多沟通问题都是信息接收者未能准确把握信息发送者的意思而造成的。为减少这些问题，沟通双方应该在沟通中积极进行反馈。信息发送者只有通过反馈，确认信息接收者接收并理解了其所发送的信息，沟通过程才算完成；信息发送者要检验沟通是否达到目标，也只有通过获得信息接收者的反馈才能确定。因此，建立并充分利用反馈机制，无疑是实现有效沟通的重要策略。当然，反馈的方式多种多样，信息发送者可以通过提问、聆听等方式来获得反馈信息，也可以通过观察、感受等方式来获得反馈信息。

5. 学会积极倾听

积极倾听就是要求沟通双方能站在对方的立场以及思维架构上去理解信息。一般来说，要做到积极倾听，需要遵守以下 4 个基本原则：专心、移情、客观和完整。专心，就是指要认真倾听对方所要表达的内容及其细节；移情，就是指在情绪和理智上都能与对方感同身受；客观，就是指要切实把握沟通的真实内容，而不是迅速地对其加以价值评判；完整，就是指要对沟通的内容有一个完整的了解，而不是断章取义。

素养课堂

戴尔·卡耐基的故事

有一天，戴尔·卡耐基去纽约参加一场重要的晚宴。在这场晚宴上，他碰到了一位世界知名的植物学家。戴尔·卡耐基从始至终都没有与该植物学家说上几句话，只是全神贯注地听。然而等到晚宴结束以后，这位植物学家向主人极力称赞戴尔·卡耐基，说他是这场晚宴中“能鼓舞人”的一个人，更是一个“有趣的谈话高手”。其实戴尔·卡耐基没怎么说话，只是细心聆听，却博得了这位植物学家的好感。

本则故事中，戴尔·卡耐基认真倾听对方所要表达的内容及其细节，给了植物学家积极的反馈，使其感受到鼓舞，既加强了沟通的效果又增进了和谐的人际关系。这就提示我们在沟通过程中，学会积极倾听是非常重要的。本书第 11 章将详细介绍倾听的技巧。

6. 注意非语言信息

非语言信息往往比语言信息更能打动人。因此，如果是信息发送者，必须确保所发出的非语言信息具有强化语言信息的作用。如果是信息接收者，则要密切注意对方的非语言信息，从而全面理解对方的意思和情感。高明的信息接收者精于察言观色，能窥一斑而知全豹。

7. 避免一味说教

有效沟通是一种心灵的交流，美国著名管理学家彼得·圣吉在《第五项修炼》中将其称为“深度汇谈”，即敞开心扉，彼此进行心与心的交流。这就要求沟通双方必须撇开个人职务、学历和地位，以开放的心态、平等的视角进行沟通。如果信息发送者总是居高临下，采取教育或教训的口吻与人交流，那么即使传递的信息非常重要，信息接收者也会产生不满和反感进而不予正确接收。

案例 3

老刘的牢骚

老刘要去找总经理抗争。“我们虽然都是工人，但也是人，不能动不动就超时加班，连辛苦费都没有，我去会会总经理！”老刘义愤填膺地对同事说。来到总经理办公室，老刘气势十足地对总经理的秘书说：“我是老刘，约好的。”“是，是。总经理正在等您，不过不巧，刚刚有个同事有急事进去了。麻烦您稍等片刻。”总经理的秘书微笑着说道，接着客气有礼貌地将老刘请进了会客室，并请老刘坐下，微笑着问，“您是喝咖啡还是喝茶？”老刘坐下，回答道：“我什么都不喝。”总经理的秘书接着说：“总经理特别交代，如果您喝茶，一定要泡上好的碧螺春。”“那就茶吧。”老刘说。

很快，总经理的秘书就用托盘端着盖碗里泡好的碧螺春进来了，又送上一碟小点心，微笑着说道：“刘师傅，您慢用，总经理马上出来。”老刘接过茶，看着总经理的秘书说：“你没弄错吧，我是老刘，公司的工人。”总经理的秘书笑着回道：“当然不会弄错，您是公司的元老，总经理说你们最辛苦，除了有自己的活儿要忙外，还要带徒弟，经常加班很晚，他心里实在过意不去。”说话间，总经理大步走来，伸手握住老刘的手：“来啦，听说你有急事？”“也没啥大事。”老刘不好意思地笑着，一肚子抱怨都没了，接着说，“没啥事，我就是过来看看。那我下去干活了。”

本案例中，总经理与总经理的秘书并未对老刘进行思想教育，而是在尊敬和热情的招待中化解了老刘一触即发的怒气。

8．保持积极健康的心态

人的情绪、心态等对沟通过程和结果都具有巨大的影响，过于兴奋、失望等情绪一方面易使人产生对信息的误解，另一方面易造成过激的反应。因此，沟通双方在沟通前应主动调整各自的心态和情绪，明确自己的角色位置，因为只有心平气和，才能对人、对事、对物做出客观公正的评价。

9．以行动强化语言

以语言说明意图，只不过是沟通的开始。只有将语言化为行动，才能真正提高沟通的效果，达到沟通的目的。如果说的是一套，做的又是另一套，“言行不一致”，那么这种所谓的沟通的结果是可怕的。例如，家长要求子女努力、上进，而子女却沉迷于玩电子游戏，请问这种开导式的沟通有效果吗？在企业中，传达政策、命令、规范之前，管理者最好能够确定这样做是否能真正将其化为行动。只有树立起以行动支持语言的信誉，才能真正达到沟通与交流的目的，才能在企业内部建立一种良好的相互信任的文化氛围，并使企业的愿景、战略目标等付诸实践。

10．使用恰当的沟通节奏

“条条大路通罗马”，说的正是实现目标有多种途径。沟通者面对不同的沟通对象，或面临不同的情境时，应该采取不同的沟通节奏，这样方能事半功倍，否则可能会造成严重的后果。例如，在一个刚组建的项目团队中，团队成员彼此会小心翼翼，相互独立，若此时采取快速沟通和参与决策的方式，沟通效果可能不会很好；若此时能够放缓节奏、广开言路，增加团队成员互相了解的机会，在大家彼此熟悉之后再进行重大问题的决策，将会有更好的效果。随后，倘若这个团队营造了学习的文化氛围，即成为学习型组织，团队成员就可以采用深度会谈等开放式的沟通方式。

11．选择最佳时间和地点传递信息

时间是决定沟通效果的重要因素。首先，不同的人，其生物钟也不一样，沟通者一定要尽量选择在对方精神状态最佳的时间传递信息。其次，即使在一次信息沟通过程中，一个人也不可能一直保持精力高度集中。因此，信息发送者在传递信息时也要有张有弛，做到疏密有序，这既能让信息接收者感到轻松愉快，又能达到沟通效果。在地点的选择上要注意两点：一是要使沟通双方感到轻松自然；二是周围的干扰因素应尽量少。

12．选择合适的语言

选择信息接收者容易理解、接受和记忆的语言，既要清晰，又要容易被对方理解和接受。

此处介绍一种有用的方法，即语序变换法。语序不同，表达的意义往往不一样。举例如下。

甲、乙两位上级批评员工，你认为哪一位的语言更加容易被接受？

甲：小王，你怎么能犯迟到这样的错误呢？我能理解你，可是也不能迟到啊！下次注意，这是公司的纪律。

乙：小王，你表现一直挺好。公司有纪律不能迟到，可是我能理解你。下次注意！

显然，乙的批评更容易被小王接受，当上级的目的是提醒对方以后的行为时，最后一句提醒就显得尤为重要，这就是语序变换法的作用。一个优秀的沟通者要注意选择恰当的语序来表达自己的观点，以达到论辩的目的。

案例 4

陈某的一次错误的自信

2022 年 3 月，某公司外派维修的售后服务工程师陈某打电话要求工厂售后服务部门为其在安徽芜湖的维修现场发送配件一个。按规定，只有陈某以书面申请，并注明具体的规格型号后，工厂售后服务部门才能发货，以保证准确性。但是，陈某讲自己干了 3 年多维修工作，大家都很熟，打电话申请可以节省传送书面申请的费用并可解客户的燃眉之急。工厂售后服务部门相关人员鉴于这种情况，就相信了陈某，按陈某说的型号发去了配件。结果陈某发现型号错误，要求重新发货，这造成了出差费用、运输费用等的增加，更严重的是影响了客户的生产进度。事后公司处理此事时，陈某一口咬定自己当初报告的型号正确；而工厂售后服务部门人员则坚持陈某当初报告的型号错误。

本案例是很典型的由沟通障碍带来恶性结果的案例影响沟通效果的因素既有信息发送者造成的障碍，也有信息接收者造成的障碍。就本案例而言，避免恶性结果的最佳方式就是选择恰当的沟通方式，应将电话沟通改为书面沟通。这启示我们在工作和生活中应根据不同的场合、对象，选择合理的沟通方式与技巧。

本章小结

◆ 有效的沟通，是通过听、说、读、写等思维的载体，通过演讲、会见、对话、讨论、信件等方式准确、恰当地表达信息，以促使对方接受信息的过程。

◆ 有效沟通的4个法则：沟通是一种感知，沟通是一种期望，沟通产生要求，信息不是沟通。

◆ 有效沟通的6C原则：清晰、简明、准确、完整、有建设性、礼貌。

◆ 沟通中难免会存在障碍，因而解决沟通中的思路、理念上的问题和障碍以及沟通中的方法、手段等技术问题是非常重要的。

思考题

1．有效沟通的4个法则是什么？

2．有效沟通的6C原则是什么？

3．列举沟通中的主要障碍。

4．克服沟通障碍的策略有哪些？

5．信息接收者造成的障碍有哪些？

技能训练

沟通技能自我测试

一、自我沟通技能诊断

1．要求

请你对下列陈述根据度量标准进行评分，根据评分结果判别自己的沟通能力，采用这种方式是为了帮助你发现自己的沟通能力处于何种水平。通过自我评价，你可以识别自身的不足，进一步根据自身的特点调整自身沟通技巧方面的学习方向。

2．评价标准

（1）非常不同意/非常不符合。

（2）不同意/不符合。

（3）比较不同意/比较不符合。

（4）比较同意/比较符合。

（5）同意/符合。

（6）非常同意/非常符合。

3．测试题

（1）我经常通过与他人交流，获取关于自己优缺点的信息，以促使自我提高。

（2）当别人给我提反面意见时，我不会感到生气或沮丧。

（3）我非常乐意向他人开放自我，与他人分享我的感受。

（4）我很清楚自己在收集信息和做决定时的个人风格。

（5）在与他人建立人际关系时，我很清楚自己的人际需要。

（6）在处理不明确或不确定的问题时，我有较好的直觉。

（7）我有一套指导和约束自己行为的个人准则和原则。

（8）无论是遇到好事还是坏事，我总能很好地对这些事负责。

（9）在弄清楚原因之前，我极少会感到气愤、沮丧或焦虑。

（10）我清楚自己与他人交往时可能出现冲突和摩擦的主要原因。

（11）我至少有一个能够与我共享信息、分享情感的亲密朋友。

（12）只有当我自己认为做某件事有价值时，我才会要求别人这样去做。

（13）我会在较全面地分析做某件事可能给自己和他人带来的结果后再做决定。

（14）我坚持每周有只属于自己的时间和空间去思考问题。

（15）我定期或不定期地与知心朋友随意就一些问题交流看法。

（16）在每次沟通时，我总是听主要的看法和事实。

（17）我总是把注意力集中在主题上并领悟讲话者所表达的思想。

（18）在听的同时，我会努力深入地思考讲话者所说内容的逻辑和理性。

（19）即使我认为所听到的内容有错误，仍能继续听下去。

（20）在评论、回答或不同意他人的观点之前，我总能尽量做到用心思考。

得分规则如下。

（1）非常不同意/非常不符合（加 1 分）。

（2）不同意/不符合（加 2 分）。

（3）比较不同意/比较不符合（加 3 分）。

（4）比较同意/比较符合（加 4 分）。

（5）同意/符合（加 5 分）。

（6）非常同意/非常符合（加 6 分）。

判定标准如下。

100～120 分——祝贺你，你具有优秀的沟通技能。

92～99 分——你具有良好的沟通技能，多加练习可以做得更好。

85～91 分——你的自我沟通技能较好，但有较多地方需要提高。

84 分或更低——你需要严格地训练自己以提高自己的沟通技能。

二、你受人欢迎吗

回答下列 20 个问题可帮助你回答“你受人欢迎吗”这一问题，人际关系在一定程度上反映着你的沟通能力。

（1）当你离开和朋友相处的地方时，朋友们会感到依依不舍吗？

（2）当你有病在家休息时，是否有朋友围绕在你的身边谈天说地，使你感到不孤独？

（3）你很少会因为一点儿小事与别人争吵吗？

（4）你是否觉得有很多人都给你留下了美好的印象，从而使你喜欢他们？

（5）你的朋友感到有趣的事，你也感到有趣吗？

（6）你愿意做你的朋友喜欢做的事吗？

（7）会经常有友人和你聊天吗？

（8）友人是否常常请你组织安排或者主持舞会、野外郊游等集体活动？

（9）你是否参加或被人邀请参加各种社交性聚会？参加各种社交性聚会时，你会感到愉快吗？

（10）是否常常有人欣赏、夸奖你的仪表、才能和气质？

（11）数日不见的朋友，你会立刻记起他的名字吗？

（12）同各种性格的人打交道时，你能否很快适应？

（13）当你遇上一个陌生人的时候，你认为他喜欢你的可能性大，还是不喜欢你的可能性大？

（14）你能否很容易地找到你需要的人？

（15）你是否愿意与他人共度假日？

（16）你是否能在最短的时间内与你所遇到的各种人熟悉起来？

（17）你觉得你所遇到的人是否大多数容易与你接近？

（18）他人是否很少指责、批评甚至恶语相加于你？

（19）你与异性是否很容易接近？

（20）你的朋友是否容易受到你的感染，接受你提出的意见和建议？

以上各题，答“是”者得5分，答“否”者得0分。算一算你的总分。

如果你的得分在70分以上，你可以非常自豪地说：“我是个很受欢迎的人。”

如果你的得分在60～70分，你可以说：“我是个比较受欢迎的人。”

如果你的得分在50～59分，你可以稍稍乐观：“我给别人的印象不坏。”

如果你的得分在40～49分，你还可以松口气：“我勉强受人欢迎。”

如果你的得分在40分以下，你就要注意了，因为这表明你不受人欢迎。

三、测评你的沟通技巧

回答下列问题，测评你的沟通技巧。选择与你的经历最相近的答案，请如实作答。把得分加起来，参考分析，测评你的沟通技巧。根据自己的回答，找出你在哪些方面仍然需要改进。

选项含义：1. 从不　　2. 有时　　3. 经常　　4. 总是

（1）我适时地把适当的信息传递给合适的人。	1	2	3	4
（2）在决定该如何沟通前，我会认真思考信息内容。	1	2	3	4
（3）我表现出自信，讲话时信心十足。	1	2	3	4
（4）我希望对方为我的沟通提供反馈。	1	2	3	4
（5）我注意聆听并在回答前检查我的理解是否正确。	1	2	3	4
（6）评价他人时，我努力排除各种个人成见。	1	2	3	4
（7）会见他人时，我态度积极、礼貌周到。	1	2	3	4
（8）我及时向他人提供他们需要与想要的信息。	1	2	3	4
（9）我利用单独会见的方式检查员工的表现并指导他们的工作。	1	2	3	4

（10）我通过提问的方式了解他人的想法以及他们的工作进展。　1　2　3　4

（11）我分发书面指示以提供关于某一任务的所有相关信息。　1　2　3　4

（12）我运用电话沟通技巧改善沟通效果。　1　2　3　4

（13）我通过所有可以利用的电子媒介进行沟通。　1　2　3　4

（14）我把写文章的规则应用到外部与内部沟通中。　1　2　3　4

（15）会见、调查或做会议记录时，我会使用有效的记录方法。　1　2　3　4

（16）写重要信件或文件时，在定稿前，我常征求可信赖的人的意见。　1　2　3　4

（17）我运用快速阅读技巧来提高工作效率。　1　2　3　4

（18）演讲前，我认真准备并多次试讲，最终演讲取得了成功。　1　2　3　4

（19）进行内部培训时，我发挥着明显的积极作用。　1　2　3　4

（20）我安排的大型会议已达到了专业的水平。　1　2　3　4

（21）我用软性和硬性推销技巧说服他人接受我的观点。　1　2　3　4

（22）谈判前，我已经对问题进行了深入的研究，并熟知对方的需要。　1　2　3　4

（23）我写的报告结构合理，内容准确、简明、清晰。　1　2　3　4

（24）在提议前，我往往进行彻底的调查。　1　2　3　4

（25）我努力了解有关听众对组织的看法。　1　2　3　4

（26）我认真考虑技巧娴熟的顾问如何帮助我解决公关问题。　1　2　3　4

（27）我与记者及其他媒体工作人员进行有益的接触。　1　2　3　4

（28）我确保由合格的专业人员来完成设计之类的专门工作。　1　2　3　4

（29）我交给广告代理商的书面指示是以明确的商业目标为基础的。　1　2　3　4

（30）我把定期与员工沟通看作重要的工作。　1　2　3　4

（31）我积极接收并回应来自员工和他人的反馈。　1　2　3　4

（32）我确定了沟通目标，并且不允许任何行为阻碍这一目标的实现。　1　2　3　4

分析：

现在你已经做完了自我测评题目，请把各题得分加起来，然后通过阅读相应评语来分析你的表现。无论你在沟通方面是否已经取得了成功，都一定要记住：永远有改进的余地。检查一下你在哪一方面做得差，然后参看本书的有关章节，找到实用的建议和提示以改进并提高你的沟通技巧。

32～64 分：你不能有效地沟通。要倾听反馈，努力从失败中吸取教训。

65～95 分：你在沟通方面表现一般。要针对弱点，努力提高。

96～128 分：你能极好地沟通。但你要记住：沟通多多益善。

第4章 书面沟通技巧

【学习目标】	1. 熟悉一般的写作文体 2. 熟悉写作流程 3. 熟悉不同文体的写作要求
【技能目标】	1. 掌握各类文体的写作技巧 2. 掌握书面沟通文体的写作流程
【素养目标】	1. 培养爱岗敬业、诚实守信的职业道德 2. 培养精益求精的职业精神

案例导入

“还”字多音惹纷争

2020 年 4 月，张先生承建北京某农业发展有限公司（以下简称“农业公司”）养猪舍七栋，承包工程款总计 84 000 元。双方约定工程开工时，农业公司应首付黄先生总工程款的 70%，即 58 800 元，但农业公司却只给付了黄先生 30 000 元，其余款项一直未付。2022 年 4 月 7 日，农业公司为张先生出具了由其会计乔女士签名的一张写有“还欠张某工程款 28 800 元”的证明，并盖有农业公司的财务专用章。张先生依此证明将农业公司告上法庭，要求农业公司立即给付工程款 28 800 元。

然而在法庭上，被告农业公司在承认欠张先生工程款 28 800 元的同时，提出此欠款已由当时经手人会计乔女士偿还，并为张先生出具了还款证明，“还欠张某工程款 28 800 元”中的“还”字应读为“huán”，故不同意张先生的诉讼请求。

法院认为：原告为被告承建养猪舍工程，被告应按约定给付工程款。被告为原告出具的证明，应视为欠款证明，法院对原告的请求应予支持；被告辩称此证明为还款证明，但未提供相关的证据证实，法院不予采信。最终法院判决被告农业公司给付原告张先生工程款 28 800 元；案件受理费 1 162 元由被告负担。

本案例告诉我们书面沟通要求严谨、准确，稍有疏忽，就可能酿成大错，造成不可避免的损失。

4.1 书面沟通概述

扫一扫 微课视频

4.1.1 书面沟通的重要性

书面沟通是沟通主体将自己或自己所代表的团体的意志用文字表述出来的一个创造性的过程。因此，在沟通过程中，书面沟通是一种重要的沟通方式，可以起到传递信息、澄清事实、表达意志、说服他人以及交流感情的作用。

案例 1

我与公司总经理的一次错误交流

2022 年 12 月，我作为分管公司生产经营的副总经理，在得知一项较大工程项目即将进行招标后，以电话形式向公司总经理简单汇报了项目情况，但并未得到公司总经理的明确答复。我误以为公司总经理已经默认了，便组织业务小组投入时间和经费跟踪该项目，但最终还是因为准备不充分而失败。

事后，在办公会上陈述相关情况时，公司总经理认为我“汇报不详，擅自决策，组织资源运用不当”，并当着部门所有人的面给予我严厉的批评；我认为我“已经汇报，但领导重视不够，故意刁难，失败是由领导逃避责任所致”。双方在信息传递、角色定位、有效沟通、团队配合、认知角度等方面存在意见分歧，致使公司内部人际关系紧张，工作被动，如此恶性循环，则公司难以稳定发展。

此案例告诉我们，在工作中，应尽量采用书面沟通的形式。同时，对那些不善言谈的人来说，书面沟通可以发挥他们利用文字表达思想与感情的特长，取得无声胜有声的效果。

沟通是一个信息交流的过程。如果沟通双方所掌握的信息不足或极不对称，沟通效果将很差。此次沟通如果以书面沟通的形式进行，则信息传递会较为顺畅，结果也会有所不同。

4.1.2 书面沟通的文体类型

任何形式的书面沟通都要通过一种事实上的文体表现出来。在进行书面沟通的过程中，常用的文体大致可以分为以下几类。

1. 行政公文

行政公文指国家机关、企事业团体在执行公务活动中所使用的各种应用事务性文书，主要包括命令、决定、公（通）告、通知、通报、议案、报告、请示、批复（函）、意见、会议纪要等。

2. 计划类文书

计划类文书指经济管理活动中使用范围很广的重要文书，主要包括工作计划、战略规划、工作方案、工作安排等。

3. 报告类文书

报告类文书指调查主体在对特定对象进行深入考察、了解的基础上，经过准确的归纳整理、科学的分析研究，进而揭示事物的本质，得出符合实际的结论，由此形成的汇报性应用文书，包括调查报告、经济活动分析报告、可行性研究报告、述职报告等。

4. 法律类文书

法律类文书指根据一定约定达成某种协议，并共同遵守协议的条款，如果违约，违约方将给对方一定的经济补偿的具有法律效力的书面文书，包括合同书、协议书、诉讼书、招标书和投标书等。

5. 新闻类文书

新闻类文书指具有公开宣传与传播功能，借助报纸、杂志、书籍等载体向大众进行报道，具有新奇性、推广性、借鉴性等特点的书面文书，包括新闻、通信、消息、广告文案等。

素养课堂

在冬奥会赛道体验冰雪魅力 北京延庆奥林匹克园区迎大量游客

2023年元旦假期，北京延庆奥林匹克园区迎来大量游客和滑雪爱好者，体验滑雪乐趣。

上午10点，赛道一开放，滑雪爱好者就纷纷大显身手。据了解，延庆奥林匹克园区为滑雪爱好者划分出不同的体验区域，无论是滑雪新手，还是技术全面的滑雪高手，在这里都能找到适合自己的冰雪世界。适合初中级水平滑雪爱好者的回村雪道，长约3千米，滑雪者可在这里穿林溯溪、越过桥下，在山峦中感受海陀山别样的景致；拥有高水平滑雪技能的滑雪爱好者，则可以畅滑冬奥会高山滑雪比赛赛道，体验冬奥会运动员的竞技感受。

据了解，北京冬奥会后，延庆奥林匹克园区的高山滑雪中心已经举办了首都高校大学生第十五届滑雪比赛等51场冰雪赛事，带动25万余人次上冰上雪。从2023年开始，园区中的雪车雪橇中心已取得未来5年国际雪车联合会赛事举办权。未来整个园区还将持续推进冬奥会场馆的赛后利用，引进更多国际国内高水平赛事。

6. 日常事务类文书

日常事务类文书指人们在处理日常事务活动的过程中经常采用的一种书面沟通文书，主要包括信函类文书和条据类文书。信函类文书包括感谢信、慰问信、求职信、介绍信、证明信、请柬、邀请函等；条据类文书包括请假条、留言条、收条、票据等。日常事务类文书形式固定，书写简单，陈述的事件单一，是人们表达情感和进行沟通的常用文书。

4.1.3 选择文体时应考虑的因素

1. 阅读对象

由于语言理解和表达能力存在差异，信息发送者和信息接收者常常会出现理解与把握上的背离。而且如果信息接收者的知识面不够广，也会造成一定的沟通障碍。因此，在书面沟通中，信息发送者在选择写作文体时一定要考虑信息接收者的文化水平、个性特点以及阅读时的心情等，选择其容易接受的文体来表现内容。

2. 传播的信息

不同的信息内容适用不同的文体，不同的文体可以表达不一样的意思。要根据写作者想要表达的文章内容和主题思想，来决定使用哪种文体。

3. 自身的表达能力

一般来说，表达能力弱，就选择行文比较简单的文体，把要表达的意思表达清楚；表达能力强，就选择行文比较复杂、正规的文体，有观点、有支撑材料，详细具体地表达自己的意思。同时要经常练习，以提高自己的书面表达能力，以免因表述不清、词不达意而造成沟通障碍。

4. 信息的传播层次

有时书面沟通环节过多，会使书面材料被层次过滤，内容发生畸变。有时信息及其含义会随着信息内容所描述的情况以及收文和发文部门的改变而有所改变。

4.2 写作流程

扫一扫 微课视频

书面沟通离不开写作。写作流程和相关技巧是写作时必须掌握的，如果掌握了写作流程，并不断加以实践，写作能力就能迅速提高。一般来说，写作流程可以分成拟定提纲、收集资料、正式写作和编辑修改 4 个阶段。

4.2.1 拟定提纲

拟定提纲是写作过程中的重要环节，需要花费大量的时间。拟定提纲不仅能使写作变得比较容易，而且也能提高写作的质量。这一阶段的主要工作包括确立目标、确定主题、分析读者和列出提纲。

1. 确立目标

确立目标即确定为什么写作及要达到什么样的目的和结果。只有明确了写作的目的和意图，作者才能知道自己该写什么及怎样写，阅读者才能知道作者写了什么内容以及为什么写这些内容。作者通过确立目标不仅能够使写作的思路更清晰、富有条理，而且还能够使写作有的放矢，减少或避免写作错误，从而提高写作的质量和效率。

2. 确定主题

主题是写作的中心思路，确定主题是实现写作目标的基本途径。主题明确，则文书的中心思想突出，能够使读者一目了然。因此，在确立写作目标之后，作者还必须根据写作目标确定写作的主题，并在此基础上进一步确定写作的文体以及写作的主要内容和观点。

3. 分析读者

写作的目的不只是让作者自己欣赏，还要让读者能够阅读、理解作者写作的主要内容和观点。这就要求作者认真分析、研究读者，这样作者才能够选择对读者有用或者读者可能感兴趣的信息，才能够知道该运用什么样的方法、使用什么样的语言来写作。

4. 列出提纲

提纲是文书的整体框架。一个合理的提纲能够反映作者写作的意图、主要内容及观点，是对写作内容的浓缩和概括。列出提纲意味着写作任务已经开了个好头。

4.2.2 收集资料

“巧妇难为无米之炊”，无论是写正式的文章还是写非正式的便条，都需要一些资料，这些资料可以是记忆里的，但更多是从各种渠道收集来的。对于收集来的资料，作者还需要加以归纳、整理、提炼，以使其成为对写作有用的素材。

4.2.3 正式写作

写作过程是一种高度复杂的脑力劳动过程。在这个阶段，作者要把自己的思想、意图、内容、观点等以文字的形式表达出来。

在写作过程中，要注意以下几点。

（1）文书的整体设计。文书的整体设计包括封面设计美观大方、文字大小合适、页边距设置合理以及表格、插图规范等。这些都会使文书给读者留下良好的第一印象。

（2）开头要主题鲜明并具有感染力。作者在开头最好能开门见山地表明写作的目的，使主题鲜明而具有感染力，让读者读完开头便可以知道这份文书是否与自己的需求有关，或者是否有自己感兴趣的话题。

（3）语句简洁。写作时句子不宜太长，如果必须使用较长的句子才能表述完整，也要尽量把长句子的数量减到最少。

案例2

一问一答两符号

雨果写完一本新书之后，将书稿寄给一位出版商。稿子寄出很长一段时间后，仍没有得到回信。于是，他在纸上画了一个很大的“？”，并寄给出版商。隔了几天，出版商回信了。雨果拆开一看，上面只画了一个“!”。很快，他的著作《悲惨世界》出版了，并大获成功。

本案例告诉人们：要想达到沟通的目的，一是要知道针对不同的沟通对象应该选择什么样的沟通方式；二是要知道如何进行简洁的沟通。只要写作的主要内容和观点能被读者理解，沟通其实很简单。只有简单明了、简洁明快的沟通，才能提高沟通效率。

（4）书写规范、清楚、工整。所谓规范、清楚、工整，是指用词准确，条理清楚，标点符号正确，语句通顺，不写错字、别字，不生造滥用不符合规范的简化字等。这样作者不仅能够给读者带来视觉上的美感，而且还能够准确地表现文书的内容。

案例3

书写差错

上海曾经发生过这样一起办学广告纠纷：某国际培训学校的收费方式以前一直是一学年收费 10 000 元，由于一部分学生一次性缴费有困难，因此校方考虑在新的学年将收费方式改为一学期收费 5 000 元。但登出广告时，却将一学期收费 5 000 元误写为一学年收费 500 元。随即，报名者纷纷涌来。这一书写差错造成了很严重的后果。尽管校方做出了解释，但仍然有许多人投诉，这一纠纷持续了 3 年。

校方在登广告时，没有认真检查，造成了严重的后果。因此，我们在进行书面沟通时，应该详细具体地表达自己的意思，做到表述准确无误。

（5）文书内容的逻辑性。书面沟通能力主要表现在对篇章结构的正确安排、词句的灵活应用、语法结构的标准规范、格式的正确使用等方面，而这一切都与写作的逻辑性密切相关。

4.2.4　编辑修改

编辑修改是进行文书写作的重要环节，这一过程就是修改、再修改、反复比较、反复推敲的过程。对提纲、内容、观点等修改的方法是概括、提炼、归纳；对词语、文字、标点等修改的方法是增加、替换、删除、合并、扩大。编辑修改的目的是找出不足并完善文书。

4.3　不同文体的写作要求

扫一扫 微课视频

不同的文体有不同的写作要求，下面主要给大家介绍几种常用文体的写作要求。

4.3.1　求职简历的写作要求

（1）在创作简历之前，我们应预先界定谁是阅读者，然后根据界定的阅读者创作简历。

（2）简历的5个主要部分包括抬头、个人简历、工作经历、教育背景和其他事项。

（3）格式选择。

时序型的简历按时间倒叙工作经历，从最近任职的岗位开始介绍，然后回溯，着重强调责任和突出的成就。

功能型的简历在开始部分就强调特殊的成就和非凡的资质，但是并不会将它们与特定的雇主联系在一起。

综合型的简历借鉴和综合了功能型的简历和时序型的简历的优点，在简历的开始部分介绍个人的价值、资信和资质（功能部分），随后在工作经历部分提供支持性的内容（时序部分）。

（4）简历上不要出现薪金历史记录和待遇要求。如果公司要求提供这些信息，写在附信上（简历一定要有附信）即可。

（5）简历要与众不同，反映求职者的自信和给人激动的感觉。

（6）写作时要着重描述最近的工作经历。一般来说，雇主只对求职者10年以内的工作经历感兴趣。

4.3.2 调查报告的写作要求

调查报告是对某项工作、某个事件、某个问题经过深入细致的调查后，将在调查中收集的材料加以统计整理、分析研究，以书面形式向组织和领导汇报调查情况的一种文书。调查报告具有写实性、针对性和逻辑性等特点。

调查报告的种类主要如下。

（1）情况调查报告。这是比较系统地反映本地区、本单位基本情况的一种调查报告。这种调查报告的目的是弄清楚相关情况，供决策者使用。

（2）典型经验调查报告。这是通过分析典型事例，总结工作中出现的新经验，从而指导和推动某方面工作的一种调查报告。

（3）问题调查报告。这是针对某一方面的问题进行专项调查，说明事实真相，判明问题的原因和性质，确定造成的危害，并提出解决问题的途径和建议，为问题的最后处理提供依据，也为其他有关方面提供参考和借鉴的一种调查报告。

调查报告一般由标题和正文两部分组成。

1. 标题

标题可以有两种写法：一种是规范化的标题，即发文主题加文种，基本格式为“××关于××的调查报告”“关于××的调查报告”“××调查”等；另一种是自由式标题，包括陈述式、提问式和正副标题结合式3种。陈述式如“××大学硕士毕业生就业情况调查”，提问式如“为什么大学毕业生择业倾向沿海和京津地区”，在正副标题结合式标题中，正标题陈述调查报告的主要结论或提出中心问题，副标题标明调查的对象、范围、问题，这实际上类似于发文主题加文种的规范格式，如“高校发展重在学科建设——××大学学科建设实践思考”等。

2. 正文

正文一般分前言、主体和结尾3部分。前言有3种写法：第一种是写明调查的起因或目的、时间和地点、对象或范围、经过与方法以及人员组成等情况，从而引出中心问题或基本结论；第二种是写明调查对象的历史背景、大致发展经过、现实状况、主要成绩、突出问题等基本情况，进而提出中心问题或主要观点；第三种是开门见山，直接概括调查的结果，如肯定做法、指出问题、提示影响、说明中心内容等。前言起着画龙点睛的作用，要简练概括、直入主题。

主体是调查报告的主要部分，这部分详述调查研究的基本情况、做法、经验，以及分析调查研究得出的各种具体观点和基本结论。

结尾的写法也比较多，可以提出解决问题的方法、对策和下一步改进工作的建议；或总结全文的主要观点，进一步深化主题；或提出问题，引发人们进一步思考；或展望前景，鼓舞和号召大家等。

4.3.3　实习报告的写作要求

实习报告是指各种人员实习期间需要撰写的对实习期间的工作、学习经历进行描述的文本。它是应用文写作的重要文体之一。

撰写实习报告应注意以下内容。

1．做好准备工作

大家从开始实习的那天起，就要注意广泛收集资料，并以各种形式记录下来（如写工作日记等）。丰富的资料是写好实习报告的基础。主要应收集这些资料：单位组织学习的内容、学习方式是什么，学习后效果如何，自己的思想觉悟是否有提高；在工作中如何灵活运用专业知识；观察周围同事如何处理问题、解决矛盾。实习是观察、体验社会生活，将学习到的理论转化为实践技能的过程。所以大家既要体验还要观察，要通过同事、前辈的言行去观察别人的优点和缺点，以此作为自己行为的参照。

2．确定实习报告结构

第一部分：以实习时间、地点、任务作为引子，或把实习过程中的感受结果用高度概括的语言表达出来，以引出实习报告的内容。

第二部分：实习过程（实习内容、环节做法）。

一是将从学校里学到的理论、方式、方法变成实践的行为；二是观察、体验在学校里没有接触到的东西，了解它们是以什么样的形态、方式、方法等出现的。

第三部分：谈实习体会、经验教训、今后努力的方向等。

可以以实习体会、经验教训为条目来构思全文。例如，在实践中发现自己的优势：团队协作意识强，善于根据自己的知识、能力挑战新工作，事后善于总结等。从实践中看到自己的缺陷：专业知识不扎实、动手能力弱等。用这些实习体会把自己实践的过程和内容串联起来。

大家写实习报告必须写自己的实习经历，可参考别人的资料，但不能抄袭。如有引用或从别处摘录的内容，要标明出处。实习报告开头要有内容摘要和关键词，语言要求简练，符合公文文书的要求，字数要在 3 000 字以上。

4.3.4 思想汇报的写作要求

要求入党的同学为了使党组织更好地了解自己，接受党组织的教育和监督，要积极主动地向党组织汇报自己的思想、学习和工作情况。写思想汇报是培养组织观念、提高思想觉悟的有效途径。为了便于党组织更加全面、系统地了解申请入党人员的思想状况，我们提倡写书面思想汇报。当然，也可以进行口头汇报。

思想汇报的基本书写格式及内容通常如下。

（1）标题。左右居中写“思想汇报”。

（2）称谓。即汇报人对党组织的称呼，一般写“敬爱的党组织”。顶格书写在标题的下一行，后面加冒号。

（3）正文。思想汇报是个人结合自己的学习、工作和生活情况，向党组织反映自己的真实思想情况的书面材料，其具体内容根据每个人的情况而定。如果对党的基本知识、马克思主义的基本理论的学习有所收获，便可以通过思想汇报的形式，将学习体会、思想认识上新的提高及存在的认识不清的问题向党组织进行说明；如果对党的路线、方针、政策或一个时期的中心任务有看法，可以在思想汇报中表明自己的态度、阐明自己的观点；如果参加了重要的活动或学习了某些重要文件，可以把自己受到的教育写给党组织看；如果遇到国内外发生重大政治事件，则要通过学习，提高对事件本质的认识，旗帜鲜明地向党组织表明自己的立场；如果自己在日常生活中遇到了个人利益同集体利益、国家利益产生矛盾的问题，也可以把自己有哪些想法、如何对待和处理问题的情况向党组织进行汇报。为了使党组织对自己最近的思想情况有所了解，可以把自己的思想状况、有了哪些进步、存在什么问题以及今后的打算写清楚。

（4）结尾。在思想汇报的结尾处，大家可写上自己对党组织的请求和希望。一般以“恳请党组织给予批评、帮助”或“希望党组织加强对我的培养和教育”等作为结束语。

在思想汇报的最后，要署名和注明汇报日期。一般居右书写“汇报人×××”，下一行写上“××××年××月××日”。

写思想汇报时需注意：思想汇报应是真实思想的流露，最重要的是汇报事实，切忌空话、套话、假话，做表面文章；写思想汇报应根据不同时期的思想认识状况，集中写新体会和对认识深刻的一两个方面谈深谈透，不要长篇大段地抄录党章、报告、领导讲话和报刊文章的内容，防止出现形式主义；写思想汇报要实事求是，对自己做一分为二的评价，不仅要对自己的成长进行肯定，而且要找准自身存在的不足，敢于向党组织暴露缺点和问题。

4.3.5 工作总结的写作要求

工作总结是把某一时期已经做过的工作进行一次全面系统的总检查、总评价，进行一次具体的总分析、总研究后，用以记录概况及取得了哪些成绩、存在哪些缺点和不足、有什么经验和教训，以及今后打算怎么做的一种文书。

（1）情况的概述。这部分内容主要是对工作的主客观条件、有利条件和不利条件以及工作的环境和基础等进行的分析，有的比较简单，有的比较详细。

（2）成绩和缺点。这是总结的中心。总结的目的就是要肯定成绩，找出缺点。比如，成绩有哪些，有多大，表现在哪些方面，是怎么取得的；缺点有多少，表现在哪些方面，是什么性质的，是怎样产生的等。这些内容，都应写清楚。

（3）经验和教训。做过一件事，总会有经验和教训。为便于今后的工作，我们有必要对以往工作的经验和教训进行分析、研究、概括和集中，并上升到理论的高度来认识。

（4）今后的打算。根据今后的工作任务和要求，吸取前一时期工作的经验和教训，明确努力方向，提出改进措施等。

写好工作总结需要注意的问题如下：①一定要实事求是，不夸大成绩，不缩小缺点，更不能弄虚作假，这是分析、得出教训的基础。②条理要清楚。工作总结是写给别人看的，条理不清楚，人们即使看了也不知所以然，这样就达不到工作总结的目的。③要去粗取精，详略适宜。材料有本质的也有现象的，有重要的也有次要的，写作时要去粗取精。工作总结中的问题要有主次、详略之分，该详写的要详写，该略写的要略写。

4.3.6　申请书的写作要求

申请书是个人、单位、集体向组织、领导提出要求，要求批准或帮助解决问题的专用书信。申请书的使用范围相当广泛，种类也很多。按作者，申请书可分为个人申请书和单位、集体公务申请书；按解决事项的内容，申请书可分为入团、入党、困难补助、调换工作、建房、承包工程、贷款申请书等。申请书的写作要求如下。

（1）标题。标题有两种写法：一是直接写“申请书”；二是在“申请书”前加上内容，如“入党申请书”“调换工作申请书”等。一般采用第二种写法。

（2）称谓。顶格写明接收申请书的单位、组织或有关领导的名称。

（3）正文。正文部分是申请书的主体，首先提出要求，其次说明理由。理由要写得客观、充分，事项要写得清楚、简洁。

（4）结尾。写明惯用语“特此申请”“恳请领导帮助解决”“希望领导研究批准”等，也可用“此致”“敬礼”等礼貌用语。

（5）署名、日期。个人申请书中要有申请者姓名，单位申请书中要写明单位名称并加盖单位公章，还要注明日期。

本章小结

◆　书面沟通是沟通的一种重要形式。

◆　书面沟通中，常用的文体大致可分为行政公文、计划类文书、报告类文书、法律类文书、新闻类文书和日常事务类文书等。

◆　写作流程可以分成拟定提纲、收集资料、正式写作和编辑修改 4 个阶段。

◆　不同的文体有不同的写作要求。

思考题

1．什么情况下适合采用书面沟通方式？请举出相应的例子。
2．常见的几种写作文体各有什么特点？
3．申请书的写作要求有哪些？
4．工作总结的写作要求有哪些？
5．实习报告的写作要求有哪些？

技能训练

（1）请写一份年度个人学习总结，字数在 1 000 字左右，总结要有标题、正文和落款。

（2）利用假期实习，结束后写一份实习报告，字数在 3 000 字左右，内容包括实习时间、地点、任务、感受、结果，以及实习的经验教训、今后努力的方向等。

（3）你在某媒体上看到某公司正在招聘，在招聘的职位中有非常适合你的职位，而你也非常希望能够在该公司工作。请你写一份求职信，并附上个人简历。要求：求职信的字数在 500 字左右，个人简历的字数在 1 000 字左右。

第5章 演讲

【学习目标】	1. 了解演讲的基本含义，比较演讲与朗诵的异同 2. 了解演讲的过程、特点、基本要素、目的、类型等 3. 联系实际，阐述演讲的构思 4. 熟练运用演讲的语言技巧和非语言技巧
【技能目标】	1. 能够掌握演讲的整体构思技巧 2. 能够掌握演讲的语言技巧和非语言技巧
【素养目标】	1. 增强自信心 2. 培养辩证思维能力

案例导入

李延的演讲烦恼

今夜李延失眠了，原因是明天他要代表自己小组的成员在全班同学面前做一次演讲。

李延现在是某高校的研究生。在读研之前，他有一份很好的工作，有 4 年的工作经验。李延很热爱自己的工作，并想在这个领域大展宏图。但是让他苦恼的是，他非常害怕当众说话，只要一想到演讲，就会手脚出汗，脑子一片空白。奇怪的是，当与朋友聚会聊天的时候，李延往往是中心人物。单位内部几次提拔年轻干部，李延都因为当众演讲的时候过度紧张而中途停下来，最后不能入选。羞怒之下，李延从原来的单位辞职，专心考研，成为国内一所著名高校的研究生。他打算一边学习知识，一边改掉自己恐惧演讲的毛病。

但是，一想到明天要面对那么多学生和老师，李延的心就凉了半截，准备找别人代替自己，但是又非常不甘心："我离开原来的单位就是为了克服这个毛病，可是现在又要放弃……"

演讲是我们常常会遇到的一种特殊的沟通形式，也是让很多人感到棘手的一件事情。那么我们应如何在公众面前讲话，让自己在演讲时更自如，让公众更欣赏自己呢？本章我们将解决这个问题。

5.1 演讲概述

扫一扫 微课视频

5.1.1 演讲的含义和特点

演讲又称演说、讲演。它是一个人在公共场合向众多人就某问题发表意见或阐明事理的传播活动，其基本模式为：一人讲，众人听。

演讲的特点如下：①社会性。演讲活动发生在社会成员之间，它是一种社会成员对其他社会成员进行宣传鼓动活动的口语表达形式。因此，演讲不只是个体行为，还具有很强的社会性。②现实性。所谓现实性，是指符合客观事物的真实情况的性质。③艺术性。演讲是优于一切现实的口语表现形式，它要求演讲者去除一般讲话中的杂乱、松散等因素，以一种集中、凝练、富有创造色彩的面貌出现。④综合性。演讲只是发生在一定时间内的活动。为开展这一活动，演讲者要有各方面的充分准备；同时，还需要大量的组织工作与之配合。⑤逻辑性。演讲者思维要缜密，语言应有条理，层次分明，结构清楚。⑥针对性。演讲主题应是众所周知的问题，要注意听众的年龄、身份、文化程度等。⑦感染性。演讲者要有鲜明的观点、独到的见解和看法以及深刻的思想等，要善于用流畅生动、深刻风趣的语言和恰当的修辞打动听众。⑧鼓动性。鼓动性是演讲成功与否的一个标志。没有鼓动性，就不算作演讲，政治演讲也好，学术演讲也好，都应该具备强烈的鼓动性。

5.1.2 演讲与朗诵的区别

1. 演讲，通俗易懂；朗诵，典雅华丽

演讲语言要尽量口语化，尽量不用生僻词语、文言词语、专业术语，尽量不用倒装句和太长的句子等。朗诵语言的特点是典雅华丽，具有文学语言色彩。

2. 演讲，以“讲”为主；朗诵，以“演”为主

演讲以讲为主、以演为辅，演讲语言是演讲者的本色口语。它是一种介于日常生活语言和表演语言之间的口语。这种本色口语首先要像日常谈话那样亲切自然，但又不能像日常谈话那样语调平淡、缺乏激情，否则演讲就会缺乏鼓动性，失去吸引力；演讲语言要像舞台表演语言那样讲究抑扬顿挫，但又不能像舞台表演语言那样模拟角色、惟妙惟肖，否则演讲语言就会失去真实性和亲和力。

朗诵的语言纯粹是一种舞台表演语言。为了能够吸引听众，把听众引入原作品的意境，朗诵语言要比演讲语言更加夸张。朗诵时，要尽量在平淡中寻找语调的变化，做到激情澎湃。

素养课堂

健康是成功之本（节选）

我叫黄克智，今年正好90岁。我20岁大学毕业，工作已经70年，其中有69年服务于清华大学。

什么叫“健康工作50年”？我理解不一定指要坐在办公室，要站在讲台上才叫工作，人的生活是多方面的，工作也是多方面的。现在国家发展得这么快，大家都应该去享受生活，只要个人的行为不损害国家利益，不牵累别人，都可以叫作工作。我国现在60岁以上的人口有2亿多，如果老年群体能够平安、健康、快乐地安度晚年，对国家的稳定至关重要，也是国家文明的一个标志。我理解这就是蒋南翔校长对我们提出的要求。

我认为健康的三要素：一是心态好，二是生活有规律，三是坚持锻炼。

我从40岁开始，坚持每天锻炼至今已50年，锻炼方式多种多样。我的经验是：一定要选择适合自己，又有兴趣的项目，同时要有一个好的团队大家一起玩。我认为，是这个团队、这项运动带给我健康、快乐和友谊，而这也是我晚年幸福生活的重大源泉。

70年来，我始终站在教学科研第一线工作，培养了100多名研究生，其中5名中科院院士；我所在的固体力学研究所培养出13名全国百篇优秀博士论文获得者，其中我本人获3次论文导师奖；先后发表了学术论文400余篇，其中3篇获国际最高刊物学术论文奖；出版专著7部；获得各类奖励50余项，其中6项是国际学术界重要奖项；1993年获得全国人民教师奖章。

这些成就都是我在50岁以后获得的。这说明，因为健康、长寿，所以产出相对比较丰富，同时也说明健康有多么重要。因此我认为，健康才是成功之本。

从此案例中可以看出，演讲稿中的“我”就是演讲者自己，演讲者自始至终不能忘掉身边的听众，演讲要有吸引力。

3. 演讲，重在“鼓动”；朗诵，重在“抒情”

演讲包含3个方面的内容：一是演讲必须发表意见，就是阐明观点和理由，即“说理”；二是演讲必须抒发情感，即“抒情”；三是演讲必须感召听众并促使听众行动，其落脚点在于“鼓动”。没有“说理”，演讲者的意见就难以令听众信服；没有“抒情”，演讲就很难感染听众，也就很难引起听众的共鸣；而情理交融才能把听众“鼓动”起来。“说理”“抒情”“鼓动”三者融为一体才构成演讲。鼓动性是演讲的突出特点。

朗诵重在抒情。《现代汉语词典》对“朗诵”的解释是：“大声诵读诗或散文，把作品的感情表达出来。”朗诵的根本任务是抒情，因而朗诵时要特别注重抒情。优秀的朗诵者总是力争使自己句句含情。抒情性是朗诵的突出特点。

4. 演讲，灵动地讲；朗诵，照本而诵

优秀的演讲者能根据现场的变化对原先准备的提纲、讲稿做灵活处理，增删、改换演讲的部分甚至全部内容，在演讲过程中迸发新的思想火花，即兴讲出蕴含哲理的警句、令人叫绝的妙语，是常有的事。如果出现了忘词或讲错的情况，演讲者可以临时做一些调整和纠错。

朗诵，必须照本而诵，不允许变动。朗诵的作品一般是他人写的，朗诵者一定要尊重作者的原意，无权变动文本的一词一句，不仅要做到不丢字、不添字、不改字、不读错字，还要读得连贯自然，不结巴、不重复。在此基础上，朗诵者才能根据自己的理解和感悟去发挥、去创造。在传情达意方面，朗诵者自由发挥的空间要比演讲者小一些。

5.1.3 演讲的过程

演讲表面上看是由演讲者告知听众的单向过程。然而，演讲实际上是一个双向过程。经验丰富的演讲者能够根据听众反馈的信号判断自己与听众沟通的效果。反馈的信号包括眼神、身体姿态等。在演讲过程中，听众的眼神、身体姿态将向演讲者反馈这样的信息：听众是否在倾听自己的讲话。在这个演讲反馈中，演讲者将把演讲取得的效果与预期的效果加以比较，如果发现其演讲没有吸引听众足够的注意力，听众反响不够强烈，那么在后面的演讲中，演讲者将设法改换演讲方式，以求获得理想的效果。这就要求演讲者具备掌握并运用各种不同的演讲方法、知识、技巧的能力。

5.1.4 演讲的基本要素

1. 信息

信息由演讲者与听众共享。演讲中的信息主要是言语信息。由于听众的阅历不同，观察世界的角度不同，因而他们与演讲者对同一词义的理解不可能绝对一致。因此，只有当人们持有相同的经验时，他们对同一词义的理解才相同，才谈得上信息共享。这就要求演讲者找到共同的参照物，与听众达成共识。

2. 演讲者

演讲者是信息的发源地。演讲者主要以语言传递信息，但还包括采用其他形式传递信息，如用手势、姿态、表情等传递非语言符号的辅助信息，甚至演讲者的衣着装束、音容笑貌等对传递信息也有影响。

3. 听众

真正的演讲必然是演讲者与听众配合的过程。听众作为演讲的一大要素，不仅有很大的能动性，而且是演讲活动的客观基础和根本归宿。听众的临场反应往往是对演讲质量、效果的一种现实的、直接的客观评价。听众鉴赏演讲美对演讲艺术的发展起着极大的推动作用。演讲者只有充分地了解听众，掌握听众的心理特点和需求，才能有效地征服听众，发挥演讲的作用，从而顺利达到演讲的目的。

5.1.5 演讲的目的

人们进行任何社会实践活动都有其明确的目的，演讲也不例外。演讲的目的具体如下。

扫一扫 微课视频

1. 宏观目的

从总体上看，演讲的目的就是让演讲者与听众达成共识，使听众改变态度，激起听众行动，推动人类社会向理想境界迈进。演讲者无论是宣传自己的政治主张、观点，还是传播道德伦理情操，抑或传授科学文化知识和技艺等，都是为了让听众同意自己的主张、观点和立场，并在此基础上激发听众的实际行动，使人类向着理想境界迈进。

2. 微观目的

由于演讲者职业、专业、经历等多种因素的不同，演讲的目的、内容也有所不同。闻一多在昆明开展的名为《最后一次演讲》的演讲目的就是揭露和痛斥敌人，鼓舞听众，发展民主运动。因此，从微观上看，每位演讲者的每一次演讲都有不同的目的。

5.1.6 演讲的分类

扫一扫 微课视频

演讲是一种高级和高效的口语表达形式，是一项包含广泛内容的自成系统的社会实践活动。我们可以用不同的标准把它区分为性质相异的若干类型。

下面从演讲的功能角度，将演讲分为以下 5 种类型。

①“使人知”演讲。这是一种以传达信息、阐明事理为主要功能的演讲。它的目的在于使人知道、明白。例如，美学家朱光潜在《谈作文》的演讲中，讲了写作文前应做的准备、文章体裁、构思、选材等，使听众掌握写作文的基本知识。“使人知”演讲的特点是知识性强、语言准确。

②“使人信”演讲。这种演讲的主要目的是使人信赖、相信。它从“使人知”演讲发展而来。例如，恽代英的演讲《怎样才是好人》，不仅告知了人们哪些人不是好人，还提出了衡量好人的标准，通过一系列的道理论述，改变了人们以往的观念。“使人信”演讲的特点是观点独到、正确，论据翔实、确凿，论证合理、严密。

③“使人激”演讲。这种演讲意在使听众激动起来，在思想感情上与演讲者产生共鸣。

④“使人动”演讲。这种演讲可使听众产生一种与演讲者一起行动的想法。

⑤“使人乐”演讲。这是一种以活跃气氛、调节情绪、使人快乐为主要功能的演讲，多以幽默、笑话为材料，一般出现在喜庆的场合。这种演讲的特点是幽默、诙谐。

总之，演讲者必须具备正确的思想、高尚的品格、严密的逻辑思维能力和较强的应变能力。

5.2 演讲的构思

扫一扫 微课视频

5.2.1 确定演讲题目

演讲题目是一篇演讲稿的有机组成部分，它与演讲的内容、风格、语调有直接关系。内容决定了题目，题目则鲜明地表现了内容的特点。

一个新颖、生动、恰当而富有吸引力的题目有以下 3 个作用：第一，具有概括性。它能把演讲的主题、内容、目的全面地反映出来。第二，具有指向性。听众一看题目就知道演讲者要讲的是哪方面的问题，如是政治性的、学术性的还是伦理道德方面的问题。第三，具有选择性。题目能在演讲开始之前就告诉听众所要讲的主题，以便听众据此选择听或不听。

那么，应该根据哪些标准来确定演讲题目呢？

标准之一：演讲题目应能揭示主题。例如，《心底无私天地宽》这样的题目能让人知道演讲的中心思想和主题是什么。

标准之二：演讲题目应能提出问题。例如，鲁迅的演讲题目《娜拉走后怎样》《未有天才之前》等，让听众有一种浓厚的兴趣进行思考，听时自然就容易理解演讲内容。

标准之三：演讲题目应能划定范围。例如，《大学生的任务》《美术略论》这样的演讲题目，听众一看就可知道演讲的内容、范围及涉及的具体问题，进而可选择听或不听。

当然，要确定一个题目，除了上述3条标准外，还应注意以下问题。

（1）题目要有积极性。即要选择那些光明、美好、有建设性的题目，使听众一听就有无限的希望。例如，《自学可以成才》这样的题目，就可调动听众的积极性。

（2）题目要有适应性。其一，要适应听众的实际情况。即所选题目要考虑听众的思想修养、文化水平、职业特点、阅历等，这样才能有的放矢。其二，要适合自己的身份。即要选择与自己所从事的工作、专业、知识面接近的题目，因为讲自己熟悉的东西容易讲深讲透，容易收到好效果。其三，要适应演讲的时间。即要按规定的演讲时间选择题目。如果规定的演讲时间长，题目范围就可大些；如果规定的演讲时间短，题目范围就要小些。

（3）题目要新奇。只有“新”和“奇”，演讲题目才能像磁石一样吸引听众。对于司空见惯、屡见不鲜的事物、人物等，人们是不易关注的。不妨看看鲁迅的演讲题目《老而不死论》《老调子已经唱完》《象牙塔与蜗牛庐》等，这样新奇的题目怎么会不吸引人呢？

（4）题目要有感情色彩。演讲者在演讲时要总是充满强烈的感情，并把这种强烈的感情注入题目，从而打动听众。例如，鲁迅的《流氓与文学》，其情感是很鲜明的。

（5）题目要生动。演讲题目生动活泼，就能给人一种亲切感、愉悦感。像前面列举的《老而不死论》《象牙塔与蜗牛庐》等题目，都非常生动活泼。当然，生动活泼与否主要由主题和内容而定。严肃的主题和内容就不宜用生动活泼的题目，用了反而会冲淡和破坏演讲的严肃性。

扫一扫 微课视频

5.2.2 选择演讲材料

“巧妇难为无米之炊”，演讲中的“米”就是材料。演讲使用的材料及其结构对演讲有至关重要的作用。那么在演讲中，我们应选用一些什么样的材料呢？

1. 选择能说明主题的材料

选择材料的第一个标准就是材料要能说明主题。在选择材料时，一定要从主题出发。有些人在写演讲稿时，从兴趣出发，不管材料能不能说明主题，都用到演讲稿中，结果不仅不利于说明主题，反而妨碍了主题的表达。

2. 选择具有典型意义的材料

所谓的具有典型意义的材料，就是指有规律性、普遍性，能说明主题的材料。大家应选择那些有典型意义的材料，而不要选择那些个别的、特殊的材料，因为个别的、特殊的材料起不到支撑作用，相反会给人留下偏颇、极端的印象。

3. 选择真实可信的材料

写演讲稿不是进行文学创作，演讲稿中所使用的事迹必须是真实可信的，不能有半点杜撰，而且也不允许利用联想或想象去丰富本来就不存在的细节。

4. 选择新鲜的材料

任何事物都有新旧之分，演讲稿的材料也是一样的。距演讲时间越久远的材料就越陈旧，相反，距演讲时间越近的材料也就越新。材料越新，时代感就越强，离听众的现实生活就越近，也就越容易引起听众的兴趣。

5. 选择符合听众心理的材料

在演讲之前，演讲者首先要明确面对的是什么样的听众、这些听众喜欢什么样的内容、他们关心什么。只有了解了听众，演讲者的演讲才能有的放矢，演讲者选用的材料才能符合听众的心理，才能使听众爱听、喜欢听。例如，《今天的生活如芝麻开花节节高》，就是歌颂我们现在的美好生活，宣传改革开放以来的成果。如果我们面对的是工厂的工人，那么可以以工作环境的变化作为材料；如果我们面对的是街头巷尾的民众，那么可以用衣食住行的变化作为材料……我们只有针对不同的对象选择不同的材料，才能引起听众的兴趣，否则演讲很难取得好效果。

5.2.3　设计演讲稿的结构

扫一扫　微课视频

结构合理是演讲成功的基础。演讲者在演讲之前，对如何开头、如何结尾、何处为主、何处为次、怎样铺垫、怎样承接都应成竹在胸，精心推敲。这样才能使演讲思路清晰，顺理成章；才能中心突出，铺排严谨；才能首尾呼应，浑然一体。只有如此，演讲者才能在限定的时间里讲出更多的内容，紧紧抓住听众的心理，使其跟随自己的思路；同时，演讲者也能把忘记演讲内容的概率降至最低，并避免由于害怕而忘记演讲内容的情况。

设计结构有效的方法是列提纲。列提纲即把整个演讲划分成几个部分，把每个部分有机地连接起来，并在每个部分之间留下适当的空白；列提纲还应当用号码和字母标出标题并反映它们之间的从属关系。

1. 结构设计的模式

要想演讲条理清楚、波澜起伏，关键是要安排好正文的结构。常见的正文结构有以下几种。

（1）并列式。即把所要演讲的几个主要问题排列起来，一个一个地阐述。可以以时间为序，也可以以空间为序，还可以以问题的逻辑结构为序。这种方式眉目清楚、形式整齐，便于听众理解与记忆。

（2）总分式。即先提出总的观点或主张，然后分别对其加以阐述。在总分式结构中，分的部分通常就是一个并列式结构。采用这种结构集中论述一个问题时，往往具有较强的说服力。

（3）递进式。即一层深入一层地阐明问题，逐步把道理讲清楚。它可以由表入里、由浅入深，也可以由小及大、由少及多，但其内容既要符合客观事物的发展规律，又要符合听众的认识规律。这种结构的正文往往思维严谨、结构缜密，具有较强的逻辑性。

（4）对比式。即运用比较法阐明问题。它可以是正反对比或新旧对比，也可以是时间对比或空间对比，还可以是问题的性质与类型对比等。这种结构的正文容易突出正面观点或主要问题。

最好综合使用以上几种结构；或以一种结构为主，其他结构为辅；或总体上使用某一种结构，局部使用另外几种结构。无论使用哪种结构，总的原则都是疏密有致、有张有弛、扣人心弦。

2. 结构设计的方法

演讲稿由开头、主体和结尾 3 个部分组成，其结构原则与一般文章的结构原则大致一样。演讲稿的各部分具有不同的特点，因此应注意采用以下方法。

（1）开头要抓住听众，引人入胜。演讲稿的开头也叫开场白，它在演讲稿中处于显要的地位，具有重要的作用。开场白有两个作用：一是建立演讲者与听众的同感；二是如其字义所释，打开场面，引入正题。

（2）主体要环环相扣，层层深入。主体是演讲稿的主要部分。在行文的过程中，我们要处理好层次、节奏、衔接和遣词造句等。

（3）结尾要简洁有力。结尾是演讲内容的自然收束。言简意赅、富有深意的结尾能够使听众精神振奋，并促使听众不断地思考和回味。演讲的结尾没有固定的格式，或对演讲全文进行简明扼要的小结，或以具有号召性、鼓动性的话收束，或以诗文名言以及幽默俏皮的话结尾，但一般原则是要给听众留下深刻的印象。

5.2.4 选择演讲方式

在正式场合发表演讲时，演讲方式至关重要。常见的演讲方式有以下几种。

1. 念讲稿

念讲稿即演讲者照着讲稿念，讲稿中提出的观点是经过推敲的，材料是精心选择的，语言是流畅自如的。对于初级演讲者来说，念讲稿是最好的选择。但是，这种方式的不利之处是演讲者只顾念稿，与听众的沟通极少，现场气氛冷淡枯燥。

2. 记忆演讲

记忆演讲是指先写出完整的演讲稿，然后记住它的一种方式。记忆演讲会使演讲者产生相当大的压力，演讲者不仅要花时间来记忆，而且会因担心忘记而紧张。另外，演讲者要使记忆演讲听起来出自本能和自然，就需要有相当丰富的演讲经验。

3. 脱稿演讲

脱稿演讲是值得采用的方式。演讲者运用写好的提纲帮助自己回忆，仔细设计和组织好要讲的话、要用的关键词等。偶尔翻一下提纲卡片，就可以从一个论点转向另一个论点。

4．即兴演讲

除非有别的选择，否则不要做即兴演讲。出色的即兴演讲并不是随兴而发的，而是演讲者深思熟虑后的见解。能够做即兴演讲的演讲者往往拥有深厚的思想基础和丰富的信息材料，以及熟练的演讲技巧。在演讲者准备不足的情况下，谦虚的退让要胜过鲁莽的尝试。

5.3 演讲的语言技巧和非语言技巧

5.3.1 演讲语言表达的基本要求

演讲语言的运用是演讲成功的决定性因素之一。演讲者要提高演讲质量，必须符合演讲语言表达的 4 个基本要求，具体如下。

1．上口入耳

上口入耳是对演讲语言表达的基本要求。也就是说，演讲的语言要口语化。听众能否听懂，不但要看演讲者能否说得好，还要看演讲稿是否写得好。如果演讲稿不“上口”，那么演讲的内容再好，也不能使听众“入耳”。

2．通俗易懂

演讲要让听众听懂。如果演讲者使用的语言谁也听不懂，那么这次演讲就会失去听众，也就失去了演讲的作用、意义和价值。为此，演讲的语言要通俗易懂。

3．准确精练

演讲用词要能够确切地表达讲述的对象——事物和观念，指出它们的本质及相互关系，以避免产生歧义和引起误解。

4．生动感人

好的演讲稿，其语言一定要生动。如果只是思想内容好，而语言平平，那就算不上是一篇好的演讲稿。例如，鲁迅的演讲、闻一多的演讲，都既有丰富深刻的思想内容，又有生动感人的语言。老舍说：“我们最好的思想，最深厚的感情，只能被最美妙的语言表达出来。若是表达不出，谁能知道那思想与感情怎样好呢？”由此可见，好的演讲，只有语言的明了、通俗还不够，还要力求语言生动感人。

5.3.2 演讲的语言技巧

扫一扫 微课视频

1．吐字清晰

演讲者一定要吐字清晰，咬字真切。正如戏曲艺术界讲究的“吐字归音，字正腔圆”一样，演讲者还要防止“吃字”现象。例如，把“答案”说成“蛋”、把“关爱”说成“怪”、把“只要你们努力”说成“照你们努力”等，这种情况会影响演讲效果。

2. 运用重音

对于演讲者来说，利用轻、重音的变化来有效地传情达意是非常必要和重要的。当然，这是指对逻辑重音的运用。它既能突出演讲中某些关键的词、句和段，从而突出地表现某种思想感情；又能丰富语言的色彩，从而美化语言。

3. 节奏恰当

演讲时的抑扬顿挫、轻重缓急，构成了语言的节奏。节奏是演讲中一切要素有秩序、有节拍的变化。离开了变化，节奏便无从谈起；离开了内容，节奏就毫无意义。

演讲节奏的快慢缓急主要是根据表达思想感情的需要确定的。演讲者在表达一般内容时，语速可以适中，既不能太快，也不能太慢。当表达热烈、兴奋、激动、愤怒、紧急、呼唤的思想感情时，出言吐语就要快些；当表达庄重、怀念、悲伤、沉寂、失落、失望的思想感情时，语速可以放慢。

4. 语调富有变化

语调要有高低变化，或者说有抑扬变化。一般来说，高音为升调，即句子调值由低到高，句尾发音往往最高，一般用于疑问句；低音为降调，即句子调值由高到低，句尾发音往往最低，一般用于陈述句、祈使句和感叹句。

5. 巧用停顿

停顿就是说话时的间歇。演讲者在演讲时不仅要有停顿，而且还应该巧妙地利用停顿，使停顿变为一种表达艺术，以求更有效地表达自身的思想感情。

6. 句式多样

汉语中的句式多种多样、丰富多彩。每种句式都有其特定的表意功能，其语气、语调、气势等各有不同。一般来说，长句字数多，结构复杂，表意缜密严谨，短句结构简单，明快有力；口语句活泼生动，通俗易懂，文言句典雅简洁，含义丰富；整句结构相同，整齐匀称，富有节奏感和形式美，散句舒缓悠远，不拘一格。

案例 1

闻一多的《最后一次演讲》

大家都有一支笔，有一张嘴，有什么理由拿出来讲啊！有事实拿出来说啊！为什么要打要杀，而且又不敢光明正大地来打来杀，而偷偷摸摸地来暗杀！这成什么话？”今天，这里有没有特务？你站出来！是好汉的站出来！你出来讲！凭什么要杀死李先生？（厉声，热烈地鼓掌）杀死了人，又不敢承认，还要诬蔑人，说什么“桃色事件”，说什么共产党杀共产党，无耻啊！无耻啊！（热烈地鼓掌）这是某集团的无耻，恰是李先生的光荣！李先生在昆明被暗杀，是李先生留给昆明的光荣！也是昆明人的光荣！

本段演讲词中有陈述，有疑问，有感叹。不同的句式、不同的语气语调，感情充沛，语调铿锵，短促有力，气势夺人。

5.3.3　演讲的非语言技巧

扫一扫 微课视频

非语言技巧也是演讲的主要技巧之一。它主要配合有声语言生动形象地表达演讲者的思想感情，包括表情、眼神、姿态、手势等。在演讲中合理地运用非语言技巧能够产生较好的现场效果。

1. 表情

面部表情是人的思想感情最复杂、最准确、最微妙的晴雨表。人们往往会不由自主地运用面部表情来表达自己的思想感情，而其他人也能够读出这种特殊的语言，如喜悦、悲痛、畏惧、愤怒、忧虑、怜悯、鄙夷、疑惑、失望等。面部表情可以对听众施加影响，从而更好地达到演讲效果。

2. 眼神

眼睛是心灵的窗户，而眼神则是从心灵的窗户投射出来的阳光。眼神是演讲者在演讲中运用的重要的非语言技巧。眼神能帮助人们传达许多具体、复杂甚至难以言传的思想感情。它在演讲与交谈中具有重要的表情、表意和控制场面的作用。在与听众的交流中，有经验的演讲者总是能够恰如其分地、巧妙地运用自己的眼神去表达千变万化的思想感情，去调整演讲和现场的气氛，去影响听众，以收到最佳的演讲效果。

3. 姿态

演讲者在演讲时首先要注意自己的站姿，争取给人留下一种精神饱满、胸有成竹的好印象。著名演讲家曲啸曾在介绍演讲经验时说："演讲者的体态、风貌、举止、表情都应给听众以协调的平衡的至美的感受，要想从语言、气质、神态、感情、意志、气魄等方面充分地表现演讲者的特点，也只有在站立的情况下才有可能。"

4. 手势

大方、得体的手势是演讲必不可少的。自然而从容的手势可以帮助演讲者平静地陈述和讲解，急速而有力的手势可以帮助演讲者升华感情，柔和而平静的手势可以帮助演讲者抒发内心的情感……

在演讲中，手势的使用频率最高，视觉感受最强。可以这样认为，手势是演讲者的第二张脸，它能够传递奇妙的无声语言。例如，一位演讲家曾精确地描述过演讲的手势效应。他说："手是人体敏锐、丰富的表情器官之一。它以众多的不同态势的造型艺术，描摹着事物的复杂面貌，传递着人们的心声，披露着心灵深处的微妙情感。它是激发听众积极思维的信号，是撩拨听众感情之弦的信息。"

本章小结

◆　演讲就是艺术化地发表意见或阐明事理。它由演讲者、听众和信息 3 个基本要素组成，是一个双向过程，具有艺术性、鼓动性等特点。

◆ 按照功能、表达形式、表现风格和内容，演讲可以分为多个不同的类型。无论是对社会来说还是对个人来说，演讲都具有积极的作用。

◆ 在构思演讲时，演讲者要确定演讲题目，精心选择演讲材料，合理设计演讲稿的结构，并选择合适的演讲方式。

◆ 演讲者合理运用语言技巧和非语言技巧，可获取较好的演讲效果。

思考题

1. 简要概述演讲的构思。
2. 回忆自己最近的一次演讲，该演讲的效果如何？在哪些方面需要改善？
3. 演讲的非语言技巧有哪些？
4. 演讲的语言技巧有哪些？
5. 演讲使用的材料及其结构对演讲有至关重要的作用。那么在演讲中，我们应选用一些什么样的材料呢？

技能训练

一、创设现场情境，进行演讲练习

1. 在中秋节（或国庆节、春节）文艺晚会开始之前，学生干部之间的演讲。
2. 在同学或亲人的生日宴会、同学聚会上的演讲。
3. 在围绕某主题开展的主题班会上的演讲（主题由学生自定）。

请选择一种情境展开联想和想象，写一篇400字左右的演讲稿，并进行演讲。

二、演讲技能自我评估调查

1. 步骤

步骤一：

在阅读本书内容时，请你对下列陈述根据度量标准进行评分，并将分值写于空白处，你的回答应该如实反映你现在的态度和行为，不能有意根据你所希望的结果去评价自我沟通技能现状。采用这种方式是为了帮助你发现自己在自我沟通理念和技能方面处于何种水平。通过自我评价，你就可以识别自身的不足，进一步根据自身特点调整自身的学习方向。

步骤二：

完成学习后，尽可能把所学的知识和技能与实践结合起来，并认真分析本部分的案例或技能应用作业，然后盖住你第一次回答时的答案，重新回答下列测试题，将分值写于另一空白处。完成这次调查后，检测你是否有进步，如果你在某一技能领域的分值仍较低，说明你在这些方面还需要不断加强学习。

2．测试题

总是（5分）→从不（1分）。

（1）我在整个演讲过程中眼睛同听众保持接触。	5	4	3	2	1
（2）我的身体姿态很自然，没有因为紧张而做作。	5	4	3	2	1
（3）我能运用基本的手势来强调我的要点。	5	4	3	2	1
（4）我能运用停顿、重复和总结来强调我的观点。	5	4	3	2	1
（5）我每次演讲前都会确定具体的目标。	5	4	3	2	1
（6）我会对听众的需求、忧虑、态度和立场进行分析。	5	4	3	2	1
（7）在组织思路时，我会先写下几个主要的论点。	5	4	3	2	1
（8）我会特意准备一个颇具吸引力的开场白。	5	4	3	2	1
（9）我演讲的结尾会呼应开头，且必要时能要求听众采取行动。	5	4	3	2	1
（10）我制作的投影片简明扼要，有助于达到演讲的目的。	5	4	3	2	1
（11）我的论点、论据之间有内在的逻辑联系，有助于支持我的观点。	5	4	3	2	1
（12）我会把紧张、焦虑转换为热情和动力。	5	4	3	2	1
（13）我会清楚地叙述我所讲述的观点对听众的好处。	5	4	3	2	1
（14）我会热切、强烈地讲述我的观点。	5	4	3	2	1
（15）我会事先演练，以免因过分依赖演讲稿而不能注意听众的现场反应。	5	4	3	2	1
（16）我在演讲稿中只写关键词，以免念演讲稿。	5	4	3	2	1
（17）我会预测听众可能会提出的问题，并且准备相应的答案。	5	4	3	2	1
（18）我的声音清楚，语速适中，演讲富有感染力。	5	4	3	2	1
（19）我会有意识地运用语音、声调和语速来强调某些内容。	5	4	3	2	1
（20）演讲前，我会检查场地及相应的设施。	5	4	3	2	1
（21）准备演讲时，我会估计可能会遇到的反对意见。	5	4	3	2	1
（22）整个演讲过程我会充满自信。	5	4	3	2	1
（23）演讲前，我会检查我的衣着打扮是否得体。	5	4	3	2	1

自我评价：

105～115分——你具有优秀演讲者的素质；

98～104分——你的演讲技能略高于平均水平，有些地方尚需提高；

98分以下——你需要严格地训练，以提高你的演讲技能。

第6章

会见

【学习目标】	1. 熟悉会见的一般过程 2. 熟悉会见的技巧 3. 熟悉会见的主要类型
【技能目标】	1. 掌握会见的一般过程 2. 掌握会见的技巧
【素养目标】	1. 培养和善亲切、谦逊随和、热情诚恳地与人沟通的习惯 2. 树立正确的人际交往观念 3. 培养爱岗敬业、诚实守信的职业品格

案例导入

面谈的魅力

李林在爱声公司担任培训师已经 10 余年了。她当年找工作时，爱声公司才成立 2 年，规模也大不如现在。当时爱声公司给她的反馈是："虽然我们眼下不打算招聘培训师，但你还是可以把简历寄过来，因为我们总是在挖掘人才。"翌日，在爱声公司刘总的办公室，秘书拿来了李林的简历，并说："我告诉她要和您面谈得预约，可她现在执意要见您。"刘总扫了几眼简历，发现还不错，但没什么过人之处；他感觉李林有点咄咄逼人，但出于礼貌还是接见了她。就在他见到她的一瞬间，他发现李林本人比她的简历更能打动人。她的从容淡定、明亮的嗓音、充满朝气的举止、优雅的姿态和真诚的笑容，无一不流露出自信、体现出才能。就在见面握手的那 30 秒钟，刘总感觉自己已经进一步了解了真实的李林。他们面谈了 30 分钟。2 个月后，李林如愿以偿地被录用了。

本案例中，如果李林只是寄了简历给爱声公司，而不坚持去公司面谈，那么就会失去现场展示自己才能的机会。

6.1 会见的一般过程

会见是两个或两个以上个体之间的碰面。从本质上说，它是社会性的，而且是有一定目的的。会见中个体间的互动是复杂的，同时也反映了参加会见的个体所扮演的角色。通常，会见的过程包括准备阶段、实施阶段与总结阶段。

6.1.1 准备阶段

会见是正式的，要求参加者严密地组织、有计划地开展。只有认真地做好准备工作，才可能完成一个有效的会见。充足的准备工作是会见成功的关键，因为会见并不能随会见双方的喜好与需求无休止地进行。大量统计数据表明，会见的时间一般在 30 分钟左右。这要求会见者事先做好准备工作，以充分利用宝贵的时间。

准备阶段要做的工作有很多，首要的就是主持会见的人（主持人）本身的准备。在筹备一个会见的时候，主持人首先需要检查一下自己是否具备足够的资料和丰富的知识。具体包括：第一，是否对会见对象有所认识；第二，是否对自己有充分的认识；第三，是否对公司方面有充分的了解；第四，是否对所讨论的事项有充分的准备；第五，是否能够以客观的态度代表公司发言，以及听取对方的意见。

除了主持人的准备外，针对每一个具体的会见，还需要考虑以下几点重要的内容。

1. 明确会见的目的

会见的目的是一切与之相关话题的出发点。如果想成为一名成功的会见者，就必须确定会见的目的。会见的目的就是“为什么要进行这次会见”，比如是为了了解信息，还是为了说服对方转变观念，或是为了发号施令，抑或为了咨询等。只有确定了会见目的，才能进行下一步的准备工作。例如，《爱丽丝漫游奇境记》中有这样一段对话：

“请您告诉我，在这里我应该走哪条路。”爱丽丝问。

“这完全取决于你要到哪里去。”卡特说。

“我根本就不在乎到哪里去。”爱丽丝说。

“那你走哪条路都无所谓。”卡特说。

这段话给我们的启示是：凡事要确定目标，如果像爱丽丝那样，便无法做到有的放矢。因此，只有确定了会见的目的，即明确想要实现的目标后，才能决定怎样去实现这个目标。而要使目标明确，必须做到两点：①确切地知道将要完成什么工作；②清楚地说出想要的是什么。

素养课堂

古人拜访时的礼节

《士相见礼》中提到，拜访要带着挚（礼物），方显虔诚，“诚挚”一词就是由此而来的。如同介绍人一样，礼物也是表现对主人尊重的方式。根据身份的不同，礼物也有差别，士之间拜访冬季用雉（鸡），夏季用干雉；下大夫之间用雁；上大夫之间用羔。见面时要用双手捧着挚，让它的头朝向左。见到礼物后，主人推辞一番，表示：

来就来了，还带什么礼物，太客气了。经过一番相互推让的环节后，主人恭敬地接过礼物，客人告辞，主人送到大门之外，相互拜别。

2. 确定需要从对方处收集的信息

在会见之前，会见者通常会根据会见目的阅读有关文件，把会见中想要获取的信息归类，并且按照其内在的逻辑关系进行排序，剔除那些重复的问题，然后将需要收集的信息列成一览表。这样可以使其更具条理性，避免被遗忘。

3. 准备相关的资料，解答对方可能提出的问题

在准备阶段，会见者需要考虑对方将怎样回答问题，同时还需要考虑对方将会提出哪些问题，以及对方的人格与背景如何等。在准备资料时，会见者应做到以下3点：①了解哪些资料是会谈所需的，如有时间可全部收集；②找出重要的资料，并仔细推敲；③确定哪些资料可支持自己的观点，找出并进行记录和整理。

4. 确定会见的地点与时间

（1）会见的地点对会见的气氛和结果会产生较大的影响。与会议的组织类似，在会见时，会见者应尽可能选择一个自己熟悉的地点，这样可以使自己有更强的控制力。如果难以做到，也可以选择一个双方都熟悉的地点，从而营造出一种放松的气氛。需要注意的是，办公室的空间安排会对会见的效果产生极大的影响。研究表明，大部分办公室都可以分为两个区域：一是压力区域，即办公桌周围的那片区域，它是交谈的引导者，主要是为正式交谈服务的，其特点通常是办公室的主人坐在办公桌的后面；二是半社会化区域，即稍微远离办公桌的区域，如果是较大的办公室，其中可能还会有舒适的沙发和茶几，在这个区域内的交谈被认为是建立在比较平等的基础之上的。

另有研究表明，会见双方的相对位置也会影响交谈的气氛。交谈时，双方的座位排列呈直角的交谈会比面对面的交谈自然6倍、比肩并肩的交谈自然2倍。

（2）会见时间的安排会影响会见的质量。时间仓促的会见只能是草草收场，而难以达到预期效果。重要的会见应该安排在双方都有宽裕时间的时候。因此，会见应尽可能提前安排，以便双方安排好各自的工作，从而使会见在不受干扰的情况下进行。

5. 确定会见的程序

在确定了会见的目的和研究了有关资料后，会见者应该对会见进行概括性的排练。这是对准备工作的检查和进一步完善。

（1）会见前。日程中要有恰当而充实的时间安排；确定并通知对方会见的时间及地点；制订会见计划；做好各种准备工作，与对方联络并建立起有助于会见的关系。

（2）会见中。确定如何开始，从何处着手表明目标；按计划展开主题，充分展示证据，加强所要表述的观点；总结并认可有关结论和所采取的行动；决定是否需要安排下次会见，是否有必要并确定何时结束会见；预想可能出现的问题有哪些，如何清除，如何实现目标，计划是否完成；决定是否有必要按备选方案与策略进行会见而放弃手头的计划；确定在会见中如何做记录等。

（3）会见后。结束会见后，进行必要的回顾；对会见的内容、过程按照会见记录进行回忆；整理记录；根据目标和计划评价会见结果等。

表6-1是一份会见准备清单，可以帮助大家厘清要做的准备工作。

表6-1　　会见准备清单

准备要素	准备问题
why	1. 会见的主要类型是什么 2. 会见希望达到什么目的
who	1. 他们可能的反应和弱点是什么 2. 他们有能力进行自己所需要的讨论吗
when/where	1. 会见在什么时间进行 2. 会见可能被打断吗 3. 会见在何地进行 4. 会见前可能会发生什么 5. 自己在会见中处于什么位置 6. 需要了解事情的全貌，不是只需要提示一下迄今为止的最新情况
how	1. 如何实现目标 2. 应该如何表现 3. 以友好的方式开始和直接切入主题，哪一种更好 4. 必须小心处理、多听少说吗 5. 先问一般性问题再问具体问题，还是先问具体问题再问一般性问题 6. 如何准备桌椅 7. 如何避免被打扰
what	1. 确定主题和提问内容 2. 被问问题的类型

6.1.2　实施阶段

实施阶段是一次会见的主体阶段，任何准备工作都是为实施服务的。会见的实施阶段的主要工作如下。

1. 营造良好的会见气氛

会见气氛是指会见的语气和会见的总体状况。一般来说，会见者要与对方建立良好的关系，营造舒适、和谐、开放的气氛；并且在会见的整个过程中，要不断注意这种气氛是否遭到了破坏，要有意识地维护这种气氛。对于大多数被会见者而言，会见是一种独特的经历，其地位的被动性以及被置身于尴尬境地的可能性会使其感到紧张。营造轻松的气氛，有助于被会见者放松，令信息流得以顺利通畅地互换，提高会见成功的概率。

当然，如果轻松的气氛与会见的目的相悖，也可以选择紧张的气氛。

2. 提问

提问是会见中获取信息的主要手段，提问的方式会直接影响会见的气氛、来访者的情感和由此产生的会见结果。一般来说，有以下几种提问方式。

（1）开放式提问与封闭式提问。开放式提问给对方提供了充分的表现机会，能有效地鼓励应答者做出他认为全面完整的答复，从而为会见者提供全面的信息。典型的开放式提问包括“大家对目前的考核办法是怎么看的？”等。封闭式提问则恰恰相反，包括“你愿意到我们这个团队工作吗？”“你是否对目标的考核办法感到满意？”等。它仅要求应答者做简短的回答，有时甚至只需应答者以“是”或“不是”作答。

（2）中性提问与引导性提问。中性提问不含任何有关会见者偏好的暗示。因此，对方回答的真实性很高，也比较可靠。中性提问的例子有：“你为什么离开那家公司？”“你如何看待大学生谈恋爱的问题？”“你对此次宣讲会有什么看法？”等。引导性提问则常常会将对方的反应导向会见者希望的方面。在会见中使用引导性提问应特别慎重，它虽然有助于证实一些事实性的细节，但运用不当极易造成信息的扭曲与偏差。当然，如果会见目的就是说服别人，那么就可以采用这种方式。引导性提问特别适用于说服工作，是推销员经常用的提问方式。通过引导性提问，如“你是否像大多数人一样喜欢使用××产品？”等，推销员可以引导回答者接受他们的想法。

（3）深入性提问。当对某个问题感兴趣，需要进一步了解事情的细节和始末时，可以采用深入性提问的方式。它有助于会见者加深对对方的认识，有时也有助于辨别对方回答问题的真实性。同时，深入性提问如“你认为自己的交际能力比较强，能够举个例子来证明一下吗？”等，可以把面谈的内容从一般引向具体，也可以鼓励对方对自己的观点进行深层次表达。

（4）别有用意的提问。它具有较强的诱导性，通常被用在需要了解对方情绪和情感的场合。会见者通过这种提问方式配以适当的语气向对方施加压力，迫使其暴露内心情感。当你需要给对方施加压力时，可以采用这种提问方式。

（5）假设性提问。采用此方式可考察对方处理具体问题的能力，或者了解其他有关信息，如“你若是总裁，如何看待不称职的部门经理？”“如果你是营销主管，如何处理与生产部主管的关系？”“如果你是人事部经理，如何处理这种事情？”等。这种方式可为对方提供在具体环境下处理问题的机会，使其展示自身的工作能力和工作方法，也可进一步探究其对某问题的态度或者经验。

（6）重复性提问。当需要确认某个问题时，可以采用这种提问方式，如“看来你是打算辞职了？”等。重复性提问也用以使对方了解会见者在认真地倾听，可使气氛融洽。

（7）重复与停顿。严格地讲，重复与停顿并不属于提问的方式，但是它们往往能起到提问的作用，是会见者暗示对方继续提供信息的信号。

3. 倾听

倾听是一门艺术。倾听不仅需要用耳朵来听说话者的言辞，而且需要一个人全身心地去感受对方在谈话过程中所表达的语言信息和非语言信息。在所有的交流方式中，积极倾听是最重要的方式之一。

案例 1

你认真听了吗？

有位大学毕业生去编辑部求职，主编照例同他谈话，开始一切都很顺利。由于对他的第一印象很好，主编后来就谈起了自己在假期的一些经历。期间这位大学生走了神，没有认真听。临走时，主编问他有何感想，他回答：“您的假期过得太好了，真有意思。”主编盯了他好一会儿，最后冷冷地说：“太好了？我摔断了腿，整个假期都躺在医院里。”

本案例告诉我们，认真倾听他人的讲话能够体现尊重，是良好沟通的基础。

4．回答问题

人们经常强调如何倾听、如何向别人提问，但是对如何回答问题却探讨得很少。在事实相似的情况下，被会见者回答问题的方式会在很大程度上影响会见者对自己的看法，同时也会影响会见的气氛与结果。被会见者回答问题的方式大致可以分为直接型回答与委婉型回答两种。

直接型回答的优点在于直接、高效，能清晰地表明说话者的立场，但是其效果在很多场合不一定是好的。委婉型回答适用于一些比较难以应对的情境，可使双方不致陷入尴尬境地，同时还可以展示应答者机敏的特征。

例如在面试的时候，可能会遇到这样的情况：

“你是学艺术的，为什么来申请管理岗位？”

直接型回答：“你们已经说明‘不限专业’了，所以我想来试试。”

委婉型回答：“据说外行的灵感往往超过内行，因为外行不会受到思维定式的影响。”

5．记录问题

在多数情况下，把会见要点记录下来是一种明智的做法。这一点对重要的会见尤为重要。但是，在会见中埋头做记录往往会分散提问者的注意力，影响会见的正常进行。因此，做记录时应尽量不引人注目，同时也应不影响自己积极倾听对方的谈话。要做到这一点，有效的方法之一就是运用一张会见前拟好的标准格式表（即绩效考核会见表，见表 6-2）。我们可在会见前根据能够利用的文件资料填写有关项目，在会见中再填写相关内容，在会见结束后对会见加以评注。

表 6-2　　绩效考核会见表

部门	职位	姓名	考核日期
			年　月　日
工作成功的方面			
工作中需要改善的地方			
是否需要接受一定的培训			
本人认为自己的工作在本部门和全公司中处于什么状况			

续表

部门	职位	姓名	考核日期
			年 月 日
对考核有什么意见			
希望从公司得到怎样的帮助			
下一步的工作和绩效的改进方向			
会见人签名：			
备注：			

说明

① 编制绩效考核会见表的目的是了解员工对绩效考核的反馈信息，并最终提高员工的业绩。

② 绩效考核会见应在考核结束后的一周内由上级主管安排，并报行政人事部。

6. 结束会见

当会见者获得所需要的信息之后，就要准备结束会见。通常，他会直截了当地说明其意图，并感谢对方的合作，还会为对方提供了解相关信息的机会。会见者应坦率、简洁、全面地回答对方的提问，如下次会见的时间与地点安排等。

6.1.3 总结阶段

会见结束、与被会见者道别并非标志着会见的任务已经完成。会见结束后，会见者手中掌握的只是一大堆事务性、细节性的材料，必须经过整理、归纳、总结，才能为解决问题提供依据，而解决问题才是会见的最终目标。

案例 2

一次不成功的求职

一位先生曾经去应聘，一切都进行得很顺利。当商谈到什么时候开始正式工作时，面试官站起身来倒了杯水，轻松地问他：“你喜欢玩游戏吗？”求职者误以为是换个话题轻松一下，于是随口答道：“我通常会在工作疲倦时玩游戏放松。”面试官脸色马上沉下来说：“工作时间玩游戏，这样的员工我们不能要。”

本案例告诉我们会见结束阶段对会见者来说也非常重要，不可以忽视，应注意说话内容是否会影响会见者对你的印象。

6.2 会见的主要类型与技巧

会见的主要类型包括招聘会见、信息收集会见、信息发布会见、考绩会见、咨询会见、申诉会见、解惑会见、对立式会见（谈判）等。会见的技巧是一门非常精深的学问，它包括为人处世的道理，人际交往的能力，讲话、表达的艺术等。

6.2.1　会见的主要类型

扫一扫　微课视频

1．招聘会见

招聘会见是会见中常见的一种类型，就是一般所说的面试。在会见中，通过面试者与应聘者面对面的接触和问答式的交谈，招聘单位可以了解应聘者各方面的情况，从而做出正确的录用选择。但是，一方面，由于面试是一种主观性评价方法，面试的有效性与可信度在很大程度上取决于面试者的经验及技巧；另一方面，从应聘者的角度来看，面试时多多少少会产生紧张感，要克服不稳定的心态、避免表现失真，应聘者就要对面试的目的、内容有一定程度的了解与准备。

大致来讲，招聘过程一般分为以下 3 个阶段。

（1）接触阶段。该阶段的目的在于消除紧张和恐惧感，使面试者与应聘者建立和谐的关系。接触阶段交谈的内容一般包括：应聘者明确此次会见的内容和持续的时间；面试者询问应聘者的业余爱好、个人经历（包括学习与工作经历）等。

总之，在这一阶段，面试者主要是通过询问一些易于回答的、挑战性相对不强的问题来缓解应聘者可能的紧张情绪，并与应聘者建立起融洽的关系。

（2）询问与回答阶段。该阶段的主要目的在于考察应聘者的能力与素质是否适合他所应聘的岗位与企业。不同的企业所关注的能力与素质存在一定的差异，因此所问及的问题也会有所不同。一般来说，面试者主要通过询问围绕动机、特质、自我概念、知识与技能 5 个方面特征设计的问题来获取应聘者的信息，为对应聘者的评价做准备。

（3）结束阶段。该阶段的主要目的有两个：一是面试者与应聘者就今后的进程达成一致意见；二是面试者对应聘者的素质做出大致的判断，为最终形成完整的测评报告做准备。

在面试中，面试者应该注意营造和谐的气氛，紧紧围绕面试的目的，不要轻视应聘者，也不要过度关注第一印象，而应认真倾听。研究表明，85%的面试者会在面试之前根据应聘者的简历和外表就对其做出评价。这种评价模式有损面试的有效性和可信度。

应聘者在求职面试中，应做好准备工作，修饰仪容仪表，仪态得体大方；同时，也要正确对待求职面试中所犯的错误。真正聪明的应聘者会不断地修正错误，走出误区，走向成熟。

2．信息收集会见

信息收集会见是一种常见的会见类型，是与信息有关的会见，通常与数据、事实、描述、评价与感受等有关。当需要收集与某个话题有关的事例或者需要帮助时，可以进行信息收集会见。进行工作分析、绩效指标确定、薪酬体系设计、组织战略贯彻、员工离职原因调查等都需要进行信息收集会见。

（1）信息收集会见的形式。常见的信息收集会见有以下两种形式。

① 调研会见。当管理者想了解市场的真正需求、顾客的偏好、顾客在挑选产品时关注的地方、产品销售群体等信息时，往往会使用调研会见的方法。此时，会见双方较多

采用简洁、易记录、易分析的封闭性问题。由于调研会见的正确性与可靠性主要取决于调查问卷、调研者和被调研者，因而在这种类型的信息收集会见中，应多采用有组织、有条理的问卷调查方式。

② 离职会见。在信息收集会见中，员工离职会见是比较特殊的一种会见形式。离职会见的目的主要是调查员工自动离职的原因，其特殊性在于获取真实信息有难度。若一定数量的员工因为相同的原因而离职，就说明公司内部在组织安排、激励机制等管理方面确实存在问题，需要尽快调整。

（2）信息收集会见的一般过程。大多数的信息收集会见过程都可以分为以下几个阶段。

① 收集背景信息。由于信息收集会见的目的是为以后的分析、行动打基础，并提供最原始的第一手资料，因此要求会见过程紧凑，充分利用时间，不必为本可以通过其他渠道获得的信息而浪费时间。收集信息时，收集者可借助组织图表、生产记录等一系列文件对所需信息进行概念性的了解，并构造展开会见的一个基本的、常用的框架，用以回答“什么”“怎么样”“谁”等问题。

② 准备阶段。在这个阶段，收集者要决定需要从会见中获得何种信息，以及如何获取这些信息。这些决定影响如下问题的答案：会见者是谁；会见的时间有多长；会见的地点在哪里；是否存在干扰提问与回答的因素，如果有，如何克服；将会问一些什么样的问题；会见结果如何记录，是做笔记还是录音；如何展开提问以获取所需信息。

③ 会见阶段。这一阶段是收集者熟练运用各项会见技巧，充分收集所需信息的阶段。由于会见的目的在于获得大量信息，收集者应循循善诱，调动信息提供者的主动性，为其创造一个畅所欲言的环境。获得信息的质量不仅取决于提出的问题，而且取决于提问的方式。一个老练的收集者通常会在会见中运用一些开放性问题和沉默等技巧，较多地使用追踪性提问，避免对信息提供者的回答做出当面评论，并掌握会见时间。

④ 分析阶段。在会见结束之后，收集者有必要分析一下所得到的信息及会见过程的效率。同时，既然信息收集会见以获取信息为目的，那么在会见后将经过整理的会见记录交给信息提供者核对的做法，将大大提高所获取信息的准确性，进而提高会见的效率。此外，由信息提供者核对记录的做法也体现了收集者对信息提供者的尊重，以便下一次会见的开展。

3. 信息发布会见

信息发布会见是以会见者向被会见者发送信息为主要内容的会见形式，如向新员工介绍本公司基本情况、对新员工提出基本要求的迎新会见、向员工代表宣布企业某项重要决策的会见、向骨干宣布企业经营状况信息的会见等。信息发布会见的主要目的是通过传递必要的信息来影响与激励员工，增强组织对员工的凝聚力，使员工与组织真正成为命运共同体。此外，迎新会见还可以帮助新员工明确自己的工作职责，尽快适应新的工作环境，形成正确的工作态度与理念，从而影响新员工对企业的最初看法、态度与期望。

4. 考绩会见

考绩会见即绩效考核会见，又叫“考绩面谈”或“考评会见”，是指绩效考评结束后，管理者在规定的时间内将考绩结果反馈给下属的会见形式。考绩会见的目的有：一是双方对考核结果达成共识；二是共同探讨工作中存在的问题，并提出改进措施。

（1）考绩会见的内容主要包括：对考核的结果形成一致的看法、被考核者在某一特定考核期内的表现、指明被考核者的优点与存在的不足、对下一阶段工作的期望达成一致、制定被考核者个人业绩目标、讨论并制定双方都能接受的绩效改进计划与方法、制定未来的培训与发展目标。

（2）考绩会见的一般过程。高效的考绩会见过程主要包括以下几个阶段。

① 准备阶段。这一阶段的内容包括通知被考核者会见的时间和地点，保证地点适合会见并有足够的空间进行会见。在这一阶段，考核者（会见者）还需阅读有关的背景文件。最重要的是，考核者在会见之前要告诉被考核者对他们进行考绩会见的目的。在被考核者回顾业绩时，考核者应该给其足够的时间，让其能够准备关于自身工作业绩的想法。

② 会见阶段。考核者要让被考核者回忆以前制定的目标，并告诉他们这次会见的内容和过程。为了提高被考核者的参与程度，提高考绩会见的效率，许多公司通常会准备一张自我考核表，让员工对自己的工作做出自我评价。考绩会见是一个双向沟通的过程，所以在会见的开始，考核者要鼓励被考核者谈论他们关于自己工作业绩的观点，考核者也应当恰当地使用倾听技巧。只有建立在互动基础上的会见，其结果才会是双方达成共识，以便提高工作业绩并制定以后的目标。

在会见阶段，考核者（会见者）应注意以下内容。

a. 建立彼此信任的相互关系，形成有利的会见气氛。

b. 清楚地说明考绩会见的目的是培养员工。

c. 鼓励被考核者讲话，考核者要多听，不要打岔或只顾发表自己的看法。

d. 注意对方的情感，避免产生对立情绪和冲突。

e. 集中于绩效本身而回避性格问题。

f. 集中于未来而不是追究过去。

g. 优缺点并重，突出优点和对未来工作绩效的期望。

h. 以积极的方式结束会见，唤起员工的激情。

③ 会见总结阶段。将会见内容正式记录下来。如果在一个开放的系统中，则记录要让考核者看完后再签名确认。共同达成的目标也要记录下来，其中包括管理者应采取的支持行动。这些行动的实施与反馈的有关信息对考绩会见的可信度都是非常重要的。

6.2.2　会见的技巧

会见的技巧是一门非常丰富的学问，它包括为人处世的道理，人际交往能力，讲话、表达的艺术等。由于篇幅有限，这里只对会见经常需要用到的几种技巧做简要的介绍。

1. 会见介绍的技巧

（1）介绍的规则。会见时，双方一般会相互介绍，尤其是在双方互不熟悉的情况下，介绍就显得更为重要。在较为正式、庄重的场合，有三条常用的介绍规则：其一是把年轻人介绍给年长的人；其二是把男性介绍给女性；其三是把晚辈介绍给长辈。在介绍过程中，先提某人的名字是对此人的一种尊敬。例如，要介绍李明（男性）和张燕

（女性）互相认识，就可以这样介绍："张燕，让我把李明介绍给你认识，好吗？"然后再把张燕介绍给李明。假若女方是某人的妻子，那么此人就先介绍对方，然后再介绍自己的妻子，这样做才不失礼节。再如，把一位年轻的女同志介绍给一位德高望重的长辈，则不论性别，均应先向长辈介绍晚辈，可以这样说："王老师，我很荣幸能向您介绍王茜。"

在介绍时，最好是姓名并提，还可附加简短的说明，如职称、职务、学位、爱好和特长等。这种介绍方式等于给双方提示了开始交谈的话题。如果介绍人能找出被介绍双方的某些共同点就更好了。例如，甲和乙的弟弟是同学、甲和乙是校友等，这样无疑会使双方的交谈更加顺利。

（2）记住对方的称呼。人际交往离不开语言，如果把交际语言比喻成浩浩荡荡的大军，那么称呼便是这支大军中的先锋军。在进入话题之前，一般都会先称呼对方。称呼主要包括对方的姓名和社会职务。然而仅仅有称呼不行，称呼还要合适，因为一般人们对称呼都很敏感。尤其是对于初交者，称呼在一定程度上影响着交际的成败。可见，称呼语的使用很重要。

在交际活动中，特别是在一些慰问、会客、迎送等人们接触不多而时间又比较短暂的会见场合，容易发生把称呼弄错或张冠李戴的现象。这样不仅失礼、令人尴尬，有时还会影响交际效果。为了避免此种现象，应该从以下几个方面入手。

① 充分认识错误称呼的严重性。错误称呼容易让人产生不信任感，特别是在人数较多的会见中，一定不要连续出现错误称呼的问题。例如，某高校一名大学生，用手捂着自己的左下腹跑到医务室，对坐诊的大夫说："师傅，我肚子疼。"坐诊的医生说："这里只有大夫，没有师傅。找师傅请到学生食堂。"学生的脸红到了耳根。

② 要有充分的准备。如果是正式的会见，事先要对会见对象的单位、姓名、职务、人物特征等有个初步的了解，做到心中有数。这样经过介绍后，印象就比较深刻了。必要时，在入室落座或会谈、就餐前，再做一次详细的介绍。有条件的，还可交换名片。

③ 注意观察对方的特征，掌握记忆方法。留意观察被介绍者的服饰、体态、语调、动作等，特别要注意其突出特征或个性特征。对统一着装的人，要格外注意观察其高、矮、胖、瘦、脸型、是否戴眼镜等特征。最重要的是，要将这些特征与对方的职务、姓名等联系在一起，这样才不会出现张冠李戴的现象。

（3）关注主要人物。在人员较多、一时难以全部记住时，要首先了解和熟悉主要对象（带队的负责人）和与自己对等的对象（所从事的业务、职务、级别与自己相同者）。现在，一般都不太讲究主客、主从关系的礼节，因此仅从行为举止、位置上判断是不准确的。例如，有的人会把来客中的司机当成经理，这常常使经理感到尴尬。

（4）做好自我介绍。有时，我们需要进行自我介绍。进行自我介绍时，要充满自信，态度要自然、亲切、随和，内容要简洁，语速要不快不慢，目光要正视对方。

2. 会见交谈的一般礼节

谈话的表情要自然，语言要和气、亲切，表达要得体。谈话时可适当做些手势，但动作不要过大，更不要手舞足蹈。谈话时切忌唾沫四溅。与别人谈话前，要先打招呼；别人在与他人谈话时，不要凑前旁听。若有事需与某人说话，应待别人说完。若有第三者参与谈话，应以握手、点头或微笑表示欢迎。谈话中遇有急事需要处理或离开时，应向谈话对象打招呼，表示歉意。

谈话时一般不要涉及疾病、死亡等内容，更不要谈一些荒诞离奇、耸人听闻、淫秽的内容。与女性谈话时，一般不询问其年龄、婚姻状况，不径直询问对方的履历、工资收入、家庭财产、服饰价格等私人生活方面的问题；不说对方长得胖、身体壮、保养得好之类的话。对方不愿回答的问题不要追问；不小心问了对方反感的问题，应表示歉意，或立即转移话题。谈话时，不批评长辈、身份地位高的人，不讥笑、讽刺他人。

谈话中要使用礼貌用语，如“您好”“请”“谢谢”“对不起”“打搅了”“再见”等；一般见面时先说“早安”“晚安”“你好”“身体好吗？”“妻子（丈夫）好吗？”“孩子们都好吗？”等；对新结识的人，常问“你是第一次来我国吗？”“到我国多久了？”“这是你在国外第一次任职吗？”“你喜欢这里的风景吗？”“你喜欢我们的城市吗？”等；分别时常说“很高兴与你相识，希望有再见面的机会。”“再见，祝你周末愉快！”“晚安，请代向朋友们致意，请代问全家好！”等。

3. 充分运用非语言因素在沟通中的作用

语言包含的内容只占沟通信息的一小部分，沟通中的大部分信息都包含在互动中的非语言因素中。会见时，我们要充分运用非语言因素在信息传递中的作用。

（1）语音、语调。语音、语调的准确使用，以及变化的音高、优美的嗓音、足够的音量等，都能对交谈产生积极影响。交谈双方会根据对方的语音和语调来判断对方的心理状态。例如，一个人讲话时声音尖细且不够洪亮，那么他就会被认为太年轻或有些做作；如果言语中缺乏激情、音调平缓，则会被认为冷漠、孤傲；一个讲话带有喉音的人往往被认为是成熟、现实、具有自我调节能力的。

当然，我们也可以通过控制自己的语音和语调来给别人留下某种印象。例如，一个人语调的升高、长时间的停顿可能被当作紧张；一个人语速快、声调高可能被判断为性格外向；一个人语调低沉、语速快、重点突出可能被判断为争强好胜、性格急躁等。

（2）动态的身体语言。动态的身体语言就是动作，如点头、微笑、做手势等。交谈者往往通过某些身体动作来表示自己的意见、关注力、心情甚至性格。

据有关资料介绍，人在神情专注和兴奋时，双足会缓缓晃动，或停止不动；而陷入沉思时，脚尖则会频繁摆动；坐下时习惯把脚架起来的人，往往较傲慢和得意，这样做是为了显示自己的地位和优势；那些架腿又喜欢晃动脚尖的人，往往性格轻浮、目空一切、狂妄自大；那些坐立不安、频频移动双脚停放地点的人，往往内心十分焦虑、烦躁和不安等。

在交谈时，眼睛会告诉人们很多东西，人们可以通过眼神去调整交谈的方向、节奏和基调，也可以通过眼神表达丰富的内涵，增强讲话的效果。在非语言信息的传递中，眼神具有特殊的作用，人们往往通过眼神去判断一个人的性情、志向、心地和态度，因为眼神不会骗人。所以，交谈者应该心怀坦诚、目光从容。对讲话者来说，其应该把自己的真诚、热情和感染力通过眼神传递出去，而听话者的眼神能把自己的情绪传达给讲话者。眼神的交流对谈话状态的维系是必不可少的。

案例3

你的心思他永远不懂

星期五下午 3:30，在宏远公司的经理办公室，经理助理李明正在起草公司上半年的营销业绩报告。这时公司销售部副主任王德全带着公司的销售统计材料走进来。

“经理在不？”王德全问。

“经理开会去了。”李明起身为其安排座位，“请坐。”

“这是经理要的材料，公司上半年的销售统计材料全在这里。”王德全边说边把手里的材料递给李明。

“谢谢，我正在等这份材料。”李明拿到材料后仔细地翻阅着。

“老李，最近忙吗？”王德全问道。

“忙，忙得团团转！现在正起草这份报告，今晚大概又要加班了。”李明指着桌上的文稿回答道。

“老李，我说你呀，应该学学太极拳。”王德全说道，“人过 40 岁，应该多注意身体。”

李明心想：老王大概要等一会儿才会离开，可我还得赶紧写这份报告呢！

“最近我从报纸上看到一篇短文，说无绳跳动能治颈椎病。我们这些长期坐办公室的人，多数都患有颈椎病。你知道什么是‘无绳跳动’吗？”王德全自顾自地往下说，“其实很简单……”

李明心里有些烦了，可是碍于情面不便说。于是，他看了一眼墙壁上的挂钟，已经 4 点钟了。李明把座椅往身后挪了一下，站立起来伸了个懒腰说：“累死我了。”又过了一会儿，李明开始整理桌上的文稿。

“‘无绳跳动’与‘有绳跳动’十分相似……”王德全继续着自己的话题……

本案例中，老王没有注意到李明的反应，一直沉浸在自己的话题中，导致沟通处于尴尬的境地。

（3）静态的非语言。首先，静态的非语言表现为人们在交谈中安全距离的变化，距离可以表示相互了解的程度。其次，静态的非语言还包括身体的附加物，即服饰、发型等，它们通常是判断一个人的类型、所处的文化团体、社会阶层、精神面貌的重要依据。

有时候，我们要达到预期的目标，往往要进行不止一次的会见。在每次会见中，除了需要注意上述提到的技巧外，还有非常关键的一点就是对事情进展的把握，并据此选择适当的交谈内容和方式。

4. 批评的技巧

会见中，往往会涉及批评或者评价来访者。在实际工作中，批评的初衷往往是让对方认识并改正自身的错误。但由于采取了错误的批评方式，有时会陷入批评还不如不批评的尴尬境地。对于所有的管理者来说，批评别人不是其喜欢做的事情，且直接批评往往效果并不明显，必须采用恰当的方式。当以一种良好的言辞技巧有效地去做对方工作的时候，就会帮助对方改善他们的行为表现，或改变他们不好的行为方式。请记住，要考虑的不仅是有说什么，还有怎么去说。

需要批评来访者时，应该注意以下几个问题。

（1）是否有必要批评。在批评之前，应该内省一下：批评别人的目的是试图改善工作状况，还是仅仅为发泄自己的恼怒。

（2）衡量批评的后果。在批评之前，衡量一下批评所带来的风险与利益得失，估计一下要批评的对象有何个性。如果被批评者不认为批评意见具有建设性，那么批评者将来就会有遇到麻烦的可能，因为这些人将来很可能会给批评者带来不利。

（3）选择适当的场合。尽量避免在众人面前批评他人。可以这样说："有些事情我需要和你谈一谈。我们可以找一个比较合适的时间和地方，这样就不会受到打扰。"而不要当着所有的员工对他人进行批评。否则，即使批评者说得再对，被批评者也会表示反感，甚至做出反抗。

（4）提出批评时，时间的选择很重要。一般情况下，人们总是在事情发展到无法控制的地步时才提出批评，而这时批评者往往已怒不可遏，无法控制自己的情绪。在这种情况下，批评主要表现为尖刻的讽刺、威胁以及一大堆牢骚、抱怨。这会招致相反的结果，往往会使被批评者变得非常愤怒。

（5）对事不对人。当批评时，批评者应首先声明很尊重对方，要把被批评者的个性与个人行为区别开来。批评别人的举止、性格等这些无法改变的东西，是徒劳的。

可以这样开始："我并非要批评你本人，而是觉得你的这一行为不当。我的目的只是增进我们的关系，改进你的行为方式……"批评者要针对对方的某一行为和情况做出批评，而不要转化为对个人的一种评价。当批评者提出批评时，一定要针对某一具体的事，不可泛泛而论。

（6）友好地接近对方。提出批评时，想得越周全，越体谅对方，对方的回应效果越好。批评者可以用眼神交流并注意说话的语调，谨慎选择用词，避免"你总是""你从不""你应该"这类词语。因为这类词语往往被看作攻击性的词语，并且会使人产生抵触情绪。同样，应避免以嘲笑、玩笑的形式提出批评。当嘲弄对方、开玩笑或说话不直截了当的时候，会令被批评者胡乱猜想，给他不诚实的感觉。当直接表达批评观点时，批评意见往往会被人慎重对待。

（7）称赞与批评相结合。因为某人犯了错误或工作做得很糟，必须批评他时，可以先称赞一下他，使批评意见变得柔和且易于他听取和接受。但要保证称赞是真诚的，否则会被对方认为很虚伪。

案例4

含蓄的批评

某大学召开全校先进教研室表彰大会，会议于下午一点半开始，会后有电影。个别职工三点半才到会，显然是来看电影的。大会主持人在做会议总结时，一本正经地说："很多同志都积极来参加会议，甚至有的同志三点半还不辞辛苦地赶到会场，这种精神真让人感动。"台下顿时充满了笑声，迟到的人也难为情地笑了。这种"称赞"式的批评明显达到了预期效果。

本案例中，主持人的最终目的是批评个别职工只看电影，不参加会议的行为，但如果一开始就当着全场职工的面责怪他们，肯定会伤害他们的自尊。聪明的主持人用委婉、幽默的话含蓄地指出了他们的错误，使他们认识到自己做得不对，同时又保全了他们的面子。

本章小结

◆ 会见是沟通的一种重要形式。

◆ 会见包括准备阶段、实施阶段和总结阶段。不同的阶段都具有相应的特征。

◆ 在日常管理中经常用到的会见方式有：招聘会见、信息收集会见、信息发布会见、考绩会见等。

思考题

1. 会见有哪些形式？
2. 不同的会见形式有哪些特点？
3. 批评他人的技巧有哪些？
4. 介绍的技巧有哪些？
5. 在考绩会见的过程中，考核者（会见者）应注意哪些问题？

技能训练

假如你是一个会议的主持人，在会议中遇到如下情况或想达到如下目的时，你会如何处理？

（1）让会议中的讨论热烈起来。

（2）打断大家的谈话。

（3）几个与会者在开小会。

（4）两名与会者就一个观点发生争执。

（5）与会者问了主持人一个难以回答的问题。

（6）想知道自己是否是个成功的会议主持人。

第7章 电话沟通技巧

【学习目标】	1. 熟悉电话沟通的基本礼仪 2. 熟悉拨打与接听电话的技巧 3. 熟悉转达电话内容
【技能目标】	1. 掌握接听电话的技巧 2. 掌握转达电话内容及通过电话应对特殊事件的技巧
【素养目标】	1. 培养良好的接听电话的习惯 2. 培养尊重他人、让他人舒服的习惯

案例导入

一次失败的电话销售

数月以前，一家国内 IT（信息技术）企业进行笔记本电脑的促销活动。我接到了他们的推销电话："先生，您好，这里是××公司个人终端服务中心，我们在搞一个调研活动，您有时间回答我们两个问题吗？"

我说："你讲。"

销售员："您经常使用计算机吗？"

我说："是的，工作无法离开计算机。"

销售员："您用的是台式计算机还是笔记本电脑？"

我说："在办公室就用台式计算机，在家就用笔记本电脑。"

销售员："我们最近针对笔记本电脑有一个特别优惠的促销活动，您是否有兴趣？"

我说："你就是在促销笔记本电脑吧？不是搞调研吧？"

销售员："其实，也是，但是……"

我说："你不用说了，我现在对笔记本电脑没有购买兴趣，因为我有了，而且现在用得很好。"

销售员："不是，我的意思是，这次机会很难得，所以，我……"

我问："你做电话销售多长时间了？"

销售员："不到两个月。"

我问："在上岗前，公司给你们做电话销售的培训了吗？"

销售员："做了两次。"

我问："是专业的电话销售公司给你们培训的，还是你们的销售经理给你们培训的？"

销售员："是销售经理。"

我问："培训了两次，一次多长时间？"

销售员："一次大约两个小时，就是说了说，也不是特别正式的培训。"

我问："你现在做这个笔记本电脑的电话销售，成绩如何？"

销售员："其实，我遇到了许多销售中的问题，销售成绩不是很理想。"

电话销售人员应善于倾听，从客户的言谈中发现并激发客户的需求，并适时地给客户提一些建议，引导客户做出购买行为。而本案例中的这位销售人员明显经验不足，不能够取得客户的完全信任，因此这是一次失败的电话沟通。

7.1 电话沟通礼仪

扫一扫 微课视频

电话作为一种成熟的通信工具，在现代社会的各个领域发挥着重要的作用。电话可以用于给远方的朋友带去温馨的祝福，也可以用于传递浓浓的爱意，还可以帮助营销人员联系业务。电话营销已成为一个专门的领域，电话业务员、电话销售代表已然成为一种职业。身处信息时代，我们有必要全面了解使用电话沟通的基本礼仪、接听和拨打电话的技巧，以方便自己的生活和工作。

1. 重要的第一声

当我们给某单位打电话时，若电话一接通，就能听到对方亲切、优美的问候声，我们心里一定会很愉快，双方的对话也能顺利展开，并且我们也会对该单位有较好的印象。因此，我们在电话沟通中只要稍微注意一下自己一开始的表达方式，就会给对方留下良好的印象。

2. 保持喜悦的心情

我们在打电话时，要保持喜悦的心情，这样就会以欢快的语调感染对方，从而给对方留下极佳的印象。由于面部表情会影响声音的变化，所以即使在电话沟通中，我们也要抱着"对方看着我"的心态。

素养课堂

向苏东坡学乐观

“唐宋八大家”之一的苏东坡，曾被林语堂称为“不可救药的乐天派”。而今，我们仍可以以他为榜样，学习如何培养乐观的人格。最典型的是，苏东坡在下放期间，创造出 20 多种菜肴，如东坡肉、东坡鲫鱼、东坡豆腐等。最近一项研究显示，是否乐观对寿命有影响。

3. 姿态端正与声音清晰明朗

在打电话的过程中，我们不能吸烟、喝茶、吃零食，即使是姿势懒散，对方也能够“听”见。打电话的时候，若躺在椅子上，发出的声音就是懒散的，无精打采的；若坐姿端正，身体挺直，发出的声音也会亲切悦耳，充满活力。因此，在打电话时，即使看不见对方，我们也要想象对方就在自己眼前，尽可能注意自己的姿势。

在讲话时，我们应与话筒保持适当的距离，并适度地控制音量，以免对方听不清楚，或因声音太大让对方产生误解。

4. 迅速准确地接听

办公室工作人员业务繁忙，有的桌上往往会有两三部电话。听到电话铃声后，最好在电话铃响 3 声之内准确、迅速地拿起听筒接听电话。若电话铃声响起后长时间不接，是很不礼貌的，会让对方心里十分急躁，也会让对方对工作人员所在的单位产生不好的印象。即使电话距离很远，听到电话铃声后，也应该用最快的速度拿起听筒，这样的习惯是每个办公室工作人员都应该养成的。如果电话铃声响了 5 声才拿起听筒，应该先向对方道歉，可以这样说：“很抱歉，让您久等了。”

5. 认真清楚地记录

电话记录既要简洁又要完整，这时就要用到 5W1H 技巧。5W1H 是指：when（何时）、who（何人）、where（何地）、what（何事）、why（为什么）、how（如何进行）。在工作中，电话记录与打电话、接电话具有相同的重要性。

6. 挂电话前的礼仪

当一方提出要结束电话交谈时，另一方应先采用明确的结束语客气地道别，如“谢谢”“再见”等，再轻轻挂上电话，不可只要自己讲完就挂断电话。

7.2 拨打电话的技巧

在现代社会中，电话营销员取代了传统营销员的工作。但是很多电话营销员在刚刚开展业务时，虽然也通过电话联系了很多客户，可是结果往往是石沉大海。作为电话营销员，在通过电话联系业务时应该做到事前有准备，在打电话的过程中让对方保持愉快的心情，并能引起对方的好奇心。另外，电话营销员还应做好结束通话后的整理工作。这些都要求电话营销员必须掌握基本的拨打电话的技巧。

7.2.1 拨打电话前的准备工作

1. 研究目标客户的基本资料

在和目标客户进行沟通之前，电话营销员要了解目标客户的基本情况，并根据目标客户的情况寻找产品的诉求点。例如，在争取新客户到本公司设立股票户头时，电话营销员可以在电话中这样介绍："张先生，选择我们营业部开户之后，您将享受到我们优质的服务，买卖股票更顺手（感性诉求），而我们的手续费也很合理（理性诉求）。"熟悉目标客户的情况以后，电话营销员就可以判断目标客户的类型，如分析型、犹豫型、挑剔型或擅长交际型等，进而根据不同类型目标客户的特点使用不同的沟通技巧。

2. 确定主要目标和次要目标

在打电话之前，一定要确定自己的主要目标和次要目标，确保即使主要目标没有达成，次要目标也要达成，否则这次的通话效果是不佳的。以销售人员为例，在通话前，销售人员可以先列一张电话沟通目标表（见表7-1），填写完毕后再拨通对方的电话。

表7-1　　电话沟通目标表

主要目标	打电话目的	我因为×××打电话
	明确目标	通话结束后，我希望客户采取×××行动
	两个问题	客户为什么会与我交谈，客户的目标是什么
次要目标	在不能和客户达成协议的情况下和客户建立×××关系	

在有明确目标的情况下，销售人员在电话中即使没有谈成合作，也不会情绪低落。而且公司通过这电话沟通目标表可以测评销售人员的电话沟通效率。

3. 整理一份完整的建议书

在研究客户资料以及确定自己的主要目标、次要目标之后，电话营销员还要根据不同客户的工作背景和类型制定详细的建议书，以便及时调整思维应对不同的客户时要，使用不同的方法保证对方不挂电话，并且及时做出决策。在客户提出异议时，电话营销员应引导客户向有利于目标达成的方向发展，切勿一味按照自己设计好的思路进行，这样有可能会失去客户。

讨论1

李强是××公司的销售人员，在朋友王立的介绍下，其要将自己公司的软件通过电话沟通推荐给另外一家公司使用。下面是两个人的通话内容。

……（开场白）

李强："您公司里现在的办公软件怎么样？"

客户："那已经是很久以前安装的办公软件了，现在已经跟不上业务的发展了，大家普遍反映不太满意。”

李强：“那您主要是对现在的办公软件的哪些方面不满意呢？”

客户：“第一是速度太慢……”

李强：“这些问题对您的影响很大吗？”

客户：“当然，我现在不得不一个人做两个人的事……”

李强：“那我认为您应该解决这些问题，如果这些问题得到解决，对你们公司会有什么好处呢？”

客户：“那还用说吗？公司可以节省好多钱，而且我们也不用那么忙了。”

李强：“那您理想的办公软件包括什么呢？”

客户：“……”

李强：“那您现在不能尽快解决这些问题吗？”

客户：“我一直想着手进行，但就是没时间……”

讨论题：

（1）你觉得这则通话是成功的吗？

（2）你认为李强在打电话之前做了哪些准备工作？

讨论 2

数月以前，一家国内 IT 企业开展笔记本电脑的促销活动，推销人员打电话给一个潜在客户，下面是两个人的通话内容。

销售人员：“先生，您好，这里是××公司个人终端服务中心，我们在搞一个调研活动，请问您有时间吗？我可以问您两个问题吗？”

客户：“你就是在促销笔记本电脑吧？不是搞调研吧？”

销售人员：“其实，也是，但是……”

讨论题：

（1）你认为销售人员的主要目标是什么？

（2）销售人员在打电话之前是否整理了建议书？在客户出现异议时，销售人员应该怎么办？

4. 其他准备事项

选择适当的时间拨打电话；调整自己的情绪，用积极谦虚和热情的态度对待客户；准备备忘录和笔，用以记录时间、地点、人物以及事情的梗概；如果事情很多，需要进行长时间的通话，可以准备一杯温开水。

7.2.2 通话过程中的技巧

1. 以开场白吸引对方的注意力

在电话营销中，客户不愿意浪费时间去听一些与自己无关的事情，除非他们能从中得到某种好处。因此，开场白一般都包括 3 个方面的内容：我是谁/我代表哪家公司，我打电话给客户的目的是什么，以及公司的服务对客户有什么好处。

示例1

客户：“我听说您能提供万能牌的套装工具，这种产品怎么样？”

客户经理：“噢，是这样的，我们这个套装包括14支扳钳，价钱是220元。”

客户：“我明白了，不过这种工具我不想要，谢谢。”

示例2

客户：“我听说您能提供万能牌的套装工具，这种产品怎么样？”

客户经理：“噢，是这样的，这个套装包括14支扳钳。这套工具经过精心设计，适用于市场上任何型号的螺栓、螺母，而且所有扳钳都是经过磁化的，可以将螺母从手拿不到的地方吸出来。这套工具的质保期为5年，而卖价仅为220元，如果您自己要配齐这套扳钳，至少要花费340元。”

如果你是客户，你会和上述两个案例中的哪个客户经理继续谈下去？作为客户，你不想和其中一个客户经理谈下去的原因是什么？该客户经理的问题出在哪里？

2. 达成协议的一般技巧

成功的电话销售有3个阶段，即引发兴趣、获得信任和达成有利润的合约。在每个阶段，销售人员都需要具备对应的技能。

第一个阶段就是引发兴趣。在客户没有兴趣的情况下，电话销售人员是没有任何机会的，其向客户介绍要销售的产品也是没有任何意义的。销售人员在这个阶段需要具备的技能是掌握和运用话题。

第二个阶段就是获得信任。销售人员要在最短时间内获得一个陌生人的信任是需要高超的技能的，只有在信任的基础上开始销售，才有可能达到销售的最终目的——签约。销售人员在这个阶段需要具备的技能是掌握取得客户信任的具体方法，赢得潜在客户的信任。

第三个阶段就是达成有利润的合约。只有在对潜在客户提出的问题有清晰认识的前提下的销售才会是有利润的销售。销售人员在这个阶段需要具备的技能则是异议防范和预测、有效谈判、预见潜在的问题等。

电话销售中的4C流程也是销售人员必须了解的。4C流程本身不是技巧，而是实施技巧的一个标准流程。经验不足的销售人员在初期可以按照这个销售流程执行，这样其销售能力会不知不觉地提高。4C流程包括迷茫客户（confuse）、唤醒客户（clear）、安抚客户（comfort）、签约客户（contract）。迷茫客户应用在第一阶段，唤醒客户和安抚客户应用在第二阶段，签约客户应用在第三阶段。

为了达成协议，销售人员在电话营销中一般应遵守4C流程，这是实施电话营销技巧的一个标准流程。当然，经验比较丰富的销售人员可以随机应变。

3. 有效结束电话交谈

不管是否能和客户达成协议，销售人员都要在适当的时候礼貌地结束电话交谈。

（1）和客户达成协议。如果和客户达成了协议，销售人员要在结束电话交谈之前将重要信息复述一遍，以确保信息的正确性，然后说些礼貌用语以结束电话交谈。例如，感谢对方购买自己的产品，感谢对方对本公司的支持，或者用赞美的语言来肯定对方的决策等。

（2）没有和客户达成协议。如果没有和客户达成协议或达成协议的希望不大，销售人员要尽快结束电话交谈，但是也要使用礼貌用语。例如，“王先生，虽然您没有购买我们的产品，但我还是感谢您给予的意见，将来有机会希望能为您服务”。不能因为没和对方达成协议，语气就开始变得生硬，或者直接挂断电话。

7.2.3　结束电话交谈后的整理工作

1. 记录好客户的情况

结束电话交谈后的记录工作也是很重要的，销售人员对不同的电话沟通效果要分别进行记录，以便为后面的推销工作提供信息。

如果业务达成，销售人员要及时记录客户的需求信息，如需求数量、送货时间以及送货方式等。必要时，销售人员还应建立客户资料库。

如果遇到接电话的不是客户本人的情况，销售人员也应该及时进行记录，稍后再打过去或者隔天再打过去，同时记录打电话的次数。如果连续几次都没有和客户本人联系上，就要找出具体原因或放弃。

将记录中没有希望达成协议的客户从通讯录里删掉，以免重复拨打，不然不仅会浪费销售人员的时间，而且会浪费客户的时间，甚至增加客户的厌烦感。

对于当时并没有做出决定的准客户，销售人员需要记下未来再和其进行联络的时间。这时，一定要把时间、地点、主要事宜和姓名准确地记录下来，以便再次针对此类客户做详细的计划。

销售人员还应记录在电话沟通中得到转介绍的客户，并将其作为自己的潜在客户。

2. 迅速调整情绪拨打另一个电话

不管电话交谈的结果是成功还是失败，销售人员都应该尽快调整情绪拨打另一个电话以联系下一笔业务。可以说，能控制情绪是对销售人员的基本要求。

7.3　接听电话的技巧

拨打电话和接听电话是沟通的互动过程。因此，拨打电话时应注意的技巧同样适用于接听电话的环节。例如，调整心态，以积极友好的态度对待对方；准备好纸和笔，以便记录通话中的重要信息等。

7.3.1　接听电话前的准备工作

1. 调整心态

在电话沟通中，声音可以反映一个人的心情以及内心活动。因此，如果客户打来电话时，销售人员正在处理繁忙的工作或心情不好，应该深呼吸以平静心情，让声音清晰明朗、音量适中，并且用礼貌用语，以给对方留下良好的第一印象。

2. 准备纸和笔

接听电话时，销售人员应准备好纸和笔，以便通话中有重要信息时可随时进行记录。

7.3.2 通话过程中的技巧

1. 技巧性地询问客户的姓名

如果销售人员能在不经意间说出客户的姓名，则会让客户觉得自己很重要，即使客户有什么不满，也会因此而稍微减少。如果销售人员不能准确地说出客户的姓名，则可以委婉地询问：“我想您是张先生吧？”“您不会是公司的新客户吧？”等。在询问客户姓名的同时，应找出相应的客户记录，有针对性地与其进行交谈。

2. 有效倾听客户的意图

客户打来电话时，销售人员并不知道客户打来电话的真正意图，因此不要急于解释或说话，要集中精力倾听，尽量了解情况；不能同时与两个人通话或者心不在焉，以致在客户讲完之后不知道其所讲的内容，这会给对方一种不被尊重的感觉，从而破坏与客户的关系。在倾听的同时应思考回答难题的对策，争取在客户结束讲话之后想出问题的解决方案。即使问题并不在自己的责任范围之内，销售人员也要耐心解释，这样会让客户觉得销售人员很有经验，从而对销售人员产生良好的印象。

3. 其他应该注意的事项

在电话沟通中，销售人员如果需要翻阅资料，当被问及“需要多少时间”时，所需时间可以说得长一点，这样会让客户产生销售人员办事认真、被重视的感觉。在翻阅完资料回来接听电话时要先道歉：“抱歉，让您久等了。”如果销售人员估计要让客户等很长时间，就要先跟客户道歉，说明情况后先挂断电话，然后再回拨给客户，不过此时一定要记住自己的承诺。

对于客户没听明白或者重要的事情，一定要复述给对方，以确保沟通信息的正确性。

如果接听电话时对方要找的人不在，要先和对方讲清楚，然后礼貌地询问对方是否需要传话。如果先询问对方有什么事情，再说对方要找的人不在，会让对方觉得其要找的人不想接听电话，使对方有一种被玩弄和被欺骗的感觉。

如果在有访客的时候电话响起，则要坚持访客优先的原则，在征得访客的同意之后再接听电话，也可以让别人帮忙接听；这时要告诉对方晚些时候再打电话过来或者自己晚些时候回复对方。切勿在听到电话响起时就马上接听而把访客晾在一边，这是不礼貌的做法。

4. 有效结束电话

如果暂时没能有效解决客户的问题，销售人员要向客户道歉，并向客户承诺会最大限度地解决问题，同时向客户致谢，如“谢谢您打电话来”“谢谢您提出的宝贵意见，我们会改正的”等。

要让客户先挂断电话，销售人员不要先说“再见”，否则会让客户觉得销售人员不耐烦，从而可能对销售人员产生不满。

7.3.3 结束电话交谈后的整理工作

结束电话交谈以后，要记录客户在电话中提出的问题，方便以后查询和改进工作；注意按事情的重要程度记录谈话内容，以免遗漏或将顺序打乱而使有的客户等待的时间过长；要记录对客户的承诺，并尽快落实所有细节，这样会使客户感觉到自己被重视。

7.4 拨打电话和接听电话的程序

7.4.1 接听电话的程序

接听电话的程序如图 7-1 所示。

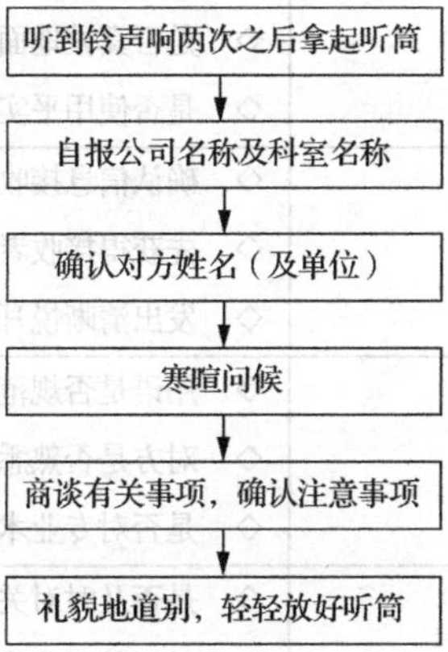
听到铃声响两次之后拿起听筒
自报公司名称及科室名称
确认对方姓名（及单位）
寒暄问候
商谈有关事项，确认注意事项
礼貌地道别，轻轻放好听筒

图 7-1　接听电话的程序

7.4.2 拨打电话的程序

拨打电话的程序如图 7-2 所示。

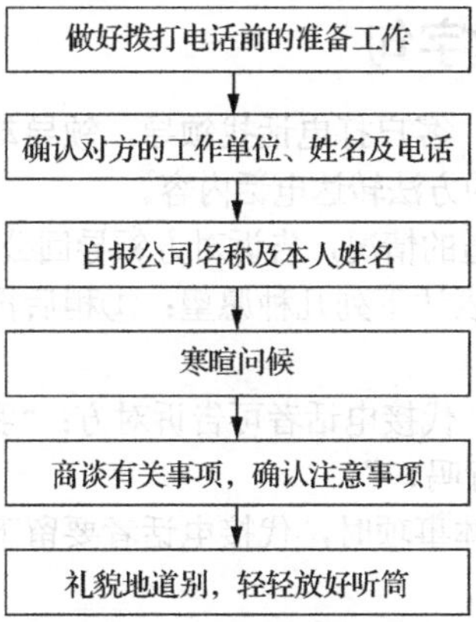
做好拨打电话前的准备工作
确认对方的工作单位、姓名及电话
自报公司名称及本人姓名
寒暄问候
商谈有关事项，确认注意事项
礼貌地道别，轻轻放好听筒

图 7-2　拨打电话的程序

拨打电话时需要注意的要点如表7-2所示。

表7-2　拨打电话时需要注意的要点

需要注意的要点	详细要点
要点1：电话机旁应备有记事本和笔	◇ 是否把记事本和笔放在触手可及的地方 ◇ 是否养成随时记录的习惯
要点2：先整理电话沟通的内容，后拨打电话	◇ 时间是否恰当 ◇ 情绪是否稳定 ◇ 条理是否清楚 ◇ 语言是否简练
要点3：态度友好	◇ 是否微笑着说话 ◇ 是否真诚地面对通话者 ◇ 是否使用平实的语言
要点4：注意自己的语速和语调	◇ 确认信息接收对象 ◇ 先获得接收者的注意 ◇ 发出清晰悦耳的声音
要点5：不要使用简略语、专用语	◇ 用语是否规范准确 ◇ 对方是否熟悉公司的内部情况 ◇ 是否对专业术语进行必要的解释
要点6：养成复述习惯	◇ 是否及时对关键性字句加以确认 ◇ 是否善于分辨关键性字句

7.5 转达电话内容的技巧

7.5.1 听清楚关键字句

工作中经常出现这种情况：客户打电话找领导，领导却不在公司。这时，代接电话者态度一定要热情，可用下面的方法转达电话内容。

代接电话者根据自己所知道的情况，告诉对方领导回公司的时间，并询问对方："要我转达什么吗？"对方可能会表达下列几种愿望：①稍后再打电话；②想尽快与领导通话；③请转告领导……

如果领导暂时不能回公司，代接电话者可告诉对方："我们领导出差在外，暂时无法联系，如有要紧事，由我转达行吗？"

另外，当对方不便告知具体事项时，代接电话者要留下对方的姓名、电话以及对方公司的名称。

代接电话者若受客户委托转告，则应边听客户讲边复述，并按5W1H技巧认真记录。

代接电话者给领导打电话时，应告诉领导客户的姓名、公司名称、电话号码、打来电话的时间等，并与领导一一确认。无论如何，代接电话者都必须复述对方的姓名及其所讲事项。

通话结束时应道别："我叫××，如果我们领导回来，我定会立刻转告。"自报姓名的目的是让对方感到代接电话者很有责任感，办事踏实可靠，从而放心。

7.5.2　选择恰当的理由和时机

通常被指定接电话的人无法接电话的原因有很多，如因病休息、出差在外、上卫生间等。这时，代接电话者应学会应对各种情况。

告诉对方××不在办公室时，代接电话者应注意不要让对方产生不必要的联想，尤其不能告诉对方××的出差地点，因为××出差所办的事情或许是商业秘密。

另外，如果遇到领导正在参加重要会议，代接电话者突然代接到客户的紧急电话，应正确判断，妥当处理。如果领导有约在先："开会期间，不得打扰。"那转达客户的紧急电话之类的事当然也不能例外。此时，代接电话者可以拿张纸条写上："××先生电话找您，接电话（　），不接电话（　），请画钩。"然后悄悄走进会议室，将纸条递给领导，让领导一目了然。如此这般，既不会对会议造成影响，又能让领导当场定论，是一种很合适的方法。

7.6　电话销售技巧

电话是销售工作中一种必不可少的工具。在销售工作中，如何充分利用这一工具？电话沟通中常遇到哪些问题？如何在电话沟通中提出请求？电话沟通时进行提问有哪些策略？这些是每一个销售人员都会遇到的问题，也是每一个销售人员都关心的问题。

7.6.1　销售工作的第一个电话

销售人员肯定要经常跟客户进行电话联络。这些客户可能是老客户，也可能是新客户。对于大多数销售人员来说，比较难的是跟客户的第一次通话，因为第一印象特别重要。因此，销售人员应该重视销售工作的第一个电话。

1. 做好通话前的准备

具体在工作中应该怎样做呢？首先，很重要的一点是要做好通话前的准备，主要包括了解客户的姓名、性别、职位、工作情况、公司所属行业、公司主要产品、公司年销售额、公司利润来源、公司历史和组织结构等。为什么呢？想象一下，如果你是客户，突然有一天接到一个电话："您好！麻烦问一下，您是负责采购的陈总吗？"这时，你会有什么感受？如果换成另一个情景："陈总，您好！"这时，你又会有何感受？也许大部分人会更喜欢第二种情景。

其次，要明确此次通话的目的：是要向其推销产品，还是仅仅为了联络感情，抑或为了跟其约见等。

最后，要准备好在通话过程中要问的问题。这建立在销售人员对客户及其公司的了解程度之上。另外，通话的开场白，也就是自我介绍同样非常重要。

2. 第一次通话时的注意事项

第一次给客户打电话时，销售人员除了与目标客户进行通话外，有时可能还会与总机人员、客户的秘书等打交道。因此，销售人员要做好各方面的准备。

案例 1

打好拜访前的第一个电话

汤姆是温斯特公司的推销员，他准备通过电话向某公司董事长吉米·西佛推销西装。表7-3所示是他与总机人员的对话内容。

表7-3 与总机人员的对话内容

总机人员	“您好，×××公司。”
汤姆	“请问吉米·西佛董事长在吗？”（知道并说出客户的姓名是很重要的，尤其是在初次接触的时候。这是建立在通话前有充分准备的基础之上的）

总机人员听了汤姆的问话以后，便毫不犹豫地把汤姆的电话转到董事长办公室，由董事长的秘书接听。表7-4所示是他与秘书的对话内容。

表7-4 与秘书的对话内容

秘书	“您好，董事长办公室。”
汤姆	“您好，我是汤姆·贝柯。请问吉米·西佛董事长在吗？”（在这里请注意：汤姆在开场白中说出了董事长的名字，这会让对方觉得汤姆跟吉米认识。如果秘书真是这么想的，那么她一定会把电话转给吉米，这样汤姆希望和吉米通话的目的就达到了。不过，秘书并没有这么想）
秘书	“西佛先生认识您吗？”
汤姆	“请告诉他，我是温斯特公司的汤姆·贝柯。请问他在吗？”（秘书的问题让汤姆很为难，他并不认识吉米。他只好不停地问董事长在不在，这样就使秘书不得不对这个询问做适当的答复。汤姆也希望秘书不再问问题）
秘书	“他在。请问您找他有什么事？”
汤姆	“我是温斯特公司的汤姆·贝柯。请教您的大名。”（汤姆没有正面回答秘书的问题，他不能告诉秘书他是来推销的，否则秘书肯定不会给他转接电话的。汤姆只是重复说着自己的姓名和公司的名称。他还问了秘书的名字，以便日后再进行通话，同时还能拉近彼此的距离）
秘书	“我是比莉·威尔逊。”
汤姆	“威尔逊小姐，我能和董事长通话吗？”（称呼秘书的名字，给对方一种亲切感）
秘书	“贝柯先生，请问您找董事长有什么事？”
汤姆	“威尔逊小姐，我很了解您做秘书的处境，也知道西佛先生很忙，没有多少时间接电话。不过，您放心，我绝不会占用董事长太多的时间，我相信董事长会觉得这是一次有价值的谈话。请您代转好吗？”

汤姆确实遇到了困难。但他并不气馁，仍再接再厉，试图突破困境。他坚持一个原则——不向秘书说出自己的真正目的。因为他考虑到，一旦向秘书说出自己的真正目的，再经由秘书转达，难免会让董事长产生误解。

汤姆的坚持终于有了效果，秘书说："请等一下。"她把汤姆的电话转给了董事长。

秘书给汤姆带来很大的阻力，但是他经过一再努力，终于说服了秘书。在这个过程中，他始终没有告诉秘书他打电话的真正目的，因为一旦说出，他想跟董事长直接通话的目的就无法达成。

汤姆终于能够跟董事长直接通话了。表 7-5 所示是汤姆与目标客户吉米对话的内容。

表 7-5　与目标客户对话的内容

吉米	"喂！"
汤姆	"吉米，您好！我是温斯特公司的汤姆·贝柯。温斯特公司是专门为企业高级管理人员定制西服的公司。请问您知道温斯特公司吗？"
吉米	"不知道。贵公司是卖什么产品的？"
汤姆	"我们是专门为企业高级管理人员定制西服的公司。有许多企业对我们颇为赞赏。这些企业包括××银行、××建设公司、××集团等。我希望下个星期能拜访您，并当面向您做详尽的介绍。我想在下个星期三上午 8 点 15 分或星期四下午 2 点 45 分拜访您，您觉得方便吗？" （汤姆提到了几家著名的大公司，希望借此引起吉米的兴趣，因为权威的影响力是非常大的。在这里汤姆使用了选择式的问句，这使吉米拒绝汤姆的可能性变小了）
吉米	"嗯，让我想想……就安排在下个星期三上午 7 点吧。"

在上述这个案例中，汤姆并没有马上联系到目标客户，而是经过两次电话转接才与目标客户进行了直接通话。这种情况就要求销售人员具有随机应变的能力，而且在任何情况下都要沉着稳定、不慌不忙，同时要具有绝对的自信心。

在此，再说明一下与总机人员或秘书（助理）通话时应注意的事项，具体如下。

（1）一定要自信而有力，不要胆怯。销售人员的语气会显示身份，所以语气要不卑不亢、充满自信，千万不要胆怯。销售人员可以这样说：

"帮我转李总，谢谢！"

"转采购部！"

"人力资源部分机号是多少？"

（2）要有礼貌和尊重他人。对总机人员或秘书（助理）一定要有礼貌，充分尊重他们，让他们感觉到销售人员对他们的重视。销售人员可以这样说：

"我理解您现在很忙，所以，麻烦您……"

"有件事真的要麻烦您。"

（3）正常情况下，销售人员不要告诉对方自己是做什么的。大多数公司是不喜欢接听推销电话的，因为对方认为接听推销电话会耽误时间，或者对推销有着很大的偏见。当销售人员说出自己要推销某种产品时，对方往往会直接挂掉电话。

表7-6所示就是销售人员与总机人员通话失败的案例。

表7-6　与总机人员通话的内容

销售人员	“请转采购部！”
总机人员	“您找哪一位？”
销售人员	“采购部经理。”
总机人员	“您是做什么的？”
销售人员	“我是××公司的，我们公司主要是从事××业务的……”
总机人员	“我们暂时不需要，谢谢，再见！”
销售人员	“……”

面对客户的第一个销售电话就如同销售人员的名片，是销售通行证。销售人员成功地打出第一个销售电话，就等于迈出了成功的第一步。

7.6.2　通话中的障碍

人与人之间相处难免会产生误会和障碍，电话销售也是如此。但关键在于销售人员如何克服障碍，甚至将这种障碍转化成一种优势。在电话交谈中，销售人员一般会遇到如下几种情况。

1. 客户对销售人员所讲的内容存有误解

误解是由于客户对公司不了解，或者对产品存有偏见而产生的。若本来公司是可以做到的，或者产品已经具有某种功能，而客户却认为公司做不到或者产品不具有某种功能，他们会说：

“你们没有送货上门的服务。”

“你所说的打印机没有自动进纸功能。”

“你们没有带金属外壳的笔记本电脑。”

在这种情况下，销售人员就要进行自我反省：可能是因为自己没有跟客户讲清楚，才导致这种情况的出现。

销售人员可参考表7-7所示的处理模式克服这一障碍。

表7-7　解决误解的模式

解决步骤	举例
确定明确的需求	客户需要送货上门
确定这一需求产生的原因	客户需要送货上门的原因
给客户更多的利益	我们不仅可以送货上门、免费安装，而且在产品售出后一年内实行免费维修
确认客户是否还有疑问	您对这一点还有什么不放心的？您还有其他问题吗

2．客户告知已经有了合作伙伴

销售人员打电话给客户推销产品，客户却告知其现在有稳定的供应商，而且暂时不会更换供应商。这时销售人员该怎么办呢？销售人员应该高兴，客户说有供应商就说明他有这方面的需求，只不过这种需求被竞争对手抢先了。销售人员现在要做的就是设法让对方知道自己的公司能够比竞争对手做得更好，如表 7-8 所示。

表 7-8　与客户对话的内容

销售人员	“我知道，您的供应商是一家不错的公司。但是我们能够提供更好的产品和服务。您知道 X、Y、Z 公司吗？它们都用的是我们的产品，而且反映都不错。我想您不会拒绝一家能够为您提供更好的产品和服务，而且能为您节省成本的公司吧？”
客户	“你能详细地介绍一下你们公司和产品的情况吗？”

3．客户对销售人员的建议不太感兴趣

这是销售中经常会遇到的情况，原因在于销售人员还没有激发出客户的潜在需求，或者还没有说服客户。例如，销售人员用了很长时间介绍产品后，常常会听到客户这样的答复：

“我不需要。”

“我对现在的供应商很满意。”

“我不感兴趣。”

“以后再说吧。”

“暂时不需要。”

要记住，不是他们不需要，而是销售人员做得还不够好。

销售人员可参考表 7-9 所示的处理模式克服通话中的这一障碍。

表 7-9　克服客户没兴趣的模式

解决步骤	举例
表示认同	“您的想法我能理解。”
请求提问	“我可以向您请教一个问题吗？”
澄清并找到真正的、具体的原因	“您能告诉我为什么您对我们的产品不感兴趣吗？是我说得不够清楚，还是产品的问题？”
引导客户察觉需求	“您是否想过这个问题不解决会给您带来怎样的麻烦？”

4．客户告知没时间

客户有时会很干脆地告诉销售人员：“我很忙，没时间跟你见面。”这时销售人员该怎么做呢？问问客户什么时候有时间即可。通常情况下，这并不是客户拒绝的真正理由。销售人员要想办法弄清楚客户拒绝的真正原因。找到原因后，销售人员要针对不同的原因采取不同的解决方法。

5．客户不太信任销售人员

客户不太信任销售人员是可以理解的，毕竟双方没有见过一次面，客户凭什么相信

一个在电话中推销的人呢？客户极有可能会对销售人员及其告诉他们的信息持怀疑态度。这种怀疑态度很可能是由他们过去的经验导致的。客户经常会说以下内容：

“你们真的可以做到在 3 天内送货？”

“我觉得你们在质量上做不到 99%的合格率。”

“在这么高的技术质量下，保持这种价格是不可能的！”

销售人员可参考表 7-10 所示的处理模式克服通话中的这一障碍。

表 7-10　克服客户不信任的模式

解决步骤	举例
表示认同	“我理解您现在的想法。”
确认问题	“您觉得我们在这么高的技术质量下不可能保持这个价格，对吗？”
提问并找到客户产生这种怀疑态度的根本原因	“您能不能谈谈为什么您会有这样的想法？”
给出相关证据	“我明白您的意思了。是这样的，因为以前这个技术被少数几个公司垄断，所以价格比较高。我们公司经过不断努力已经突破了技术难关，打破了行业垄断，所以价格就比较低。这个您可以在我们公司的网站上看到。”
了解客户是否还有疑问	“您对这一点还有什么不放心的吗？” “您还有其他问题吗？”

本章小结

- 电话沟通的技巧，包括拨打电话的技巧、接听电话的技巧。
- 拨打电话和接听电话的程序。

思考题

1．电话沟通具有哪些重要作用？

2．拨打电话需要注意哪些事项？

3．接听电话需要注意哪些事项？

4．人与人之间相处难免会产生误会和障碍，在电话销售中，销售人员一般会遇到哪些障碍？该如何解决呢？

5．转达电话的技巧有哪些？

技能训练

（1）客户与客服人员之间的沟通。

某客户家中的宽带业务出现故障，打电话咨询中国电信客服中心。采用角色扮演，两个同学为一组，分别扮演电信客服人员和客户，进行电话沟通，提高电话沟通能力。

（2）老朋友之间的沟通。

两个同学为一组，分别扮演分别多年不见的老朋友，进行电话沟通。

第8章 上下级沟通技巧

【学习目标】	1. 熟悉向领导请示汇报的程序和要点 2. 熟悉说服领导的技巧 3. 熟悉与上级沟通的 6 个技巧 4. 熟悉与下级沟通的原则 5. 熟悉下达命令的技巧 6. 熟悉赞扬下级的技巧 7. 熟悉批评下级的五步法及技巧
【技能目标】	1. 掌握与不同性格的领导沟通的技巧 2. 掌握与上下级沟通的技巧，达到人际关系和谐的目的 3. 掌握与领导相处之道，学会与不同性格的领导打交道
【素养目标】	1. 培养在未来的职场上尊重上级、理解下级的职业精神 2. 培养真诚地和上下级打交道的能力

案例导入

王岚与经理之间的失败沟通

王岚非常热情和直率，总是愿意把自己的想法说出来和大家一起讨论。正是因为这个特点，她在上学期间很受老师和同学们的欢迎。今年，王岚从西安某大学的人力资源管理专业毕业。她认为，经过 4 年的学习，自己不但掌握了扎实的人力资源管理专业知识，而且具备了较强的人际沟通技能。因此，她对自己的未来期望很高。为了实现自己的梦想，她毅然去往广州求职。

经过近一个月反复地投简历和面试，在权衡了多种因素后，王岚最终选定了东莞市一家研究和生产食品添加剂的公司。她之所以选择这家公司，是因为该公司规模适中、发展速度很快；最重要的是该公司的人力资源管理部刚成立，如果王岚加入，她将是人力资源管理部的第一个人。因此，她认为自己在这里施展能力的空间很大。

但是到公司实习一个星期后，王岚就陷入了困境。

原来，该公司是一个典型的小型家族企业，公司中的关键职位基本上都是由老板的亲属担任的。老板安排了他的大儿子做王岚的临时上级，而这个人主要负责公司的研发工作，根本没有管理理念，更不用说人力资源管理理念了。在他的眼里，只有技术。最重要的是，公司只要能赚钱，其他的一切都无所谓。但是王岚认为，越是这样就越有自己发挥能力的空间。因此，在进入公司的第 5 天，王岚拿着自己的建议书走进了其直接上级的办公室。

“王经理，我到公司已经快一个星期了，有一些想法想和您谈谈，您有时间吗？”王岚走到经理办公桌前说。

“来来来，小王，本来早就应该和你谈谈了，只是最近一直扎在实验室里，就把这件事忘了。”

“王经理，对于一个公司，尤其是处于上升阶段的公司来说，要想实现可持续发展，必须在管理上狠下功夫。我来公司已经快一个星期了，据我目前对公司的了解，我认为公司主要的问题有：职责界定不清；员工的自主权太小，致使员工觉得公司对他们缺乏信任；员工薪酬结构和水平的制定随意性较强，缺乏科学合理的基础。因此，薪酬的公平性和激励性都较弱。”王岚按照自己事先所列的提纲开始逐条向王经理叙述。

王经理微微皱了一下眉头说：“你说的这些问题我们公司确实存在，但是你必须承认一个事实——我们公司在实现盈利，这就说明我们公司目前的体制有它的合理性。”

“可是，眼前有发展并不等于将来也会发展，许多家族企业都是败在管理上的。”

“好了，那你有具体的方案吗？”

“目前还没有，这些还只是我的想法而已，但是如果得到了您的支持，我想拿出方案只是时间问题。”

“那你先回去做方案，把你的材料放在这儿，我先看看，然后给你答复。”说完，王经理的注意力又回到了研究报告上。

王岚此时真切地感受到了不被认可，她已经预料到了自己第一次提建议的结局。

果然，王岚的建议书石沉大海，王经理好像完全不记得建议书的事情了。因此，王岚陷入了困惑之中，她不知道自己是应该继续和上级沟通此事，还是干脆放弃这份工作。

本案例告诉我们部门领导除了要为部门的经营策略、业务数量、客户关系等问题殚精竭虑之外，还需要关注怎样处理好与下级的关系。能否建立一个关系融洽、积极进取的团队，在很大程度上取决于部门领导是否善于与下级进行沟通并善于运用沟通技巧。

8.1 与上级沟通的技巧

8.1.1 与上级相处的原则

1. 有敬业精神

（1）对工作有耐心、恒心和毅力。

（2）苦干加巧干。

（3）敬业，要能干会道。

2. 服从第一

对有明显缺陷的领导，积极配合其工作是上策，有才华且能干的下级更容易引起领导的的注意；当领导交代的事情有难度时，要有勇气承担，以显示自身的胆识和能力。

3. “关键（4W1H）”要请示

对于关键事情（what）、关键地方（where）、关键时刻（when）、关键原因（why）及关键方式（how）等需要请示领导。

4. 工作要能独当一面

对工作要有独立的见解，能够承担一些重大的任务，重视其他同事忽略的问题。

8.1.2 与上级沟通的技巧

扫一扫 微课视频

以下是与上级沟通的技巧，仅供参考。

1. 主动汇报

说领导不重用自己时，扪心自问一下，自己会主动汇报工作进度吗？这一点很重要。举个例子，孙小姐是某总经理的下属，昨天总经理一下飞机，她在车里面就不停地向他汇报，从来了多少人、什么人参加到会场怎么样、布置怎么样、银幕怎么样，这是她主动汇报工作进度的行为。如果等总经理来问，那么其效果就要大打折扣。所以下级要养成对工作进度主动汇报的好习惯，以便领导知道我们在做什么、做到了什么程度，如此一旦有了偏差还来得及纠正。作为下级要常请示、常汇报，以最快的速度汇报新信息，并记住在他人面前称赞领导的优点。

2. 勇于担当重任

领导关心的是怎样才能创出业绩，这当然离不开下属的配合。一个公司的工作涉及方方面面，单靠领导一个人是不可能做好的。所以公司中一些吃苦受累的重活必须有人替他分担，在别人推脱的时候，如果你能站出来替领导把重担挑起来，领导必定会对你刮目相看。因为大多数领导都不喜欢那些在工作上和他讨价还价的下属，通常会欣赏那些能为他着想、替他分担重担的下属。

案例 1

王强升职

王强在当货运部督导时，客票部的一个女职员因怀孕身体很不舒服，支店长就跟他说："那个客票部的梁小姐最近身体很不舒服，你帮她开开客票。"其实，王强是搞货运的，对开票工作不太懂，但是支店长认为他是一个硕士，稍微学一学也就会了。于是王强就说："没问题。"没多久机场王主任被调走了，支店长又告诉王强："机场最近很忙，临时没有人顶上，你是否可以偶尔去机场帮忙做做包机工作啊？"王强说："没问题。"于是他就到机场去了。就在王强太太生孩子的当天，他还在做包机工作。第二天有人向支店长说了这件事，支店长问他："有这回事吗？"他马上说："工作第一。"再后来，支店长也被调走了，王强就升职了。因为王强不仅懂开票和包机工作，而且懂货运和仓储，是个全才，此时他不升职谁升职呢？

本案例中，王强始终抱着"工作第一"的工作态度，勇担重任，最终得到领导的赏识而被升职。

3. 干好本职工作

工作做得好坏是领导对下属的一个评判标准。一般情况下，领导都很欣赏聪明、机灵、有头脑、有创造力的下属，这样的人往往能出色地完成任务。所以说，要想得到领导的重视，就必须了解领导，把本职工作干好，有功劳时想着领导的支持。

案例 2

方海的成功沟通

方海进了一家广告公司工作，公司的人才多且能力相当。方海心想："要在这人才众多的公司里立足，最重要的就是得到各位领导的认可。"他首先想到的就是自己的直属领导——设计部的李经理。李经理对广告创意有独到的认识，而且还得过几次大奖，就连老板都对他另眼相看。如果能得到他的认可，方海在公司的发展就容易多了。方海观察了李经理一段时间，发现他是个传统而保守的人。于是，方海放弃了设计人通常的风格，将时髦的装束脱下，穿得中规中矩，以循规蹈矩的形象出现在李经理面前。果然，这为他在李经理面前挣了不少印象分。

在初步取得李经理的好感后，方海又把目光放在了人事部周经理身上。人事部周经理的好感可以为方海的发展打下基础。于是，他发挥自己热情、乐于助人、能说能逗的优点，主动与周经理交往，建立友谊。不过，周经理为人沉稳，喜欢独立思考，并不习惯经常被人打扰。方海觉察到这一点后，立即改变策略，不再经常围着他转。一个偶然的机会，方海发现周经理最大的爱好是军事。于是，对军事不感兴趣的他恶补了这一方面的知识。只要是公司休息时间，方海就找军事方面的话题与之交流。此举果然奏效，不久他与周经理成了好朋友。经过一番交往，方海得到了周经理的信任，不久就被他推荐给领导，得到了重用。

本案例中，方海深入了解领导，得到了各部门领导的信任，最终得到了重用。

4. 学会交谈

作为下属，即使才华横溢，也不要在领导面前故意显示自己，不然会被领导认为是一个自大狂，恃才傲物，盛气凌人，并觉得难以相处。当受到称赞时，人们的自尊心会得到满足，并对称赞者产生好感。因此，下属在与领导交谈时，对领导的优点、长处，可以表示赞美之情。

下属在谈话时应尽量寻找自然、活泼的话题，令领导充分发表意见，自己适当做些补充即可。下属还应忠于领导，对领导的隐私坚决不外传，领导在工作中遇到麻烦时，应帮他分析，提出解决问题的建议。

5. 在公共场合注意维护领导的权威

与领导相处的时候，要注意维护领导的权威。因为领导的面子受损，会使他感到下属对他怀有敌意，自己的权威受到威胁和损害。所以，在给领导提意见或在公共场合时，一定要注意这一点。在公共场合，人们一般都是比较注意面子的。领导十分注意自己在公共场合，特别是有其他领导或者众多下属在场的时候的形象。维护领导权威，应表明自己对领导是善意的，自己的言行是出于对领导的关心和爱护，是为了帮助领导做好工作。

当然，这里所说的公共场合要注意领导的面子，并不是要下属见风使舵，做老好人，而是指下属在向领导提建设性的宝贵意见时，一定要注意场合、分寸，并讲究方式。

6. 勇于向领导承认自己的不足

人们在工作中难免会犯错，但是在领导面前，“我不知道”和“我错了”这两句话却是下属不敢也不愿意讲的话。因为下属担心讲出来后会被领导小看或责骂。其实不然，坦诚地说出自己的不足，只会让领导觉得下属更真诚、更值得信任。在这个世界上，每个人都有自己的特长，也有自己的弱项。正如孔子所说：“知之为知之，不知为不知，是知也。”对某些事情不知道或不清楚并不是什么可耻的事。

8.1.3 向领导请示汇报的程序和要点

扫一扫 微课视频

人人都有自己的领导。对于领导，下属可能把其看作朋友，也可能把其看作“敌人”。但是无论如何，领导都是领导，既然如此，倒不如运用沟通技巧，与领导建立良好的人际关系。这样，双方都会感到很愉快。下属和领导沟通时要保持良好的心态、维护领导的尊严，与领导相处时要有一定的度，既不可太疏远，也不能太过密切（这样容易给其他同事留下阿谀奉承的印象）。

案例 3

龙永图和他的秘书

在入世谈判时，龙永图曾选过一位秘书。当结果公之于众时，全场顿时一片哗然，大家觉得龙永图选的这个人根本不适合当秘书。一般来说，当选秘书的条件应该是：谈吐不俗，手脚勤快，做事谨慎，对领导体贴入微。但这位秘书似乎哪一样都不过关，做起事来大大咧咧，从来不会照顾人，尤其是在说话上很不讲究。

既然如此，龙永图为什么还要让他当秘书呢？因为龙永图在感到心烦或遇到棘手的问题时，他总能起到应有的作用。由于入世谈判过程中要承受很大压力，加上龙永图的脾气不太好，有时控制不住情绪，总是跟客户拍桌子，回来之后一句话也不说。这个时候，其他人都不愿自讨没趣地到他房间去。唯有这位秘书，每次不敲门就大大咧咧地走进去，跷起二郎腿坐下后，说他今天听到什么了，还说龙永图某句话讲得不太好等；而且，他从来不叫龙永图为“龙部长”，而是称其为“老龙”或“永图”。他还经常出一些馊主意，被龙永图骂得一塌糊涂，但他最大的优点就是忍耐力强。不论怎么被骂，3 分钟后他又回来了，但并不是道歉，而是像先前一样来给龙永图挑刺，如“哎呀，老龙，你刚才说得不太对”“今天你不该有那么大的脾气”等。

本案例中，龙永图的秘书是个学者型的人物，对很多事情都不太敏感，包括人家对他的批评与指责，但他是世贸专家，对世贸问题十分精通。所以在龙永图大发脾气又很难听到“不同声音”的时候，这位禁骂的秘书就起到了独特的作用，他能通过不同的汇报形式把自己的见解反映给龙永图。有这位看起来不太称职的秘书在身边，龙永图在谈判场上就更有把握了。

1．向领导请示汇报的程序

（1）仔细聆听领导的命令。一项工作大致的方向和目标确定之后，领导通常会指定专人来负责该工作。如果领导明确指示你去完成某项工作，那你一定要用简洁有效的方式明白领导的意图和工作重点。此时，不妨利用传统的 5W2H 方法来快速弄清楚工作要点，即弄清楚该命令的时间（when）、地点（where）、执行者（who）、目的（why）、需要做什么工作（what）、怎样去做（how）、需要多少工作量（how-much）。在领导下达命令之后，你应立即整理自己记录的内容，再次简明扼要地向领导复述一遍，看是否还有遗漏或者自己没有领会的地方，并请领导加以确认。例如，领导要求你完成一项关于 ABC 公司的团体保险计划工作，你应该根据自己的记录向领导复述并得到领导的确认。你可以说：“总经理，我对这项工作的认识是这样的，为了增强我们公司在团体寿险市场的竞争力（why），您希望我们团体寿险部门（who）不遗余力地（how）于本周五之前（when）在 ABC 公司总部（where）和相关人员签订关于员工福利保险的合同（what），请您确认一下是否还有遗漏。”如果领导点头认可了，那么你就可以开展下一个环节的工作了。

（2）与领导探讨目标的可行性。领导在下达命令之后，往往会关注下级对问题的解决方案，希望下级能够对该问题有大致的解决思路，以便在宏观上把握工作的进展情况。所以，下级在接受领导的命令之后，应该积极开动脑筋，对即将负责的工作有一个初步的认识，并告诉领导自身的初步解决方案，尤其是对可能在工作中出现的困难要有充分的认识，对在自己能力范围之外的工作任务要提请领导协调别的部门加以解决。例如，上例中关于争取 ABC 公司的员工福利保险合同这个目标，你应该快速地制定行动方案并厘清步骤和其中的监督环节。

（3）拟订详细的工作计划。下级在明确工作目标并和领导就该项工作的可行性进行讨论之后，应该尽快拟订一份工作计划，再次交给领导审批。在该工作计划中，下级应该详细阐述行动方案与步骤，尤其是就工作进度要给出明确的时间表，以便领导进行监督。

（4）在工作进行中随时向领导汇报。如果已经按照拟订的计划开展工作了，那么，应该留意自己工作的进度是否和计划书中的一致，无论是提前还是延迟了，都应该及时向领导汇报，让领导知道下级正在干什么、取得了什么成效，并及时听取领导的意见和建议。

（5）工作完成后及时总结汇报。工作完成后应该及时将此次工作加以总结汇报，总结成功的经验和其中的不足之处，以便在下一次的工作中改进提高。同时不要忘记在总结报告中提及领导的正确指导和相关人员的辛勤工作。至此，一项工作的请示与汇报才算基本结束。

千万不要忽视请示与汇报的作用，因为这是和领导进行沟通的重要渠道。下级应该争取把每一次请示与汇报工作都做得很好，如此才能慢慢得到领导的信任和赏识。

2. 请示汇报的要点

（1）尊重而不吹捧。作为下级，一定要充分尊重领导，在各方面维护领导的权威，支持领导的工作。首先，对领导的工作要支持、尊重和配合；其次，在生活上要关心领导；最后，在困难面前要帮助领导解围，有时领导处于矛盾的焦点，下级要主动出面，勇于解除矛盾，承担责任，为领导排忧解难。

（2）请示而不依赖。一般来说，作为部门领导，在自己职权范围内应该大胆负责、创造性地工作，这是值得倡导的，也是为领导所欢迎的。下级不能事事请示，遇事没有主见，大事小事都不做主，这样领导会觉得下级办事不力。该请示汇报的必须请示汇报，但绝不要依赖、等待。

（3）主动而不越权。对工作要积极主动，敢于直言，善于提出自己的意见，不能唯唯诺诺。在处理同领导的关系上，要克服两种错误认识：一是领导让做什么就做什么，做得好坏都没有自己的责任；二是自恃高明，对领导的工作思路不研究、不落实，甚至另搞一套，阳奉阴违。

当然，下级的积极主动、大胆负责是有条件的，要有利于维护领导的权威，促进组织内部的团结，在某些工作上不能擅自超越自己的职权。

案例4

小琴和她的领导们

小琴在一家化妆品公司做财务。从上班的第一天起，她就踏踏实实地工作，且其工作能力也很强。为此，小琴深受老板和同事们的欢迎，但她一直没有获得提升的机会。原因是她不善于主动与老板商量事情，许多事都等着老板来找她。后来由于工作上的竞争，她被同事比了下去。

小琴吸取了失败的教训，积极总结经验，又以全新的面貌到了另一家公司上班。一个月后，她接到一份传真，上面说她花了两个星期争取到的一笔业务出现了问题。如果在以前，她会等老板来找她，再向老板汇报，但现在她马上就去找老板了。老板正准备通过电话同这位客户谈生意，她在此之前将这一情况向老板汇报，并提出了具体的建议和意见。老板掌握了这些信息后，在与客户交谈时便顺利地解决了出现的问题。

此后，小琴常常主动向老板汇报工作中的情况，并及时针对问题提出解决的办法。除此之外，小琴还在销售和管理方面提出了一些不错的方案，从而得到了老板的认同。不久，她就被提升为业务主管了。

本案例中，小琴吸取了失败的教训，在新的工作中积极主动向领导汇报工作，提出解决办法，得到了领导的认可。

8.1.4 与不同性格的领导沟通的技巧

扫一扫 微课视频

由于素质和经历不同，不同性格的领导会有不同的领导风格。仔细揣摩每一位领导的不同性格，并在与他们交往的过程中运用不同的沟通技巧，就会获得较好的沟通效果。

1. 控制型领导的性格特征及与其沟通的技巧

（1）性格特征。控制型领导态度强硬，总是持竞争心态，要求下级立即服从，果决、旨在求胜，对琐事不感兴趣。

（2）与其沟通的技巧。与控制型领导相处时重在简明扼要、干脆利落，不拖泥带水，无关紧要的话要少说，直截了当，开门见山地谈即可。

此外，他们很重视自己的权威性，不喜欢下级违抗自己的命令。所以，下级应该更加尊重他们，认真对待他们的命令。在称赞他们时，也应该称赞他们的成就，而不只是称赞他们的个性或人品。

2. 互动型领导的性格特征及与其沟通的技巧

（1）性格特征。互动型领导善于交际，喜欢与他人互动交流，喜欢他人赞美自己，凡事都喜欢参与。

（2）与其沟通的技巧。面对互动型领导，切记要对其公开赞美，而且赞美时一定要真心诚意，言之有物，否则虚情假意的赞美会被他们认为是阿谀奉承，从而影响他们对自己能力的整体看法。要亲近这一类领导，应该和蔼友善，多注意自己的肢体语言，因为他们对下级的一举一动都会十分敏感。另外，他们还喜欢与下级当面沟通，喜欢与下级开诚布公地谈问题，即使下级对他们有意见，他们也希望下级能够摆在桌面上来谈，而不是私下发泄不满情绪。

3. 实事求是型领导的性格特征及与其沟通的技巧

（1）性格特征。实事求是型领导讲究逻辑而不喜欢感情用事，为人处世自有一套标准，喜欢弄清楚事情的来龙去脉，理性而缺乏想象力，是方法论的最佳实践者。

（2）与其沟通的技巧。与实事求是型领导沟通时，直接谈他们感兴趣的而且实质性的话题是最好的。他们同样喜欢直截了当的方式，下级对他们提出的问题也最好是直接作答。同时，下级在向其汇报工作时，要多就一些关键性的细节进行说明。

案例 5

沟通的魅力

小陈是某销售公司的文员。快到春节的时候，按照公司的惯例，经理交给她很多名片，并挑选了很多精美的明信片，让她按照名片逐一打印并相应寄出明信片。小陈在接过名片时，曾提醒经理将地址已发生改变或在业务上已没有往来的客户挑出来，但经理不耐烦地说：“你别管，把所有明信片都寄出去就是了！”

两天后，当小陈把打印好的名片和写好的明信片交给经理过目时，经理却大声指责她将一些已经不在国内的客户错误地打印在了明信片上。小陈觉得很委屈，想说出来却又担心被经理安个“顶撞上司”的罪名开除，便忍了下来。回去后，她大哭了一场，可心里还是难受，以致影响了工作。后来，她把心事说给了有关专家。在专家的建议下，小陈利用休息时间去拜访了经理，并向经理坦诚地说出了自己内心的想法。结果出乎意料，高高在上的经理竟向她诚恳地承认了错误。从此，他们在工作上配合得相当默契，为公司创造了显著的业绩。

本案例中，销售公司的经理是实事求是型领导，小陈向经理坦诚说出自己内心的想法后，便得到了经理诚恳的道歉。

8.1.5 说服领导的技巧

扫一扫　微课视频

对于领导的指示，下级要认真执行。那么，怎样说服领导，让领导理解自己的主张，同意自己的看法呢？具体如下。

（1）选择恰当的提议时机。刚上班时，领导会很繁忙；到快下班时，领导又会疲倦心烦。显然，这两个时间段都不是向领导提议的好时机。总之，记住一点，当领导心情不太好时，无论多么好的建议，都难以使其细心静听。那么，什么时候提议会比较好呢？推荐上午 10 点左右，因为这时领导可能刚刚处理完一些业务，同时正在安排当日的工作，你适时地以委婉的方式提出自己的建议，会比较容易引起领导的思考和重视。还有一个较好的时间段，是在午休结束后的半个小时里。此时，领导经过短暂的休息，可能会有更好的体力和精力，比较容易听取别人的建议。总之，下级要选择领导时间充分、心情舒畅的时候提出建议。

（2）准备具有说服力的资料及数据。对改进工作的建议，如果只凭口头叙述，是没有太强说服力的。但如果事先收集整理好了相关的资料和数据，并做成书面材料，就会更加具有说服力。

案例 6

数据的说服力

A 主管汇报如下：关于在通州地区设立灌装分厂的方案，我们已经详细论证了它的可行性，3～5 年就可以收回成本，然后就可以实现盈利。请董事长一定要考虑我们的方案。

B 主管汇报如下：关于在通州地区设立灌装分场的方案，我们已经会同财务、销售、后勤部门详细论证了它的可行性。财务评价报告显示，该方案在投资后的第 28 个月，财务净现金流将由负值转为正值，这预示着该项投资将从第 3 年开始实现盈利。经测算，该方案的投资回收期是 4～6 年。社会经济评价报告显示，该方案还可以拉动与我们相关的下游产业的发展。这有可能为我们企业的前向、后向一体化方案提供有益的参考。与该方案有关的可行性分析报告我已经带来了，请董事长审阅。

上述两位主管的报告，显然 B 主管的方案更具说服力，领导自然会对 B 主管比较满意。

本案例告诉我们，只有摆出方案的利与弊，用各种数据、事实逐项证明，才能让领导认为下级不是主观臆断的。

（3）做好准备。若领导对下级的方案提出疑问，而下级事先毫无准备，回答得吞吞吐吐，前言不搭后语，自相矛盾，就不能说服领导。因此，下级应事先设想领导会提出什么问题，自己该如何回答。

（4）讲话简明扼要，突出重点。在与领导交谈时，语言一定要简单明了。对于领导最关心的问题，要说得重点突出、言简意赅。例如，对于设立新厂的方案，领导最关心的是投资的回收问题。他希望了解投资的数额、投资的回收期、项目的盈利点、盈利的持续性等问题。因此，在说服领导时，就要重点突出、简明扼要地回答领导最关心的问题，而不要东拉西扯，分散领导的注意力。

（5）面带微笑，充满自信。一个人若是对自己的意见和建议充满信心，那么他无论面对谁，都会表现自然；反之，如果他对自己的意见和建议缺乏必要的信心，这种不自信也会在言谈举止中有所流露。试想一下，如果下级表情紧张、局促不安地对领导说："经理，我们对这个项目有信心。"此时领导会相信他吗？领导肯定会说："我从你的肢体语言中读到了'不自信'这三个字，我不太敢相信你的建议。"同样的道理，在面对领导时，下级要学会用自信的微笑去感染领导、说服领导。

（6）尊敬领导，勿伤领导自尊。领导毕竟是领导，下级不要表现得比领导高明。因此，无论可行性分析和项目计划有多么好，下级都不能强迫领导接受。毕竟领导统管全局，他需要考虑和协调的事情下级并不能完全明白。因此，下级应该在阐述完自己的意见和建议之后礼貌地告辞，给领导一段思考和决策的时间。即使领导不愿采纳自己的意见和建议，也应该感谢领导的倾听，同时让领导感觉到自己工作的积极性和主动性。

8.2 与下级沟通的技巧

扫一扫　微课视频

8.2.1 与下级沟通的原则

领导与下级在人格上是平等的。领导与下级沟通时，应遵循以下原则。

1. 不摆架子

领导尊重下级，实际上获得的是不断增加的威望。某银行行长每次进单位大门的时候，总要向门卫和收发室的临时工问这问那，而且表现得很随和，使这些临时工感到十分亲切。这个银行行长的做法大大感动了他们，更重要的是，这些所谓的小事大大提高了行长的威望，也成了人们赞誉的话题。

事情往往就是这样奇妙，领导越是在下级面前摆架子，想让下级服从，就越得不到下级的尊重；领导越是尊重下级，在下级心目中就越有威望。

2. 多激励，少斥责

每个人的内心都渴望得到别人好的评价，希望别人能了解自己，并给予赞美。领导应适时地鼓励、慰勉、认可、褒扬下级。当下级不能愉快地接受某项工作任务时，领导可说："我知道你很忙，抽不开身，但这事只有你去解决，才可能成功。所以思前想后，我觉得你是最佳人选。"这样一来，下级便乐于接受该项工作了。

这一沟通技巧的要点在于对下级某些固有的优点给予适度的褒奖，使下级得到心理上的满足，从而在较为愉快的情绪中接受工作任务。领导对下级在工作中出现的不足或者失误要特别注意，不要直言训斥，要同下级共同分析失误的根本原因，找出改进的方法和措施，并鼓励他。要知道，斥责会使下级产生逆反心理，而且很难平复，这会给以后的工作带来隐患。

例如，你是位领导，带领几个下级去打保龄球比赛。比赛的时候，下级抛过去的球打倒了 7 个保龄球。这时，作为领导，你可能会有两种表达方式。其一，"真厉害，一下就打倒了 7 个，不简单！"这是种激励，对方听起来很舒服，其反应是"下次我要打得更好！"其二，"真糟糕，怎么还剩 3 个没有打倒呀？你是怎么搞的？"对方为了缓解领导对自己的压力，就会产生防御思维和想法，其反应是"我还打倒了 7 个呢，换了你也许还不如我呢！"这两种不同的表达方式，前者能起到激励作用，后者会使下级产生逆反心理，会产生不同的行为结果。

3. 从下级的角度考虑问题

俗话说："设身处地，将心比心，人同此心，心同此理。"作为领导，在处理许多问题时，都要换位思考。例如，能否说服下级的关键在于谈的是否是下级所需要的。领导应换位思考，站在下级的角度考虑问题，同时要把下级放在领导的位子上陈诉苦衷，抓住下级的关注点，这样沟通就容易成功。领导站在下级的角度为下级排忧解难，下级就更愿意替领导排忧解难，从而提高公司业绩。

4. 真心实意地帮助下级

推心置腹，动之以情，晓之以理。领导的说服工作，在很大程度上可以说是情感的征服过程。只有善于运用情感技巧，以情感人，才能打动人心。感情是沟通的桥梁，要想说服别人，必须架起这座桥梁，才能打破对方的心理堡垒，征服对方。领导与下级谈话时，要使下级感到领导不抱有任何个人目的，没有丝毫不良企图，而是真心实意地帮助下级，为下级的切身利益着想。这样沟通双方就会接近许多，沟通也会更顺畅。

情感是交往的纽带，领导如果能够很好地运用情感，使自己成为下级真正的朋友，便能成为实现群体目标的主体力量。

5. 语言幽默诙谐

领导与下级谈话时，应做到语言幽默诙谐，营造出一种和谐的交谈气氛和环境，从而取得良好的谈话效果。如此，还可以拉近上下级之间的距离。

6. 与下级常谈心，增强凝聚力

有一位厅级干部，在他还是一般职员的时候，有一次他的领导（厅级）在路上见到他，和他打招呼、握手并问候他，虽然这是领导不经意的举动，但使他心里产生了莫大的震动。回去后，他心情久久不能平静。他当时认为，这是领导对自己的重视和认可。此后他的工作一直做得很出色，受到了各级领导的一致赞扬。现在他荣升为一个厅级单位的领导后，也经常找下级谈心，谈工作、谈生活、谈发展……每次谈心，下级都会受到很大的鼓舞。领导的这个举动增强了全员的凝聚力，使整体工作进行得有声有色。领导经常找下级谈心，可以充分了解下级对单位发展的看法、下级的心态及情绪变化，以及对自己工作的反馈等，从而有利于更好地开展工作。

每个下级都想得到领导的重视和认可，这是一种心理需求。所以，领导和下级常谈心，对于形成群体凝聚力，完成目标、任务，有着重要的意义。

7. 有激励性地当众讲话

当众讲话属于公共场合的沟通，如果一位领导在公共场合的讲话没有激励性，言语平平、淡而无味，甚至连条理性都没有，那么这位领导在群众心里的威望就会大打折扣。因为领导对广大群众来说是能力的象征，若当众讲话没有激励性，群众会认为这位领导能力不行。这就要求领导要努力提高自己的语言表达能力，训练自己当众讲话的基本功。当众讲话能振奋士气、激励下级，达到统一思想、统一步调的作用，有利于形成一股强大的向心力，使广大群众以满腔的热情投入工作。

8.2.2　下达命令的技巧

命令是领导对下级特定行动的要求或制止。它是一种沟通，只是带有组织阶层上的职权关系；它隐含着强制性，会让下级有种压抑的感觉。若领导经常使用直接命令的方式要求下级做好各项工作，也许部门整体看起来非常有效率，但是其工作质量不一定能提高。因为直接命令的方式剥夺了下级自我支配的权利，抑制了下级的创造性思考和积极负责的心理，同时也让下级失去了参与决策的机会。

直接命令这一沟通方式虽然有缺点，但要确保下级能按照组织制订的计划来开展工作则是有必要的。那么领导应该如何下达命令呢？

案例 7

王伟的人事调动

王伟所在的公司要进行人事调动。负责人陈成对王伟说：“把手头的工作放一下，去销售部工作，我觉得那里更适合你。你有什么意见吗？”

王伟撇了撇嘴，说：“意见？您是负责人，我敢有意见吗？！”实际上，他的意见大得很。当时销售部的状况特别糟糕，他想：“这一次人事调动把我调到那个最不好的部门去，肯定是负责人陈成的主意，见我工作出色就非常嫉妒，怕我抢了他的位置。好，你就等着瞧吧，我会让你难堪的。”

来到销售部以后，王伟的消极情绪非常严重，总是板着一张脸，对同事爱搭不理的，别人主动和他打招呼，他只是应付地点一下头。时间一长，同事们便渐渐疏远了他。

有一天，一个客户打来电话，请王伟转告陈成，第二天到客户那里参加洽谈会，请陈成务必赶到，因为有非常重要的生意要谈。王伟认为这是个绝好的报复机会，就当成什么事也没发生一样，吹着口哨兴高采烈地回家了。

第二天，陈成将他叫进办公室，严厉地说：“王伟，客户那么重要的电话你怎么不告诉我？你知道吗，要不是客户早晨打电话给我，一笔1 000万元的大生意就白白地溜走了！”

陈成看了看王伟，见他一副毫不在意的样子，根本没有承认错误的迹象，便说：“王伟，说实在的，你的工作能力不错，但在为人处世方面还不够成熟，我本想借此机会锻炼你一下，可你却让我大失所望。我知道你心里对我不满，可你非但不与我沟通，反而暗中给我使绊子。你知道吗，部门的前途差一点儿毁在你的手里！你没能通过考验，所以我现在只能遗憾地宣布，你被解雇了！”

本案例中，负责人下达命令时太过直接，没有讲究方式方法，最终的结果是王伟消极情绪严重，失去了工作。

领导下达命令的目的是要让下级按照领导的意图完成指定的行为或工作，因此下达命令时应该考虑以下两点。

1. 正确传达下达命令的意图

领导在下达命令时，要正确地传达下达命令的意图，不要经常变更命令；不要下一些自己都不知道意图的命令；不要为了证明自己的权威而下命令。对正确地传达下达命令的意图，只要注意5W2H（具体内容见下文）的重点，就能做到。

例如：“张小姐，请你将这份调查报告复印2份，于下班前送到总经理室交给总经理；请留意复印的质量，总经理要带给客户参考。”

思考：请根据5W2H方法将上述内容加以划分。

时间（when）____________________

地点（where）____________________

执行者（who）____________________

目的（why）____________________

需要做什么工作（what）____________________

怎样去做（how）____________________

需要多少工作量（how-much）____________________

2. 使下级积极地接受命令

如何能增强下级积极接受命令的意愿呢？可以用增强下级意愿的沟通方式替代大部分的命令。对“命令”的含义，我们应该打破固有的思维，不要陷于“命令—服从”的固有认知。命令应该是领导让下级正确了解其意图，并让下级容易接受及愿意去执行的一种表达方式。

领导有下达命令的权力，下级必须执行，但有意愿的执行与无意愿的执行结果会有很大的差异。有执行意愿的下级，会尽全力把接受的工作做好；无执行意愿的下级，心里只会想着应付。

那么，如何增强下级执行命令的意愿呢？需要注意以下 5 个传达命令的沟通技巧。

（1）态度和善，用词礼貌。领导在与下级沟通的时候可能会忘记使用一些礼貌用语。“小张，进来一下”“小李，把文件送去复印一下”等这样的用语会让下级有一种被呼来唤去的感觉，认为领导缺少对他们起码的尊重。因此，为了改善和下级的关系，使其感觉到自己更受尊重，不妨使用一些礼貌用语，如“小张，请你进来一下”“小李，麻烦你把文件送去复印一下”等。要记住，一位受人尊重的领导，应该是一位懂得尊重别人的领导。

（2）让下级明白工作的重要性。下达命令之后，领导要告诉下级工作的重要性。例如，“小王，这次项目投标能否成功，对我们公司今年在总公司中的业绩排名至关重要，希望你能竭尽全力争取成功。”告知下级工作的重要性，可以激发下级的成就感，让其觉得“领导很信任我，把这样重要的工作交给了我，我一定要努力”。

（3）给下级更大的自主权。一旦决定让下级负责某一项工作，领导就应该尽可能地给其更大的自主权，让其可以根据工作的性质和要求，更好地发挥个人的创造力。例如，“这次展示会交由你负责，关于展示主题、地点、时间、预算等，请你做出一个详细的计划，下个星期你选一天向我们介绍你的计划。”此外，上级还应该让下级取得必要的信息，如“财务部我已经协调好了，他们会提供一些必要的报表”。

（4）共同探讨、提出决策。领导既然已经下达了命令，就已经相应地进行了授权，但也切不可不再过问工作的进展，尤其当下级遇到问题和困难，希望领导协助解决时，领导更不可以说：“不是已经交给你去办了吗？”领导应该意识到，其之所以是下级，是因为其阅历、经验可能不如自己丰富，那么这时候领导应该和下级一起分析问题、探讨状况，尽快提出一个解决方案。例如，“我们都了解了目前的状况，让我们来讨论一下该怎么做吧！”

（5）让下级提出疑问。领导可询问下级有什么问题及意见。例如，“小王，关于这个投标方案，你还有什么意见和建议吗？”领导可采纳下级好的意见，并称赞他。例如，“关于这点，你的意见很好，就照你的意思去做吧。”

上述 5 个传达命令的技巧能增强下级接受命令、执行命令的意愿，从而使下级积极地执行所接受的命令。

8.2.3　赞美下级的技巧

扫一扫　微课视频

赞美他人，是我们在日常沟通中常常要用到的方式。要建立良好的人际关系，恰当地赞美他人是必不可少的。

1. 赞美的作用

美国一位著名的社会活动家曾推出一条原则：“给人一个好名

声，让他们去实现目标。”事实上，被赞美的人宁愿做出惊人的努力，也不愿意让人失望。赞美能激发他人满足自我的强烈需求。心理学家马斯洛认为，荣誉和成就感是人的高层次需求。一个人具有了某些长处或取得了某些成就后，还需要得到社会的认可。如果能真心实意地赞美一个人并满足其需求，那么其可能会变得更愉快，更通情达理，更乐于协作。因此，作为领导，应该努力去发现能对下级加以赞美的小事，寻找他们的优点，从而形成一种赞美的习惯。赞美下级是对下级的行为、举止及进行的工作给予正面的评价，是发自内心的肯定与欣赏。赞美的目的是传达一种肯定的信息。领导激励下级，下级就会更有自信，就想要做得更好。

案例8

鸭子只有一条腿——领导要善于赞美下级

某王爷手下有个著名的厨师，他的拿手好菜是烤鸭，他做的烤鸭深受王府里的人，尤其是王爷的喜爱。不过这个王爷从来没有给予过厨师任何表扬，这使得厨师整天闷闷不乐。有一天，王爷家里来了一位贵客，王爷点了数道名菜招待贵客，其中一道就是王爷最喜爱吃的烤鸭。厨师奉命行事。然而，当王爷夹了一条鸭腿给客人时，却找不到另一条鸭腿了，便问身后的厨师：“烤鸭的另一条腿到哪里去了？”

厨师说：“禀告王爷，我们府里养的鸭子都只有一条腿！”王爷感到诧异，但碍于客人在场，不便问个究竟。

饭后，王爷便跟着厨师到鸭笼去查个究竟。时值夜晚，鸭子正在睡觉。每只鸭子都只露出一条腿。厨师指着鸭子说：“王爷你看，我们府里的鸭子不全都是只有一条腿吗？”王爷听后，便大力拍掌，吵醒鸭子。鸭子被惊醒后，都站了起来。王爷说：“鸭子不是都有两条腿吗？”

厨师说：“对！对！对！不过，只有鼓掌时，鸭子才会有两条腿呀！”

本案例中，王爷从来没有称赞过厨师，厨师用烤鸭只有一条腿的例子点醒了王爷。领导经常赞美下属、激励下属，下属就会更加自信，对工作自然就会更加尽心尽责。

2. 赞美的技巧

赞美下级作为一种沟通技巧，并不是领导随意说几句恭维话就有用的。事实上，赞美下级也有一些技巧及注意点，具体如下。

（1）赞美的态度要真诚。赞美下级时必须真诚。每个人都珍视真心诚意，因为它是人际沟通中重要的尺度。英国专门研究社会关系的卡斯利博士曾说过：“大多数人选择朋友都是以对方是否出于真诚而决定的。”古人云：“精诚所至，金石为开。”如果领导在与下级交往时不是真心诚意的，那么要与下级建立良好的人际关系是不可能的。所以在赞美下级时，领导必须确认自己赞美的人的确有此优点，并且要有充分的理由去赞美他。

（2）赞美的内容要具体。赞美要依据具体的事实，除了用广泛的用语，如“你很棒！”“你表现得很好！”“你不错！”等外，最好还要加上对具体事实的评价。例如，“你的调查报告中关于技术服务人员提高服务品质的建议，是一个能解决目前问题的好方法。谢谢你提出对公司这么有用的方法。”“你这次处理客户投诉的态度非常好，自始至终婉转、诚恳并针对客户提出的问题给予了解决方案，你的做法正是我们期望员工能做到的。”

（3）注意赞美的场合。在众人面前赞美下级，对于被赞美的员工而言，受到的鼓励是最大的，这是一种赞美下级的好方式。但是采用这种赞美方式时要慎重，因为若被赞美的对象不能得到其他下级的认同，难免会使其他下级有不满的情绪。例如，业务竞赛的前三名、获得社会大众认同的义举、对公司做出重大的贡献、在公司服务 25 年等，这些值得被公开赞美的行为都是在公平公开的竞争下产生的，或是已被社会大众或公司全体员工认同的。

（4）适当运用间接赞美的技巧。所谓间接赞美，就是借第三者的话来赞美对方的方式，间接赞美往往比直接赞美对方的效果要好。例如，你见到你的下级，对他说：“前两天我和刘总经理谈起你。他很欣赏你接待客户的方法，你对客户的热心与细致值得大家学习，好好努力，别辜负他对你的期望。”无论事实是否真的如此，下级都会非常感激你。

间接赞美的另一种方式就是在当事人不在场的时候进行赞美，这种方式有时比当面赞美所起的作用还要大。一般来说，间接赞美除了能起到激励作用外，还能让被赞美者感到你对他的赞美是诚挚的，因而更能加强赞美的效果。所以，作为一名领导，不要吝惜对下级的赞美，尤其是在面对自己的领导或者下级的同事时，要恰如其分地夸奖下级。下级一旦知道了领导对他的赞美，就会对领导心存感激，在感情上也会与领导更亲近，双方的沟通也将更加有效。

素养课堂

让下级知道领导的关心

克莱斯勒汽车公司为罗斯福先生特制了一辆汽车。克莱斯勒汽车公司的一名工程师和一位技工将这辆车送去白宫。该工程师回忆当时的情形，感叹道：“我教罗斯福总统如何驾驶这辆有许多特别装置的汽车，而他却教了我很多为人处世的艺术。”

该工程师这样说道：“我到白宫时，总统非常高兴，他直呼我的名字，这让我也非常高兴。更让我难以忘怀的是，当我说有关这辆车的每个细节时，他都非常注意地听着。”

罗斯福总统在众人面前说：“这辆车本身就是一个奇迹，你只要按下按钮，它就能自己开动，根本不需要费力地去驾驶这辆车，它的设计实在是太奇妙了，我不清楚其中的原理，真希望有时间能够把它拆开，看看它是怎么被制造成的。”

当罗斯福的很多朋友和同人赞美这辆车时，罗斯福又说：“××先生，我非常感谢你，你要花很多时间、精力，才能设计并制造完成这辆车，这是一件非常好的工艺品。”他赞赏反光镜、照明灯、椅垫的式样，驾驶座的位置，衣箱里的特殊衣柜和衣柜上的标记等。换言之，他观赏了车里的每一个细节。他知道车里的每一个细节都花了该工程师很多心思。他特意把这些细节指给罗斯福夫人、劳工部长和他的女秘书波金斯看。他甚至还向旁边的侍从说：“乔琪，你要特别留意这些经过特殊设计的衣箱。”

当该工程师讲完驾驶要领后，罗斯福总统向该工程师说：“好了，××先生，我已经让中央储备董事会等了30分钟，我想我该回去工作了。”

有一次，该工程师带了一位机师到白宫去，并把他介绍给罗斯福总统。这位机师没有同罗斯福总统谈话，而罗斯福总统也只听到过一次他的名字。这位机师是个害羞的人，所以他一直躲在后面。但在人们要离去时，罗斯福总统找到这位机师，叫着他的名字，和他握手，并感谢他到白宫来。总统的这一行为并非出于礼貌，他是真诚的。

回到纽约后不久，该工程师收到了总统亲笔签名的相片和一封谢函。这让该工程师感到很讶异。

本案例告诉我们，被赞美是人们的一种心理需要，是被敬重的一种表现。恰当地赞美别人，会给人以舒适感，同时也会改善人际关系。所以，在沟通中，我们应该掌握赞美他人的技巧。

俗话说：“金无足赤，人无完人。”领导在与下级的沟通过程中，往往会发现下级的缺点和错误。这时，及时地对其加以指正和批评是很有必要的。有人说赞美如阳光，批评如雨露，二者缺一不可，这是很有哲理的。领导在与下级的沟通中，既需要真诚地赞美，也需要中肯地批评。下面我们就一起来探讨领导批评下级的方法和技巧。

8.2.4 批评下级的方法和技巧

扫一扫 微课视频

作为一名基层管理者，批评下级是日常工作中的一项重要内容。对待下级，我们不仅要进行适当的激励，当下级犯了错误时，我们还需要及时提出批评，督促下级尽快改正错误，不断进步，变得更加优秀。反之，对下级放任不管，只会阻碍下级的发展和团队的建设，甚至会影响整个团队的工作业绩。

俗话说：“良药苦口，忠言逆耳。”有人认为，批评就是得罪人的事。所以，有些领导从不当面批评下级，因为他们不知道如何处理批评下级后彼此间的人际关系，进而造成下级的不当行为一直无法得到纠正。有些领导在批评下级后，不但没有达到目的，反而使下级产生了更多的不平和不满。事实上，会产生这样的后果，主要原因还在于领导批评下级的时候缺乏技巧。

1. 批评下级五步法

领导运用提出批评的 5 个步骤进行批评，能使下级心服口服，从而使批评起到真正的作用。这 5 个步骤具体包括：①直截了当地提出问题；②说明事实，不要谈感受；③让下级认识到自己存在的问题；④说明后果；⑤找到解决问题的办法。

（1）直截了当地提出问题。主管在批评员工时，应铁面无私、直截了当地提出问题，这样员工才能客观、清醒地认识到自己存在的问题，从而有明确的改正方向。

例如：

主管：“小李，我今天是想和你谈谈你迟到的问题。我平时已不止一次地提醒过你。”

小李：“我知道，我有时不太准时。”

主管：“你知道你所谓的‘有时不太准时’频率有多高吗？你几乎每天都迟到，甚至你没有一次能准时参加晨会。”

小李："昨天我没有迟到，而今天的晨会我也准时参加了。"

主管："你……"

主管第一句话就一针见血，直接提出了问题，目标非常明确。但是，接下来主管的话就不能让员工信服了，因为主管使用了过于绝对的语言"你几乎每天都迟到，甚至没有一次你能准时参加晨会"，从而遭到了小李的反驳。所以，领导要运用事实客观地说明问题。

（2）说明事实，不要谈感受。事实是最有说服力的证据。主管说明有依据的事实，可以避免下级因不服气而与之争论。

例如：

主管："你知道你不准时的频率吗？（拿出一张考勤表）上个月你有 6 次迟到，2 次没能准时参加晨会。"

小李："看来我迟到的次数的确不少，我以后会注意的。不过你也看到了，我并没有因迟到而影响工作呀。"

主管："这倒是事实。不过，你一定要认识到，迟到本身就是问题。"

主管应该以事实为依据，有准备地找员工谈话，否则谈话就可能没有效果，因为有的员工会转移话题。

上面小李说的"我并没有因迟到而影响工作呀"就是在转移话题，而主管对此没有准备，"不过，你一定要认识到，迟到本身就是问题"的说法就显得比较苍白无力了。员工经过几次这样的谈话后，很可能就会对主管的批评不以为意。

这就是主管在分析事实方面出了问题，准备不够充分，没有让员工认识到自己存在的问题。

（3）让下级认识到自己存在的问题。批评的重要目的之一就是让下级认识到自己存在的问题。如果通过批评，下级仍然没有认识到问题，那么批评是毫无意义的。因为下级没有认识到问题，也就无法改正错误。

例如：

小李："看来我迟到的次数的确不少，我以后注意。不过你也看到了，我并没有因迟到而影响工作呀。"

主管："没有影响工作吗？那你说，如果公司的其他人也都每月有 6 次迟到，会不会影响你的工作呢？"

小李："这个……会影响我的工作。如果我去找他们，他们没在，我至少还要再跑一次。"

主管："如果其他部门的人来找你，你偏偏不在，他们会如何评价我和我们的部门呢？"

小李："他们也许会说您管理不善，说我们部门有问题。看来迟到真是个大问题，我真的需要注意了。"

主管："好，非常高兴你能进一步认识到这个问题。从明天起不要再迟到了。"

上例中，主管成功地让下级认识到了自己存在的问题。其中，主管所使用的技巧有以下两个。

① 换位思考。让下级处在其他同事的位置，考虑其他同事迟到会对他造成什么麻烦。作为成年人，我们都有对事物的分析能力和判别能力，一旦意识到或感受到问题的严重性，就会主动加以改进。

② 使用引导式的问题。提出"如果……你觉得会怎么样？"的问题让下级回答。下级在回答这类问题时，会比较认同领导提出的观点。

虽然下级认识到了自己的问题，但这还不足以保证问题能够得到解决，领导还需要让下级认识到问题的重要性并对其进行跟踪观察。

（4）说明后果。主管在批评下级时，应指出下级的行为所带来的后果，以便下级能认识到问题的重要性。

例如：

主管："既然你能意识到迟到是个大问题，那如果再迟到会怎么样呢？"

小李："总不会开除我吧？"

主管："当然有这种可能。《员工守则》里有明确的规定，迟到次数多的员工将会被开除。你很能干，我不希望迟到这种事影响你的事业发展。"

小李："后果真的会有那么严重？"

主管："（有一点儿得意）当然。"

在说明后果方面，不少主管都存在以下心理误区。

① 说得太明白，有点儿像在威胁下级。

② 大家心里知道就可以了，直接指出来在面子上总觉着有些过不去。

③ 给自己留条退路，不要得罪人。

事实上，主管要站在帮助下级的角度看问题，说明后果不仅能警告下级，而且还可以让下级更加认真地执行下一步的改进计划。

最后主管还需要同下级一起找到解决问题的方法，使问题最终得到解决。

（5）找到解决问题的办法。与下级一起找到解决问题的办法，是批评下级五步法的最后一步。其实，很多时候问题并不难解决，之所以长期拖着不能解决，可能是因为下级从来就没有意识到问题的严重性和严重后果。一旦主管明确地指出来，一般下级就会自己主动地想办法解决。找到解决办法，是主管和下级共同的责任，主管只有与下级一起找到合适的解决办法，下级才能真正地去改正错误。

例如：

小李："真的会有那么严重吗？"

主管："（严肃的表情）当然。有什么办法可以让你不迟到呢？"

小李："其实我现在每天早上都去我家附近的早点店吃早点，有时候会排队。以后我会在家准备一些早点，或让闹钟提前10分钟响。"

主管："如果这样能解决你的迟到问题，那就太好了。"

2. 批评下级的技巧

批评下级是教育下级的一种方法。因此，领导在批评下级时，要讲究一些技巧。下面介绍一些批评下级的技巧。

（1）以真诚的赞美开头。俗话说："尺有所短，寸有多长。"一个人犯了错误，并不等于其一无是处。所以在批评下级时，如果只提他的短处而不提他的长处，就会让他感到不平衡和委屈。例如，一名员工平时工作颇有成效，偶尔出了一次质量事故，如果这时领导只批评他，而不肯定他以前的成绩，他就会感到以前的工作白干了，从而担心被批评会伤了自己的面子，损害自己的利益。所以，领导在批评下级前应帮他打消这个顾虑，甚至让他觉得你认为他是功大于过的，那么他就会主动放弃心理上的抵抗，对你的批评也就更容易接受。

（2）尊重客观事实。批评他人通常是比较严肃的事情，所以在批评的时候一定要客观具体、就事论事。要记住，批评他人，并不是批评对方本人，而是批评他错误的行为，千万不要把对下级错误行为的批评扩大到对其本人的批评上，更不可以否定下级的人品人格，否则会造成不可调和的矛盾。

（3）不要伤害下级的自尊与自信。不同的人由于其经历、知识、性格等的不同，接受批评的能力和方式也会有很大的区别。在沟通中，应该根据不同的人采取不同的批评技巧。但是这些批评技巧又有一个核心，就是不损及对方的面子，不伤害对方的自尊。批评是为了让对方能做得更好，若伤害了对方的自尊与自信，其未必能做得更好。因此，批评时要运用一些技巧。例如，“我以前也会犯这种错误……”“每个人都有低谷的时候，重要的是如何缩短低谷的时间”“像你这么聪明的人，我实在无法同意你再犯一次同样的错误”“你以往的表现都优于一般人，希望你不要再犯这样的错误”等。

（4）批评时问清楚下级犯错误的原因。领导虽然可能已经清楚地了解了客观真相，但在对下级进行批评时，还是要认真地倾听下级的解释，这样做有助于领导了解下级是否已经清楚了自己的错误。下级往往会告诉领导一些领导可能并不清楚的事情，如果领导没有办法证实这些问题，则应立即结束批评，做进一步的调查了解。

（5）友好地结束批评。正面地批评下级，或多或少会使其感到一定的压力。如果闹得不欢而散，对方的精神负担一定会增加，并产生消极情绪甚至对抗情绪，这会为以后的沟通带来障碍。所以，批评下级应该在友好的气氛中结束，这样才能解决问题。在结束批评时，领导不应该以“今后不许再犯”这样的话作为警告，而应该对下级进行鼓励，如“我想你会做得更好”或者“我相信你”等，并伴以微笑。这会帮下级打消顾虑，增强其改正错误、做好工作的信心。

在下级认识到自己的错误后，领导应尽快结束批评。因为过多的批评会让下级感到厌烦。另外，领导不应该经常就下级的某个错误反复批评。如果在批评下级时下级有抵触情绪，领导就应在批评下级后的几天内找下级谈谈心，消除可能产生的误解；如果被批评后下级还没有改正错误，领导就要认真地分析他继续犯错误的原因，而不应盲目地对其再次进行批评。

（6）选择适当的场所。不要在大庭广众之下指责别人，指责别人时，最好选在单独的场合，如独立的办公室、安静的会议室、休息室或者咖啡厅等。每个人都会犯错，管理者要以宽广的胸襟，以爱护下级的心态包容下级，正确、适时地批评对下级和部门都具有正面的效用。

（7）不要威胁下级。威胁下级容易让其产生领导仗势欺人的感觉，同时难免会造成领导与下级的对立。这种对立会极大地影响部门内部的团结与合作。如果下级感觉自己受到了侮辱，则很难再全心全意地为公司工作了。

本章小结

◆ 下级与上级沟通时需要做到：主动报告；勇于担当责任；干好本职工作；学会交谈；在公共场合注意维护领导的权威；勇于向领导承认自己的不足。

◆ 领导与下级沟通时需要做到：不摆架子；多激励，少斥责；从下级的角度考虑问题；真心实意地帮助下级；语言幽默诙谐；与下级常谈心，增强凝聚力；有激励性地当众讲话。

思考题

1. 与上级沟通的 6 个技巧包括哪些？
2. 与下级沟通的原则包括哪些？
3. 列举 5 个下达命令的技巧。
4. 说服领导的技巧有哪些？
5. 列举与不同性格的领导沟通的技巧。

技能训练

1. 结合相关内容，尝试着与本单位的各位领导、你的下级进行沟通，并分析说明沟通结果。

2. 你赞美下级的方式是否得当？赞美下级改进表如表 8-1 所示。

表 8-1 赞美下级改进表

赞美下级的要点	是否做到相似要点		改进计划
	是√	否×	
赞美的态度真诚			
赞美的内容具体			
赞美的场合适当			
适当运用间接赞美的技巧			

第9章

接近客户的技巧

【学习目标】	1. 熟悉接近客户的“D—M—A—S”接近法 2. 熟悉接近客户前应做的准备工作 3. 熟悉与客户接近的技巧 4. 熟悉通过电话接近客户的技巧 5. 熟悉获得客户好感的六大法则
【技能目标】	1. 掌握获取客户好感的法则，快速拉近与客户的距离 2. 掌握快速接近客户的相关技巧
【素养目标】	1. 培养开拓创新的职业品格 2. 培养团队意识和增强协作能力 3. 培养责任感与担当意识

案例导入

接近客户的区别

业务代表 A：“你好，我是大明公司的业务代表周黎明。很抱歉打扰你，我想要向你请教有关贵商店目前使用收银机的事情。”商店老板：“你认为我店里的收银机有什么毛病吗？”业务代表 A：“并不是有什么毛病，我在想是否已经到了需要换新的时候。”商店老板：“对不起，我们暂时不考虑换新的。”业务代表 A：“不会吧！对街的张老板已更换了新的收银机。”商店老板：“我们目前没有这方面的预算，将来再说吧！”

业务代表 B：“刘老板在吗？我是大明公司业务代表周黎明，经常经过贵店。看到贵店一直生意都很好，实在不简单。”商店老板：“你过奖了，生意并不是那么好。”业务代表 B：“贵店对客户的态度非常亲切，刘老板对贵店员工的教育训练一定非常用心，对街的张老板对你的经营管理也相当钦佩。”商店老板：“张老板是这样说的吗？张老板经营的店也非常好。事实上，他也是我一直学习的对象。”业务代表 B：“不瞒你说，张老板昨天换了一台新功能的收银机，非常高兴，才提及刘老板的事情。因此，今天我才来打扰你！”商店老板：“喔？他换了一台新的收银机？”业务代表 B：“是的。刘老板是否也考虑更换新的收银机呢？目前你的收银机虽然也不错，但是新的收银机有更多的功能，速度也较快，客户不用排队等太久。请刘老板一定要考虑这台新的收银机。”

本案例中，比较业务代表 A 和 B 接近客户的方法，很容易发现，业务代表 A 在初次接近客户时，直接询问对方收银机的事情，让人有突兀的感觉，遭到商店老板反问，然后该业务代表又不知轻重地抬出对街的张老板已购机这一事实来企图说服刘老板，这激发了刘老板的逆反心理。反观业务代表 B，和客户以共同对话的方式，在打破客户的防备后自然地进入推销商品的主题。业务代表 B 在接近客户前做好了准备工作，能立刻称呼刘老板，知道刘老板店内的经营状况、清楚对街的张老板以他为学习目标等，这些细节令刘老板感觉很愉悦，有兴趣和业务代表 B 进行对话，这都是促使业务代表 B 成功的要件。

9.1 第一次接近客户的技巧

“接近客户的前 30 秒，决定了推销的成败。”这是成功推销的人共同得出的法则。那么接近客户到底指的是什么呢？接近客户是否有一定的技巧呢？在接近客户时，我们应该注意哪些方面的问题呢？这就是接下来我们要共同探讨的问题。

9.1.1 什么是接近客户

在专业沟通技巧领域，我们将“接近客户”定义为接触到准客户并切入主题。

在接近客户前，首先要明确主题是什么，然后要根据主题选择适当的接近客户的方法。每次接近客户时要有不同的主题。例如，如果主题是想和未曾碰过面的准客户约时间见面，那么可以选用电话约见的方法；如果想约客户参观展示，那么可以采用书信的方法；如果想向客户介绍某种新产品，那么直接拜访客户比较适合。

9.1.2 接近客户时的注意事项

在接触客户到切入主题的这段时间，业务员要注意以下两点。

1. 迅速打破准客户的防备

任何人碰到从未见过面的人，总是会有一些防备心理。例如，当准客户第一次接触业务员时，准客户是主观的，也是带有防备心理的。“主观”的含义有很多，包括对业务员的穿着、打扮，头发的长短，品位，甚至体型等的感受。准客户对不符合自己价值观或审美观的业务员有一种自然的抗拒心理。“防备心理”是人们对不太熟悉的人都会产生一种本能的防备，所以无形中准客户和业务员之间就“筑”起了一道防卫的“墙”。

因此，只有迅速地打破准客户的防备，准客户才能敞开心扉，才可能用心听业务员说的话。关于打破准客户防备的基本途径，国际上有所谓的“D—M—A—S”接近法。“D—M—A—S”接近法具体是指 attention（引起注意）、interesting（产生兴趣）、desire（激发购买欲）、memory（留下印象）、action（促使行动）、satisfaction（购买满意），具体如下。

（1）快速地进入主题，业务员通过寒暄进入主题并表现专业水平，让准客户对自己有好的第一印象，这样就可以引起准客户的高度注意。

（2）业务员不仅要引起准客户的注意，还要使准客户觉得跟业务员说话很高兴，以引起准客户的兴趣。

（3）业务员在与准客户谈话的过程中要着重解说产品，在进行产品展示时，表达要非常有层次，从而引发准客户对这个产品的兴趣，促使其产生购买的欲望。

（4）若业务员引发了准客户的购买欲望，但其没有立即采取购买行动，最起码要做到让准客户对业务员以及对业务员所销售的产品都能产生深刻的印象。

（5）业务员给准客户留下深刻的印象后，最终还要促成其购买。

（6）在客户买完产品以后，业务员应该让客户感觉到，买自己的产品是一件非常愉快的事情。

案例 1

推销员接近准客户的方法

一位推销水龙头的推销员在进入某办公室后，微笑着拿出一样东西递给一位职员，说：“请您看一下。”“这是什么？”这位职员好奇地看着这个与众不同的水龙头问。与此同时，推销员又拿出几个分给在场的其他职员。在大家议论纷纷时，推销员抓住时机展开了进一步的说明。在场的有些职员对产品有了相当的了解后，准备掏钱购买了。

本案例中，推销员进入办公室后，直接进行产品展示，激发了准客户对产品的兴趣，最终有了完美的结果。

2. 学会在推销产品之前推销自己

业务员接近客户时需要注意，在推销产品前先将自己推销出去。说服他人不仅要靠强而有力的说词，还要仰仗自身的言谈举止散发出来的个人魅力。

神谷卓一曾经说：“接近准客户时，不要一味地向客户低头行礼，也不应该迫不及待地向客户推销产品，这样做反而会让客户逃避。我刚进入公司做推销工作时，在接近客户时，我只会向他们介绍产品，因此，在初次接近客户时，我往往无法迅速地与客户进行沟通。在无数次后，我终于体会到，与其直接介绍产品，不如谈些有关客户的太太、小孩的话题或社会新闻之类的事情，让客户喜欢自己才有希望提高自己的销售业绩。因此，接近客户的重点是让客户对一位以推销为职业的业务员抱有好感，从心理上先接受他。”

9.1.3 接近客户前的准备工作

扫一扫 微课视频

1. 明确客户类型

不同类型的客户有不同的需求，销售人员只有针对目标客户进行深入细致的分析，找出客户真正的兴趣点，才能尽快接近客户、打动客户直至实现销售目标。不同的客户对服务的要求有相应的差别，销售人员要因人而异地制定与之对应的服务策略。

2. 判断影响购买决策的关键决策人群

在一家大型的组织机构中，可能有处长、局长等中高级领导，还有工程人员、财务人员等，这些人都可能与采购有关。例如，同样是天然气，每个人看它的角度不同，从而对它的判断也就不同。每个客户关心的内容都不一样，所以在做产品介绍的时候，要有针对性地进行介绍。在销售过程中，因为客户的内部角色分工很复杂，所以要对客户进行分类，如图9-1所示。

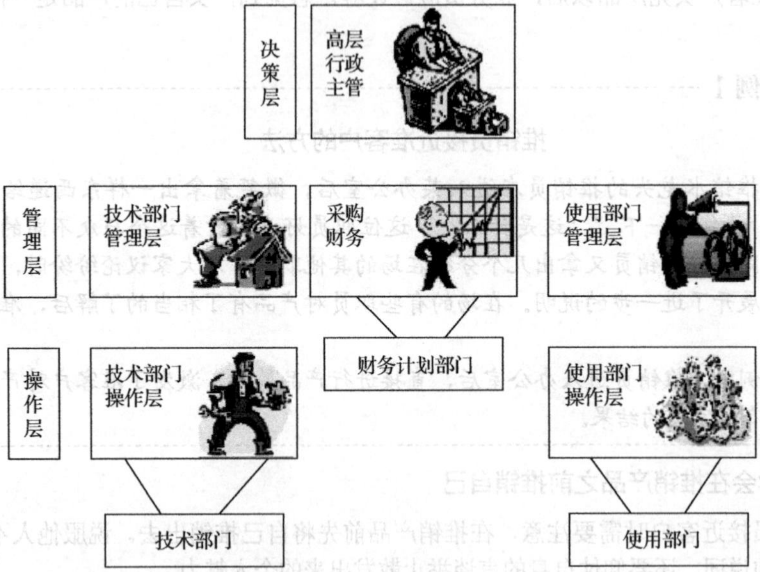

图9-1 客户分类

从层次上来说，客户可以分成以下3个层次。

- 操作层，就是直接使用设备或者直接接触服务的客户。
- 管理层，可能不一定直接使用设备，但是负责管理部门。
- 决策层，在采购过程中，他们参与的时间很短，但是他们每次参与都是来做决定的。

从职能上来说，客户可以分成以下3个类别。

- 使用部门，使用设备或者接触服务的客户。

- 技术部门，负责维护或者负责选型的客户。
- 财务计划部门，负责审批资金的客户。

不同客户关心不同的内容，有不同的需求，销售人员要针对他们不同的需求来进行销售，而不能一成不变。

3. 建立详尽的客户资料储备库

建立详尽的客户资料储备库是每个成功的销售人员必做的工作。销售人员应认真收集大客户资料，特别是决策人的个人资料。因为只有掌握了客户的个人资料，才有机会挖掘出客户的实际需求，从而制定出切实有效的解决方案。当掌握这些资料的时候，销售人员需要据此设计新的方法来进行销售。

客户的个人资料包括如下内容。

- 年龄、家庭状况、婚姻状况。
- 籍贯。
- 收入。
- 就读院校、校友情况。
- 喜欢的运动。
- 喜爱的餐厅和食物。
- 饲养宠物情况。
- 本人及家庭成员的健康状况。
- 喜欢阅读的书籍。
- 上次度假的地点和下次休假的计划。
- 行程。
- 在机构中的作用、职位。
- 与同事之间的关系。
- 今年的工作目标。
- 个人发展计划和志向等。

4. 在拜访前进行思考

（1）有了见客户的方向之后，销售人员就要决定当次拜访的时间长度。很多优秀的销售人员都倾向于采用肉搏式的说话方式，以每次拜访不超过 15 分钟为标准。洽谈时应该是一针见血的，切勿拖泥带水，因为涉及的枝节越多，话语的震撼力就越弱。

（2）确定谈话内容。要想让话语具有震撼力、吸引力，销售人员就应明白客户在采购对象、采购金额、销售模式及服务方式等方面的不同需求。因此，销售人员应分析吸引客户的因素，并准备有效果、有目的，具有吸引力、震撼力的谈话内容。

（3）确定拜访时间。一般来说，针对不同的客户，应选择不同的拜访时间。不同客户空闲或忙碌的时间举例如下。

- 销售人员是上午 9 点前、下午 4 点后。
- 行政人员在上午 10 点到下午 3 点较忙。
- 股票行业人员在开市的时候较忙。

- 银行人员在上午10点前和下午4点后也许较闲。
- 高层人士在上午8点前较闲。

5. 储备常用的接近语

（1）称呼客户的名字：叫出对方的姓名及职称。

（2）简单自我介绍：清晰地说出自己的姓名和所在公司的名称。

（3）恳请对方接见：诚恳地请求对方能抽出一点时间接见自己。

（4）和客户聊天：根据事前准备的客户资料，结合客户的情况，选一些令对方感兴趣的话题。

案例2

原一平的成功案例

日本推销大师原一平为了应付各种各样的准客户，选定每个星期六下午到图书馆苦读。他研修的范围极广，上至时事、文学、经济，下至家用电器、烟斗制造、木屐修理等，几乎无所不读。例如，在与准客户见面后，原一平先谈时事；如果客户没反应，其立刻换其他话题（从客户的眼神中便可看出其是否有兴趣）；如果客户还没反应，原一平就又换话题，如此更换直至客户感兴趣。原一平曾与一位对股票很有兴趣的准客户谈股市问题。出乎意料的是，准客户的反应很冷淡。原一平心想：莫非准客户又把股票卖掉了？原一平接着谈到了未来的热门股，这时准客户的眼睛发亮了。原来准客户卖掉股票后添购了新房。聊了一会儿后，原一平了解到准客户正待机而动，准备在恰当的时机卖掉房子，买进未来的热门股。原一平就是用不断更换话题的轮盘话术来寻找准客户的兴趣的。

本案例中，原一平涉猎广泛，这样在推销产品的过程中才能够找准客户的兴趣点，更好地进行沟通。推销人员在推销之前一定要做好充分的准备工作，在接近客户时准备好其可能感兴趣的话题。

（5）表达拜访的理由：以自信的态度清晰地表达出拜访的理由，让客户感觉到自己是专业并值得信赖的。

（6）赞美客户：用赞美拉近和客户的心理距离，接着用问题引出客户的关注点、兴趣和需求。

9.1.4 引起客户注意的方法

扫一扫 微课视频

“引起注意—产生兴趣—产生联想—激起欲望—比较产品—下决心购买”是客户购买产品时的6个心理阶段。

引起客户的注意是第一个阶段。因此，销售人员要用别出心裁、独到的方法引起客户的注意。

引起客户注意的方法具体如下。

1. 请教客户

人的大脑中储存着无数的信息，绝大多数信息是平常不会想到也不会使用到的。可是当别人问起某个问题时，思维就会立刻集中在这个问题上，相关的信息、想法也会突然涌来，并集中注意力思索及表达对这个问题的看法。请教是吸引潜在客户注意力的一种很好的方法，特别是能找出一些与业务相关的问题时。当客户表达其看法时，销售人员不但要能引起客户的注意，同时还要能了解客户的想法。另外，这样也能满足客户想被人重视的心理。例如，“赵工程师，您是电子方面的专家，您看看我厂研制投产的这类电子设备在哪些方面优于同类老产品？”

2．迅速提出客户能获得的利益

追求利益是很多人的共性。因此，迅速地告诉客户能获得的利益是引起客户注意的一种好方法。

案例 3

张阳的推销之路

推销员张阳打电话给客户：“钱秘书，我是广东钟表制造公司的推销员，今天冒昧打搅，想向您介绍我公司最新研制成功的一种考勤打卡钟。它的特点是准确、精巧，质量可靠，在广东试销时返修率不到万分之一。其价格也比进口的同类产品的价格便宜 30%，很适合您所在的商业单位使用。我打算明天上午 10 时或下午 4 时去贵公司拜访您，好吗？”

本案例中，张阳在打电话时，直接告诉了客户产品能够给客户带来的重大利益，是一种极易引起客户注意的好方法。

3．告诉客户一些有用的信息

每个人对身边发生的事情都非常关心、非常注意，这也是新闻类节目一直维持高收视率的根本原因。因此，销售人员可收集一些有关业界人物或事件的最新信息，用以在拜访客户时引起客户的注意。

4．提出能解决客户面临的问题的方案

当客户面临问题时，如果销售人员能够主动为对方提出解决方案，便能够迅速拉近双方的距离，获得客户的好感，从而赢得客户。

以上几种方法，销售人员若能妥当地运用，相信能较好地引起初次见面的客户的注意。

9.1.5　面对接待人员的技巧

扫一扫 微课视频

到一个公司，销售人员最先面对的就是这家公司的前台接待人员。销售人员与其进行沟通的效果如何，往往会直接决定销售人员在该公司能否成功地开展工作。

销售人员应用坚定清晰的语句告诉接待人员自己的意图。例如，“你好！我是大明公司的业务代表周黎明，请你通知总务处陈处长，我来拜访他。”此时，应注意以下几点。

（1）由于是突然拜访，如何知道总务处处长姓陈呢？销售人员可采用下面的一些方法：伺机询问进出公司的员工，如“总务处王处长的办公室是不是在这里？”对方会告知总务处的处长姓陈而不姓王。

（2）知道拜访对象的姓氏及职称后，销售人员最好说出其是哪个部门的哪位领导，或直接报出其名字，这样能让接待人员认为销售人员和拜访对象很熟。

（3）销售人员要找的关键人士可能不在办公室。因此，要事先联系或确定几个拜访对象，如陈处长不在时，可以拜访总务处的李经理或者张科长等。

（4）适时地和接待人员打招呼。

（5）和拜访对象完成谈话后，在离开公司时，一定要和接待人员道别，同时请教其姓名，以便下次见面时能直接称呼其名。

9.1.6 面对秘书的技巧

在与接待人员交谈后，销售人员通常还要接受秘书的询问。与秘书交谈也有一些特定的技巧。

1. 向秘书介绍自己，并说明来意

例如，“我是万达公司的业务代表王晓磊，我要向王处长报告有关融资项目可行性计划的提案事项，麻烦您转达。”

需要注意的是，用简短、抽象的字眼或用一些较深奥的技术专有名词向秘书说明来意，可以让秘书认为自己的拜访是很重要的。

2. 关键人士不在或在开会时与秘书沟通

（1）请教秘书的姓名。

（2）请秘书将名片或资料转交给拜访对象。此时，销售人员要让秘书转达一些让关键人士感兴趣又可引起关键人士好奇的说辞，如“我想向××总经理报告有关如何以更低的成本增加个人保障的事宜”。

（3）尽可能从秘书处了解一些关键人士的个性、作风、兴趣及工作时间等。

（4）向秘书道谢。

9.1.7 会见关键人士的技巧

1. 接近的技巧

会见关键人士时，可运用“D—M—A—S”接近法。

下面是一个接近关键人士的范例。

销售人员李强以稳健的步伐走向王总经理（当其与王总经理对视时，可向王总经理行礼致意）。此时，销售人员李强面带微笑，向王总经理问好并进行自我介绍。

李强：“王总经理，您好。我是大华公司的销售人员李强，请您多多指教。”

王总经理：“请坐。”

李强：“谢谢，非常感谢王总经理在百忙中抽出时间与我会谈。我一定要把握住这么好的机会。”

王总经理：“不用客气，我也很高兴见到您。”

（李强非常诚恳地感谢王总经理的接见，表示要把握住这个难得的机会，这可让王总经理感受到自己是个重要的人物。）

李强：“贵公司在王总经理的领导下，业绩领先业界，真是令人钦佩。我拜读过贵公司内部的刊物，知道王总经理非常重视人性化管理，员工都非常爱戴您。”

（李强将事前调查的资料中有关尊重人性化管理的这部分内容特别提出来，以便有一个好的开端。）

王总经理：“我们公司是以直接拜访客户为导向的，需要员工有冲劲及创意。冲劲及创意都必须靠员工主动培养，用强迫、威胁的方式是不可能成为一流公司的。因此，我特别强调人性化管理，公司必须尊重员工、照顾员工，员工才会真正地发挥潜力。”

李强：“王总经理，您的理念确实反映了贵公司经营的特性，您真是有远见。我相信贵公司在员工福利方面已经做得非常多了。我谨代表本公司向王总经理报告有关本公司最近推出的一个团体保险方案，它很适合外勤工作人员多的公司采用。”

王总经理：“新的团体保险？”

（李强先夸赞对方，然后说出拜访的理由。）

李强：“是的。王总经理平常那么照顾员工，我相信王总经理一定对员工保险知道得很多，不知道目前贵公司有哪些保险福利呢？”

（李强采用询问的手法接近王总经理。）

2. 告辞的技巧

（1）谢谢对方在百忙之中能抽出时间会谈。

（2）再次回顾此次会谈的内容，确认彼此可能需要检查、准备的事项，以备下次再进行会谈时使用。

（3）出门前，轻轻地向对方点头，面向关键人士将门轻轻扣上，千万不可背对关键人士反手关门。

9.2 通过电话接近客户的技巧

对于善于利用电话销售的人员而言，电话是一种很好的交流工具。因为电话销售能突破地域限制，而且能节省时间和成本。同时，销售人员通过电话可在有限的时间内接触到更多的客户。

扫一扫　微课视频

相关技巧如下。

1. 准备的技巧

打电话前，销售人员必须先准备以下信息。

- 潜在客户的姓名和职称。
- 潜在客户的企业名称及营业性质。
- 打电话给潜在客户的理由。
- 要说的内容。

- 潜在客户可能会提出的问题。
- 被潜在客户拒绝的应对措施。

2. 电话接通后的技巧

一般来说，第一个接听电话的是总机人员，销售人员要有礼貌地用坚定的语气说出要找的潜在客户的姓名；接下来接听电话的是秘书，秘书多半负责一项任务——回绝上级认为不必要的电话。因此，销售人员必须简短地介绍自己，让秘书感觉自己要和老板谈论的事情很重要，切记不要说太多。下面是甲、乙两位推销员电话约见某电视机厂陈厂长的通话内容。由于这两位推销员的表达方式和用语有差异，其效果也大不相同。

甲推销员："陈厂长，我什么时间去拜访您好呢？"

乙推销员："陈厂长，我是在星期三下午拜访您，还是在星期四上午拜访您呢？"（让陈厂长无推诿回避的机会。）

3. 引起兴趣的技巧

当潜在客户接电话时，销售人员应在简短、有礼貌地介绍自己后，以最短的时间引起潜在客户的兴趣。

4. 诉说电话拜访理由的技巧

销售人员应依据事前准备的资料，为不同的潜在客户准备不同的拜访理由。记住，如果打电话的目的是要和潜在客户约时间会面，千万不要谈论太多有关销售的内容。

5. 结束通话的技巧

打电话时不适合销售、说明任何复杂的产品，因为销售人员无法从客户的表情、举止判断其反应，并且无"见面三分情"的基础，很容易遭到拒绝。因此，销售人员应该有效运用结束通话的技巧，在达到目的后立刻结束电话交谈。

在用电话约客户的过程中销售人员有可能会碰钉子，因为并不是每个人都喜欢听销售人员说话的。当被对方拒绝的时候，销售人员要保持镇静，切勿怒火中烧，否则会影响下一通电话的沟通效果。在对方说"不"的时候，销售人员要微笑着说"多谢"，然后轻轻地挂上电话。之后，再拨打下一个电话。

6. 通话后的工作

在打完电话之后，销售人员应将谈话内容记下，以便他日倾谈之用。如果销售人员在之后能够巧妙地引经据典并提及客户的往事，对方会将销售人员视为知己。

9.3 获得客户好感的六大法则

当你对一个人有好感时，你一定会回应对方，如此双方会面时将如沐春风。那么，哪些因素会影响对方的印象呢？作为销售人员，又该注意哪些方面呢？这正是本节将要讨论的问题。

1. 给客户留下良好的外观印象

人的外观会对其他人产生暗示的效果。因此，销售人员要尽量使自己的外观给初次会面的客户留下一个好印象。一个人的眼、鼻、嘴及头发都可能会给对方留下深刻的印象。例如，有些人的眼神冷峻或双目大小不一，这些都会给人以不太愉悦的感觉。此时，可以利用眼镜进行修饰。洁白的牙齿能给人以开朗纯净的好感；而头发散乱则会让人感到落魄，从而不被委以重任。

其他的，如穿着打扮等都是影响第一印象的主要因素，一个连自己着装都不在意、随随便便的人，很难获得别人的信任。或许有些人认为这些都是小细节，觉得自己超强的专业知识能给客户带来利益，客户应该重视的是利益，而不是销售人员的着装。但事实上，客户在做决定的时候，往往是感性的因素左右着理性的，否则“推销产品之前首先要推销自己”这句话就不会成为一句指导销售人员的金玉良言了。

案例 4

刘磊营销的宝贵一课

刘磊刚进入惠普科技公司的第一年，必须通过 8 场工作汇报，方能正式拜访顾客。他的第一场工作汇报是对公司情况的简单介绍，刘磊非常慎重地将自己关在小会议室里准备了三天三夜，把前辈的汇报视频看了多遍，对于动作、台步、语气、开场、串场、结尾、投影仪操作等，一再地练习。刘磊本来就有主持大型活动的经验，上台讲话并不是难题，不过汇报那天，他虽是当日唯一通过工作汇报的人，评审们却对他的衣着打扮及小动作给予了严厉的批评——刘磊的头发遮挡了额头，领带打得太短，不时拿出圆珠笔在手上转，皮鞋没擦亮，袜子颜色不对。

评审们问刘磊：“知不知道你销售的是什么？”刘磊回答：“计算机。”他们又问：“总价多少？”刘磊答：“几十万元至数百万元。”他们又问：“顾客买的时候有没有看到计算机？”刘磊答：“没有，半年后才交机。”他们又问：“有没有看到公司？”刘磊答：“没有。”他们再问：“看到了谁？”刘磊答：“我。”最后他们问：“你看起来是像够资格托付几十万元至数百万元生意的专业人士，还是像一个不经世事的毛头小子？”这真是给刘磊上了宝贵的一课！

本案例中，刘磊进行工作汇报时，没有注意修饰自己的仪容仪表，导致评委严厉地批评了刘磊。我们常常以为我们穿衣服是为自己而穿的，却往往忽略了我们的着装代表了我们的公司形象、我们的产品价值以及我们的专业素养。

制造产品和销售产品的人，常常强调产品功能有多好、质量有多棒，却不知道这些要等顾客买了、用了之后才能验证；而决定顾客买不买或喜不喜欢产品的关键因素之一就是包装。

通常，客户在判断销售人员的专业程度时，是先看其着装是否得体，再看其态度与谈吐是否得当，最后决定是否要了解其专业知识与技能。

2. 记住并常说出客户的名字

名字的魅力非常奇妙，每个人都希望别人重视自己。重视别人的名字，就如同重视其本人一样。

沟通大师戴尔·卡耐基小的时候在家里养了一群兔子。因此，每天找寻青草喂兔子成了他固定的工作。然而有时候，他却没有办法找到兔子最喜欢吃的青草。因此，卡耐基想了一个方法：他邀请了邻近的小朋友到家里来看兔子，并让每位小朋友选出自己最喜欢的兔子，分别以小朋友的名字给这些兔子命名。每位小朋友有了以自己名字命名的兔子后，每天都会迫不及待地送最好的青草给与自己同名的兔子。

千万不要疏忽了名字的魅力，销售人员在面对客户时，若能经常、流利地以尊重的方式称呼客户的名字，就会使客户对销售人员的好感越来越深。

案例5

时装店老板的经营之道

有一位高级时装店的老板说："在我们店里，对于凡是第二次上门的客户，我们规定不能只说'请进'，而要说'请进！××先生（小姐）'。所以对首次进店的客户，我们都存有档案，并要求全店人员必须记住客户的姓名。"如此重视客户的姓名，不但便于时装店制作客户卡，掌握其兴趣、爱好，而且还可以使客户倍感亲切和受尊重，让其走进店里有宾至如归之感。因此，该店的老客户越来越多，生意越来越兴隆。作为一名销售人员，如果是第二次拜访同一客户，就更不应该说："有人在吗？"而应该改问："××先生在吗？"

本案例告诉我们，说出对方的姓名是缩短销售人员与客户距离的有效方法。记住对方姓名是交际的前提，而交际是销售人员成功的关键因素之一，所以销售人员怎么能不记住客户的姓名呢？

3. 让客户有优越感

让人产生优越感的有效方法是对其自傲的事情加以赞美。若客户讲究着装，销售人员可以向其请教如何搭配衣服；若客户是知名公司的员工，销售人员可以对其表示羡慕。例如，某公司的业务代表每天约见客户的第一句话就是："你的公司环境真好，能在这里上班的人一定都很优秀。"通过一句简单的赞美，这位业务代表拉近了自己和客户的距离。

案例6

多赞美客户

一个专门推销各种食品罐头的推销员说："陆经理，我多次去过你们商场，作为本市最大的专业食品商场，你们商场的布局令我非常欣赏，你们商场的货柜上也陈列了省内外许多著名品牌的食品，窗明几净，服务员和蔼待客，百问不厌。看得出来，陆经理为此花费了不少心血，可敬可佩！"听了推销员这一席恭维的话语，陆经理不由得连声说："做得还不够，请多包涵，请多包涵！"其虽然嘴里这样说，心里却是美滋滋的。

本案例中，推销员用赞美对方的方式开始推销洽谈，很容易获得客户对自己的好感，推销成功的概率也大为增加。

素养课堂

太史公笔端蔺相如——立传不吝赞美言

在二十四史中，《史记》堪称人物塑造方面的翘楚。它为我们塑造了一系列深入人心的历史人物形象，如屈原、荆轲、管仲、廉颇、刘邦、项羽、李广、东方朔等，无不栩栩如生，跃然纸上。蔺相如可以说是其中十分耀眼的一个：他在秦庭之上大义凛然，厉声呵斥秦王，最终完璧归赵；渑池之会不顾生死，迫使秦王击缶，保全赵国尊严；功成而不自傲，折节团结廉颇，促成将相和好。蔺相如才干超群，智勇兼备，忍辱负重，顾全大局，几乎拥有封建士大夫的完美形象。司马迁对蔺相如如此不吝赞美，不仅因为蔺相如在历史上确有功绩，还有一个主要的原因在于蔺相如这一形象与司马迁的人生理想和价值取向相契合。

4. 替客户解决问题

十几年前，机关文书的复印用纸是专用的纸张，价格非常高，每年政府机关因复印用纸的巨额花销而倍感压力。各复印机厂商的业务代表都很清楚这个问题，但当时复印机都是从国外进口的，而国外没有复印用纸与普通办公用纸的区别。因此，进口的机器根本不能使用普通办公用纸提供复印服务。

理光公司的一位业务代表知道政府机关在复印上存在不能用普通办公用纸复印的问题，因此他在拜访某个政府机关的主管前，先去找了理光技术部的人员，询问其可否修改复印机，使复印机能满足使用普通办公用纸复印的需求。技术部人员知道了这个问题后，经仔细研究，认为可以改进复印机的某些设置，以让复印机适应普通办公用纸。业务代表得到这个信息后，见到该政府机关的主管，告诉他理光公司特别愿意替政府机关解决如何用普通办公用纸复印的问题。该政府机关的主管听到后，对理光公司产生了强烈的好感，于是在极短的时间内，理光公司的这款复印机成为政府机关的主力机种。

由此可见，销售人员在与客户见面前，若能事先知道客户面临的问题和困扰，并能以关切的态度站在客户的立场上表达关心，让客户感受到自己愿意与其共同解决问题，那么客户必定会对销售人员产生好感。

5. 保持乐观开朗的态度

快乐是会传染的，没有一个人会对一个终日愁眉苦脸的人产生好感。能以微笑迎人，让别人也产生愉快情绪的人，是容易取得别人好感的人。因此，销售人员的每日修炼课程之一，就是在每日出发前，对着镜子笑一分钟，使自己的笑容变得亲切、自然，同时对自己说：“我很自信，我很快乐，我要成为最棒的销售人员。”通过这样一种自我沟通、自我暗示的方式，先让自己愉悦起来，再去感染他人，进而为自己和客户的沟通奠定良好的基础。

案例 7

小齐的微笑服务

一家货车销售公司有两个销售人员——小刘和小齐。一天，一位客户走进展示厅

A区，走到小刘前面，问："你们这里有5 000吨位的大货车吗？"

小刘奇怪地看了客户一眼，面无表情地说："没有，我们从没有生产过这么大吨位的货车。"

这位客户看着小刘，以为他在乱说话。

"您能给我一份产品说明书吗？"客户央求似的对小刘说。

说完之后，小刘想，本来就没有必要浪费时间。于是，小刘表现出一副不屑的表情，说："就这些，拿去看吧。"这位客户看着小刘冷冰冰的脸，转身离开。

转到展示厅B区，这位客户又走到另一位销售人员小齐面前，问道："据我了解，贵公司没有超大吨位的货车，不知道此类车型能否定制？"小齐同样显得很吃惊。唯一不同的是，小齐爽快地答应了，并面带微笑地说："没问题，由于人们对这样大吨位的货车的需求较少，我们只接受现场定制，所以目前没有符合您要求的产品。但我会把您的情况反映给总部，我们来详谈一下吧。"客户向小齐提供了具体的数据以及其他参考资料，并决定在这预订一辆货车。第二天，这位客户就带来了支票。

最后，这位客户在评价簿上是这样评价小齐的：在这里，你是唯一让我感到温暖的人。你的微笑就像太阳一样灿烂，让我有了宾至如归的感觉。

本案例告诉我们，很多时候客户认同的不仅是产品，还有销售人员的态度和服务。态度不好、服务差的销售人员常常给人一种"拒人于千里之外"的感觉，让对方无法接近。所以，销售人员在客户面前展示自己真诚良好的态度是成功销售的前提。

6. 利用小赠品赢得客户的好感

销售人员应该让客户觉得自己不是来签合约的业务代理，而是来进行业务宣传、沟通彼此关系的使者。事实上，许多国际性的知名大公司都备有可以配合公司形象宣传的小赠品，如印有公司办公大厦的小台历，带有公司标志的茶杯、签字笔等，供销售人员初次拜访客户时赠送给客户。小赠品的价值不高，却能发挥很大的效力，不管客户对收到的小赠品喜欢与否，其内心对销售人员的好感均会有所增加。

案例8

小赠品，大智慧

一位推销员到某公司推销产品，被拒之门外。秘书给他提供了一个信息：总经理的女儿正在集邮。第二天推销员快速翻阅有关集邮的书刊，以充实自己的集邮知识，然后带上几枚精美的邮票又去找该公司的总经理，并告诉总经理自己是专门为其女儿送邮票的。一听说有精美的邮票，总经理热情相迎，还把女儿的照片拿给推销员看，推销员趁机夸其女儿漂亮可爱，于是两个人开始谈论育儿经和集邮知识，非常投机，一下就熟了起来。

本案例中，推销员在第一次拜访客户中了解到客户的女儿正在集邮，于是在第二次拜访前准备好了邮票作为礼物送给客户，获得了客户的好感，为后期双方合作奠定了基础。

以上六大法则可以使客户对销售人员产生好感，若销售人员能把这六大法则当作为人处世的准则，让它成为一种习惯，相信无论在什么地方都会成为一个受欢迎的人。

9.4 与客户沟通的其他艺术

9.4.1 赞美艺术

心理学家的研究表明，人们最喜欢得到别人的赞美。因为只有通过别人的赞美，人们才感觉得到别人对自己的认可和自身的价值。赞美他人，仿佛是用一支火把照亮了他人的生活，也照亮了自己的心田，有助于发扬被赞美者的美德和推动彼此友谊健康地发展。可以说，赞美是一种成本低、回报高的人际交往法宝。

学会寻找赞美点非常重要。只有找到与对方贴切的、闪光的赞美点，才能使赞美显得真诚而不虚伪。有些人也很想赞美别人，可有时就是找不到赞美点。其实，赞美点非常多，每个人身上都有很多，只要运用恰当的方法就可找到。寻找赞美点的方法如下。

（1）硬件（外在的具体的），如穿着打扮（衣服、领带、手表、眼镜、鞋子等）、头发、皮肤、眼睛、眉毛等。

（2）软件（内在的抽象的），如品格、作风、气质、学历、经验、气量、心胸、兴趣爱好、特长、处理问题的能力等。

（3）附件（间接的关联的），如工作单位、邻居、朋友、职业、用的物品、养的宠物、下级员工、亲戚关系等。

赞美是一件好事，但绝不是一件易事。赞美别人时如不审时度势，不掌握一定的赞美技巧，即使赞美者是真诚的，也可能变好事为坏事。所以，我们要掌握以下赞美的技巧。

1．赞美必须因人而异

人的素质有高低之分，年龄有长幼之别。赞美时要因人而异，突出个性，这样有特点的赞美比一般化的赞美能收到更好的效果。

在和名人聊天的时候，不要去称赞他们的作品，只要表达自己从中得到了许多喜悦和启发就足够了。如果真的要提及其作品获得的成就这方面的话题，最好谈一谈对方目前和近期的表现，而不要搬出其过往的成就。

老年人总希望别人不忘记他当年的业绩与雄风，同其交谈时，可多称赞让他自豪的过去；对年轻人，不妨语气稍为夸张地赞扬其创造才能和开拓精神，并举出几点实例证明他的确能够前程似锦；对经商的人，可称赞他头脑灵活，生财有道；对有地位的干部，可称赞其为国为民，廉洁清正；对知识分子，可称赞其知识渊博、宁静淡泊……当然这一切要依据事实，切不可虚夸。

2．赞美必须情真意切

虽然人们都喜欢听赞美的话，但并非任何赞美都能使对方高兴。能引起对方好感的只有那些基于事实、发自内心的赞美。相反，若无根无据、虚情假意地赞美别人，对方不仅会感到莫名其妙，更会觉得赞美者油嘴滑舌、诡诈虚伪。例如，对一个不懂音乐的人说喜欢其歌声，那么对方不仅不会感谢，还会十分生气。

真诚的赞美不但会使被赞美者愉悦，还可以使赞美者经常发现别人的优点，从而使自己对人生持有乐观、欣赏的态度。

3. 赞美必须翔实具体

在日常生活中，人们取得显著成绩的时候并不多见。因此，我们在与人交往中应从具体的事件入手，善于发现别人的长处，并不失时机地予以赞美。赞美用语越翔实具体，说明赞美者对对方越了解，对对方的长处和成绩越看重，从而越让对方感到真挚、亲切和可信，双方的距离也就会越来越近。如果只是含糊其词地赞美对方，说一些“你工作得非常出色”或者“你是一位卓越的领导”等空泛的话语，可能会引起对方的反感，甚至会产生不必要的误解和信任危机。

4. 赞美必须合乎时宜

赞美时要见机行事、适可而止。

当别人计划做一件有意义的事时，开头的赞美能激励其下决心做出成绩，中间的赞美有益于其再接再厉，结尾的赞美则可以肯定成绩，指出其进一步努力的方向，从而达到“赞美一个，激励一批”的效果。

千万要注意，不能在赞美的同时带有不良的暗示，以避免弄巧成拙。例如：有一位男士赞美他同事的姐姐：“你的身材真好，像模特儿一样。你年轻的时候一定做过模特儿吧？”同样是这位男士，曾经在公司组织的舞会上这样赞美自己的女伴：“你的舞跳得真好。”对方顿时容光焕发。男士接着说：“你在个子矮的女同事里应该是跳得最好的。”

5. 赞美应如雪中送炭

俗话说：“患难见真情。”最需要赞美的不是那些早已功成名就的人，而是那些因被埋没而产生自卑感或身处逆境的人。他们平时很难听到赞美，一旦被人当众真诚地赞美，便有可能振作精神，大展宏图。因此，最有实效的赞美不是锦上添花，而是雪中送炭。

此外，赞美并不一定要用言语表达。有时，投以赞许的目光、做一个夸奖的手势、送一个友好的微笑也能收到意想不到的效果。

父母经常赞美子女，才可能创造出一个更快乐的家庭；老师经常赞美学生，才可能让一个班集体天天向上；领导经常赞美下属，才可能把其单位管理成和谐向上的集体。

6. 赞美应该讲究策略

可以不直接说出对某个人的赞美，而是在其周围的人面前表现出对其的赞美，这样很快会传到其耳朵里。直接听到的赞美远远不如间接得到的赞美有效。赞美别人最好的办法不是拍着肩膀吹嘘，而是通过其朋友来进行。这样既不会让人怀疑赞美者是个大拍马屁的阿谀小人，对方也会因为赞美者的赞美而陶醉。

如果是面对面的赞美，就一定要讲究技巧，尽量用暗示的方法，在言语中表现出一些赞美的含义。

7. 赞美他人时要避免伤及第三人

赞美如果运用不当，就可能会伤及在场的第三人。赞美者一定要清楚这一点，并在使用时保持谨慎。例如，如果几个人在一起聊天，赞美其中一个女孩身材好，其他女孩就会觉得自己身材不好；赞美其中一个男士能干，其他男士就会觉得这是暗示他们无能等。所以，赞美他人时请多注意第三人的感受。

9.4.2　说服艺术

在工作生活中，我们常常希望把自己的意见或建议准确而有效地传达给某些人，并且希望对方能够接受我们的意见或建议，然后付诸实践。这个过程就是说服。因为想说服的对象本身经历和经验、价值取向等的不同，说服的难度也不同。所以说服没有模板，但有一定的规律。

1. 调节气氛，以退为进

在说服时，首先应该想方设法地调节谈话的气氛。如果和颜悦色地用提问的方式代替命令的方式进行说服，并给人以维护其自尊和荣誉的机会，那么气氛就是友好而和谐的，说服也就容易成功；反之，如果在说服时不尊重他人，摆出一副盛气凌人的架势，那么说服多半会失败，毕竟人都是有自尊心的。

2. 善意威胁，以刚制刚

威胁能够增强说服力，但是在具体运用时，要注意以下几点：①态度要友善；②讲清楚后果，说明道理；③不能过分，否则会弄巧成拙。

案例 9

领队的善意威胁

在一次集体活动中，当大家风尘仆仆地赶到事先预订好的旅馆时，却被告知当晚因工作失误，原来大家预订好的套房（有单独浴室）中没有热水。为了此事，领队约见了旅馆经理。

领队：“对不起，这么晚还把您从家里请来。但大家满身是汗，不洗洗澡怎么行呢？何况我们预订时你们说好会供应热水的呀！这事只有请您来解决了。”

经理：“这事我也没有办法。锅炉工回家去了，他忘了放水，我已叫他们开了集体浴室，你们可以去洗。”

领队：“是的，我们大家可以到集体浴室去洗澡，不过话要讲清楚，套房每人 50 元一晚是有单独浴室的。现在到集体浴室去洗澡，那就等于降低到通铺的水平，我们只能照通铺标准，每人支付 15 元。”

经理：“那不行，那不行的！”

领队：“那只有给套房浴室供应热水。”

经理：“我没有办法。”

领队：“您有办法！”

经理：“你说有什么办法？”

领队：“您有两个办法：一是把失职的锅炉工召唤回来；二是给每个房间拎两桶热水。当然，我会配合您劝大家耐心等待的。”

这次交涉的结果是经理派人找回了锅炉工，40 分钟后每间套房的浴室里都有了热水。

本案例中，领队巧用威胁增强了说服力，最终使旅馆经理解决了套房中没水的问题。

3. 消除防范心理

一般来说，在和要说服的对象沟通时，彼此都会产生一种防范心理。这时候，要想使说服成功，就要尽量消除对方的防范心理。该如何消除对方的防范心理呢？从潜意识上来说，人们产生防范心理的原因是自卫，这说明人们把对方当作了假想敌。那么消除防范心理的有效方法就是反复给予对方暗示，表示自己是朋友而不是敌人。这种暗示可以采用多种方法进行，如嘘寒问暖、给予关心、表示愿给予帮助等。

案例 10

出租车司机的智慧

有个出租车司机把一位青年送到指定地点时，对方掏出尖刀逼他把钱都交出来，他装作害怕的样子交给歹徒 300 元，并说：“今天就挣这么点儿，要嫌少就把零钱也给你吧。”说完又拿出 20 元零钱。见出租车司机如此爽快，歹徒有些发愣。出租车司机趁机说：“你家在哪儿？我送你回家吧。这么晚了，家人该等着急了。”见出租车司机不反抗，歹徒便把刀收了起来，让他把自己送到火车站去。见气氛缓和，司机不失时机地告诉歹徒：“我家里原来也非常困难，我又没啥技术，后来就跟人家学开车。干这一行，虽然挣的钱不算多，可日子过得也不错。何况自食其力，穷点儿谁还能笑话我呢！”见歹徒沉默不语，司机继续说：“唉，我们都四肢健全，干点儿啥都差不了，走上这条路一辈子就毁了。”火车站到了，见歹徒要下车，司机又说：“我的钱就算是帮助你的，用它干点正事，以后别再干这种见不得人的事了。”一直不说话的歹徒听罢突然哭了，把 300 多元往司机手里一塞说：“我以后就算是饿死也不干这事了。”说完，低着头走了。

本案例中，出租车司机典型地运用了消除防范心理的技巧，最终达到了说服歹徒的目的。

4. 知彼

站在他人的立场上分析问题，能给他人一种为其着想的感觉，如此将更具说服力。要做到这一点，知彼十分重要，唯有先知彼，方能站在对方的立场上考虑问题。

案例 11

总厂负责人的说服技巧

某精密机械工厂（以下简称“总厂”）生产某种新产品，将其部分部件委托给一家小工厂制造。当该小工厂负责人将部件的半成品呈示总厂时，不料全不符合总厂的要求。由于迫在眉睫，总厂负责人只得令其尽快重新制造。但小工厂负责人认为他们厂是完全按总厂的规格制造的，不想再重新制造了，为此双方僵持了许久。总厂厂长见出现了这种局面，在问明原委后，便对小工厂负责人说："我想这件事完全是我们厂设计不周所致的，而且还令你们厂吃了亏，实在抱歉。今天幸有你们厂的帮忙，我们才发现了竟然有这样的缺陷。只是事到如今，事情总是要完成的，你们不妨将部件制造得更完美一点，这样对你我双方都是有好处的。"那位小工厂负责人听完，欣然应允。

本案例中，在双方僵持了许久后，总厂厂长了解到小工厂负责人不重新制造的原因，于是通过道歉说服了小工厂负责人重新制造。在说服他人前，应该做到知彼。

5. 寻求一致，以短补长

习惯于顽固拒绝他人说服的人，经常都处于拒绝的心理组织状态。说服这种人，如果一开始就提出问题，绝不会成功。所以，得努力寻找与对方一致的地方，先让对方赞同自己远离主题的意见，从而使对方对自己的话感兴趣，而后再想办法引入主题，最终求得对方的同意。

9.4.3 拒绝艺术

拒绝总是令人遗憾的，但却是难以回避的。所以拒绝他人时，应该以得体的方式进行，把对方的不满和不快控制在尽可能小的范围内。如果将不该拒绝的事拒绝了，有时会耽误大事；如果对该拒绝的事不拒绝，轻易承诺，则可能导致不仅办不成事情，甚至会发生自食恶果的情况。可见该拒绝时就得拒绝，只是应该讲究拒绝的策略，且无论采用什么方式拒绝，都应该以减少对方的不悦和失望、寻求其谅解和认同为基本原则。

一般情况下，我们在拒绝别人的时候要注意以下几点。

1. 积极地听

拒绝的话不要脱口而出。不要在他人刚开口时就断然拒绝，过分急躁地拒绝易引起对方的反感，应该耐心地听完对方的话，并用心了解对方的理由和要求，要站在对方的立场上严肃地思考，要明白这个请求对对方的重要性。让对方了解拒绝他并不是草率决定的，而是在认真考虑之后不得已而为之的。

2. 以和蔼的态度拒绝

拒绝时应感谢对方在需要帮助时可以想到自己，并且略表歉意。注意，过分的歉意会给对方留下不诚实的印象，因为如果真的感到非常抱歉，就应该接受对方的请求。

不要以一种高高在上的态度拒绝对方，不要对他人的请求流露出不快的神色，更不要蔑视或忽略对方，否则会表现出自己没有修养，会让对方觉得被拒绝是因对他抱有反对态度，从而对被拒绝产生逆反心理。从听对方陈述要求和理由，到拒绝对方并陈述拒绝的理由，要始终保持一种和蔼的态度，以表示对对方的真诚。

3. 要明白地告诉对方需考虑的时间

我们经常以"需要考虑考虑"为托词而不愿意当面拒绝他人，希望通过拖延时间使对方知难而退——这是错误的。如果不愿意立刻当面拒绝，应该明确告知对方需考虑的时间，以表示自己的诚信。

拒绝是相当重要却又不太容易做到的，有人喜欢被直截了当地告知拒绝的理由，有人则需要拒绝者以含蓄委婉的方法拒绝。拒绝他人的求助的确不是件容易的事，必须既不含糊，又不会让人误解，还不能伤害对方。事实上，拒绝也没有多难，关键是要会说。掌握了要领，拒绝就可以不伤感情。下面介绍几种拒绝的技巧。

1. 直接拒绝

直接拒绝，就是将拒绝之意当场明讲。采取此技巧时，重要的是应当避免态度生硬、说话难听。

2. 婉言拒绝

婉言拒绝，就是用温和委婉的语言表达拒绝之本意。与直接拒绝相比，它更容易被接受。因为它在更大程度上顾全了被拒绝者的尊严。例如，一位男士送衣服给一位关系一般的女士，这非同寻常。女士旁边的人讥讽男士说："这是给你妈妈买的吧？"这位女士打断旁边人的话，婉言相拒，说："它很漂亮。只不过这种式样的衣服，我男朋友给我买过好几件了，留着送你女朋友吧。"这么说，既暗示了自己已经有男朋友，又提醒了对方注意分寸，而且还不难听。

3. 沉默拒绝

沉默拒绝，就是在面对难以回答的问题时中止发言。

当他人的请求很棘手甚至具有挑衅、侮辱的意味时，不妨以静制动，一言不发，静观其变。这种不说"不"字的拒绝，常常会产生极强的心理上的威慑力。

4. 回避拒绝

回避拒绝，就是避实就虚，对对方不说"是"，也不说"否"，只是搁置此事，转而议论其他事情，即顾左右而言他。遇上他人过分的要求或难以回答的问题时，均可采用此法。

本章小结

◆ 引起客户注意的技巧包括：请教客户、迅速提出客户能获得的利益、告诉客户一些有用的信息、提出能解决客户面临的问题的方案。

◆ 获取客户好感的六大法则包括：给客户留下良好的外观印象、记住并常说出客户的名字、让客户有优越感、替客户解决问题、保持乐观开朗的态度、利用小赠品赢得客户的好感。

◆ 赞美艺术：①赞美必须因人而异；②赞美必须情真意切；③赞美必须翔实具体；④赞美必须合乎时宜；⑤赞美应如雪中送炭；⑥赞美应该讲究策略；⑦赞美他人时要避免伤及第三人。

◆ 说服艺术：①调节气氛，以退为进；②善意威胁，以刚制刚；③消除防范心理；④知彼；⑤寻求一致，以短补长。

◆　拒绝的技巧：①直接拒绝；②婉言拒绝；③沉默拒绝；④回避拒绝。

思考题

1．什么是接近客户？
2．什么是“D—M—A—S”接近法？
3．接近客户前的准备工作包括哪些？
4．接近客户的电话沟通技巧有哪些？
5．获取客户好感的六大法则是什么？

技能训练

假如你是电信公司的营销经理，公司安排你去一个小区进行电信新业务销售，请你记下与小区居民接触时的体会，并与其他销售人员进行交流分析。

第10章 非语言沟通技巧

【学习目标】	1. 了解非语言沟通在沟通中的重要性 2. 熟悉非语言沟通的特点 3. 掌握非语言沟通的各种形式
【技能目标】	运用肢体语言等非语言沟通技能巧妙应对职场情景，提高沟通能力
【素养目标】	1. 培养精益求精的职业精神 2. 学会用心沟通，常怀敬人心、自信心、真诚心、平等心、宽容心、同理心

案例导入

失误

小王是新上任的经理助理，平时工作主动积极，且效率高，很受上司的器重。某天早晨小王刚上班，电话铃就响了。为了抓紧时间，她边接电话，边整理有关文件。这时，员工老李来找小王。他看见小王正忙着，就站在桌前等着。只见小王一个电话接着一个电话。最后，他终于等到可以与她说话了。小王头也不抬地问他有什么事，并且一脸严肃。然而，当他正要回答时，小王又突然想到什么事，便向同室的小张交代了几句。这时的老李已忍无可忍，他发怒道：“难道你们这些领导就是这样对待下属的吗？！”说完，他愤然离去。

本案例中，小王询问老李有什么事的时候头也不抬，这就是老李发怒的原因。小王对老李视而不见，一直在忙自己的事情。老李觉得因为自己职级低，受到了轻视。因此，进行沟通的时候，必须正视对方，以示尊重。

10.1 非语言沟通概述

10.1.1 非语言沟通的定义与特点

你也许遇到过这种情况：在你与别人交谈时，对方会时不时地看表，并对你不自然地笑。这时，你就会知趣地告辞——这就是非语言信息。对方时不时地看表，说明对方可能另有安排；对方对你不自然地笑，说明对方不好意思打断你讲话，并告诉你他想请你离开了。

所谓非语言沟通，是指不通过口头语言和书面语言，而是通过其他的非语言沟通技巧，如声调、眼神、手势、空间距离等进行的沟通。

非语言沟通有4个特点：是由不同的文化决定的；非语言信息可能与语言信息矛盾；非语言信息在很大程度上是无意识的；非语言沟通表明情感和态度。

10.1.2 非语言沟通与语言沟通的联系与区别

在沟通过程中，非语言沟通与语言沟通关系密切。

语言沟通是在词语发出时，利用声音一个渠道传递信息。语言沟通能对词语进行控制，是结构化的。非语言信息能使语言信息得到补充与强化。例如，一位经理在讲话时敲击桌子或者拍一下下属的肩，或通过语调来强调有关信息的重要性；当谈到某个方向时，做手势以加深对方的印象。

在语言信息和非语言信息出现矛盾的时候，非语言信息往往更能让人信服。例如，当某人在争吵中处于劣势时，其却颤抖着说道："我怕他？笑话！"事实上，从说话者的动作中不难看出，他的确感到恐惧和害怕。

非语言信息可以代替语言信息，能有效地传递许多用语言无法传递的信息，而且作为一种特定的形象语言，它可以产生语言沟通所不能达到的交际效果。在日常工作中，我们也都在自觉或不自觉地使用非语言进行信息的传递和交流，这既可使我们省去不少口舌，又能达到"只可意会，不可言传"的效果。例如，当经理走进办公室，表现出一副伤脑筋的样子时，表示他与领导的会面情况很糟糕。

但是，语言沟通和非语言沟通也有很大区别，具体如下。

（1）沟通环境。在非语言沟通中，只需运用眼睛观察，可以不必与人直接接触。例如，可以通过一个人的着装、动作判断其性格与喜好，可以通过一个人的收藏品判断其业余爱好，也可以通过一个人的表情看出其对朋友的关心程度。通过邀约者选择的约会地方，可以看出其对约会的重视程度。非语言沟通可以不为被观察者所知，而语言沟通必须面对面进行。

（2）反馈方式。除了语言沟通之外，对于他人所传递的信息，我们也要做出大量的非语言反馈。我们的很多情感变化是通过面部表情和肢体动作的变化来表达的。例如，我们会通过微笑和点头来表示对别人说话的内容感兴趣、通过频频看手表来表示对别人说话的内容不感兴趣等。

（3）连续性。语言沟通从词语开始并以词语结束，而非语言沟通是连续的。无论对方是沉默还是在说话，只要对方在我们的视线范围内，其所有的动作、表情都在向我们传递着非语言信息。

案例1

非语言信息的连续性

在一家商店里，一个妇女在面包柜台旁徘徊，拿起几个面包又放下，还不时地问面包的情况，这表明她拿不定主意；一位顾客在排队，他不停地把口袋里的硬币弄得叮当响，这表明他很着急；几个小孩在收银台试图确定自己的钱能买多少个糖果，收款员皱着眉头叹了口气，可以看出她的不耐烦……商店中的所有人都在通过面部表情和肢体动作的变化向外界传递着非语言信息，并且这种非语言信息的传递是连续的。

本案例中排队的顾客弄响硬币、收款员皱眉叹气等非语言沟通均是连续的，所有的动作表情都一直向外界传递着非语言信息。

（4）渠道。语言沟通是以语言文字为媒介的一种沟通方式。而非语言沟通经常不止通过一条渠道进行。例如，通过观看足球赛时你所发送的信息，看到信息的人都会知道你喜欢哪支球队。因为你穿着具有该球队代表色的衣服，或者举着该球队的牌子；当该球队得分时，你跳起来大声喊叫。在你的非语言沟通中，你既使用了视觉渠道，又使用了声音渠道。又如，会议的地点在五星级饭店，配有高级的食物，有高层领导出席，人们着装正式——这些都表明此次会议非常重要。

（5）可控程度。我们很难控制自己的非语言信息，其中可控程度最低的是情感反应。高兴时，我们会不由自主地跳起来；愤怒时，我们会咬牙切齿——绝大多数非语言信息都是本能的、偶然的。这与语言沟通不同，在语言沟通中，我们可以对所用词语进行选择。

（6）结构。因为非语言沟通是我们在无意识的情况下发生的，所以它的顺序是随机的，并不像语言沟通那样有确定的语法和结构。例如，如果坐着与人交谈，你会计划你要说的话，但不会计划什么时候跷腿、从椅子上站起来或看着对方，即这些非语言信息对应着交谈期间所发生的情形。

（7）掌握规则。语言沟通的许多规则，如语法、格式等，是在结构化、正式化的环境中，如学校中得以传授的；而很多非语言沟通没有被正式教授，主要是通过模仿学到的，如小孩子模仿父母、兄弟姐妹，下属模仿领导等。

10.2 非语言沟通的形式

10.2.1 辅助语言

辅助语言是指说话过程中的音量、音质、声调、语速等要素，是语言表达的一部分，对语言表达起着辅助作用。我们每天都会和不同的人谈话。我们会发现，令我们喜欢的是对方的声音，令我们讨厌的可能还是对方的声音。不同的声音，不同的语气、声调和节奏，对思想和评价会产生不同的影响。每个人的声音都是与众不同的。有研究者发现，当人们戴上蒙眼布去听 20 位演讲者的演讲时，听者能分辨出不同演讲者的民族背景、教育水平、性别及大致年龄段。

因此，我们有必要了解辅助语言所起到的作用。辅助语言包括速率（说话的速度）、音调（声音的高低）、音量（响度）、声音补白和质量（声音悦耳或令人不愉快）等声音因素，当这些因素中的任何一个或全部被运用到词语中时，能修正词语的含义。例如，一位非语言沟通研究者估计，沟通中 39%的含义受表达方式而不是词语本身的影响。在英语以外的语言中，这个比例甚至更高。

1．速率

速率指说话时的速度。人们说话的速率（速度）能对接收信息的方式产生影响。研究人员研究人们说话的速率后发现，当说话者使用较快的速率时，其被视为能力较强。当然，人们并不总是要急急忙忙或很快地说话的。实际上，除非情况确实紧急，否则人们应该尽量以常规的速度说话，即每分钟说 100～150 个字。当人们做演讲或介绍时，尤其应该放慢说话的速度，以便让听众有时间来消化其所谈论的内容（特别是当介绍一些技术性很强的东西时）。如果说得太快，说话的清晰度也可能受到影响，听众很可能会消化不了所听到的内容。不能很好地控制说话速率的人，只会给别人留下缺乏耐心或没有风度的印象。人们趋于信任那些说话速率适中、音量适中的人。

实际上，速率能够成为非常有用的工具，即为说话的人增添魅力和加重信息分量。例如，当说话人感到听众能很好地理解他所谈论的内容时，他可以说得快一点，以使他的话听上去更为活泼、有感召力；但如果发现听众听得有些吃力，他就应把速率降下来，以取得理想的效果。毫无疑问，听众会很欣赏这种做法。有时，当说话人谈到一个严肃的问题时，甚至可以暂停片刻，给听众时间来思考这一问题。

2．音调

音调指声音的高低。音调决定一种声音听起来是否悦耳。一般来说，当听到一人高声说话时，不管其内容是否重要，人们都会感到不舒服。这是因为高音调的说话方式往往使听话人感到紧张。此外，高音调说话听上去更像是训斥。当然，音调也不是越低越好。较低的音调使别人难以听到，用低音说话的人似乎胆气不足，所以可能被认为没有信心或害羞。研究发现，如果说话者使用较高和有变化的音调，则被视为能力较强。

对音调的熟练运用，会产生一种戏剧性的效果。因此，我们应该经常练习对音调的运用，如有需要，可以在相关专业人员的帮助下学习如何运用音调。

3．音量

音量指我们说话时声音的响度。在演讲时，人们大多喜欢用洪亮的声音，但在平时进行沟通时，用的是常规声音或者低声，这样就不会显得盛气凌人。

音量可以为语言增添色彩，同时也能反映人的性格。例如，当一位生产经理谈到一个新产品的质量控制时提高了他的声音，这表明他对该产品很关心，同时也说明了该产品的重要性。而柔和的声音在任何时候都能起到稳定人心的作用。例如，当一位客户愤愤地抱怨其新买的洗衣机有问题，而接待他的销售员却用温和的声音劝说时，这位销售员给所有在场人员留下的印象是：有着很好的职业精神。

4. 声音补白

声音补白是在搜寻要用的词语时，用于填充句子或做掩饰的声音，如“嗯”“啊”“呀”“你知道”等。我们都会使用声音补白，但若不停地使用或因使用它们而分散了听者的注意力，就会产生问题。

5. 质量

声音的总体质量是由速度、节奏和发音等构成的。声音质量是非常重要的，因为研究人员发现，声音有吸引力的人会被视为是更有权力、更有能力和更为诚实的人。然而，声音不成熟的人会被视为能力弱和权力小，但更热情的人。

许多人对自己声音的质量没有一个非常明确的概念。大多数人都对录像中自己的声音很不满意。然而，声音质量是能通过艰苦的训练和专业人员的帮助而改变的。

10.2.2 身体动作

身体动作包括具有传递信息功能的人们的躯体、四肢动作，以及身体之间、身体和物体之间的触摸等。掌握不同的身体动作所表达的含义是顺利沟通的重要保证。如果不对各种身体动作做更细致的分析，我们就不能理解或解释身体动作这种沟通形式的复杂现象。

1. 手的动作

手势是身体动作中非常重要、明显的部分。演员、政治家和演说家通常会通过训练，使自己有意识地利用一些手势来加强语气。在一般的人际沟通过程中，人们对许多手势都是无意识地运用的。例如，当说话者激动时，其手臂会不由自主地快速摆动，以强调正说着的话。从手势的含义和作用来看，手势可分为指示手势、摹状手势和抒情手势3种。

指示手势是用来指示具体对象，指示可视范围内的事物和方向，便于人们通过视觉形象地感受具体事物的手部动作。在商业活动中，由于商品种类繁多，营业员在向客户介绍商品时，为了准确地说明某种商品和商品的各项功能，营业员要通过指示手势来详细介绍商品的功能、特点，使客户对商品的功能、特点一目了然。

摹状手势主要是人们用模拟的方式来加深对方的感性认识。摹状手势分为具体性和象征性两种。具体性的手势要比画事物的大小、形状和方向；象征性的手势是根据说话内容做出相应的动作，以启迪听众，引发对方联想。例如，表示“我们要节约每一个铜板”时，用拇指和食指围成一个圆圈，代表“铜板”等。

抒情手势是用来表达说话者喜、怒、哀、乐的强烈情感，使之形象化、典型化的手势。诗歌朗诵会上，朗诵者在朗诵结束时，为了表现丰富的感情，加强对听众的感染力，会做出两臂前伸，然后慢慢举过头顶的抒情手势，以达到语言所不能达到的效果。

事实上，手势并没有固定的模式。因个人的习惯不同，讲话内容的不同，沟通双方的情绪不同，其手势就会不同。采用何种手势，都要因人、因物、因情、因事而异。总体来说，不同的手势有不同的含义，具体如下。

（1）当我们把拇指和食指围成一个圈，其余手指竖起时，意思是“好”；当我们分开食指和中指，其余手指弯曲，做成“V”字形，并将掌心朝向他人时，则意味着“胜利”；当我们把食指竖直，其余手指弯曲，并放在嘴边时，意味着“嘘”（别出声）；当我们把食指伸出，其余手指紧握，呈指点状，这种手势表示教训、镇压，带有很强的威胁性。双手相握或不断玩弄手指，会被对方认为缺乏信心或拘谨；十指指尖相触，撑起呈塔尖式，表示自信或有耐心，若再伴以身体后仰，则显得高傲；十指交叉表示控制沮丧情绪的外露，有时这种手势也表示有敌对和紧张情绪；双手合十表示诚意；以手撩发表示对某事感到棘手，或以此掩饰内心的不安；握拳表示愤怒或激动。

（2）有时拇指可以表达一种积极的动作语言，可用来表示称赞当事人的能力。拇指朝上，其余手指弯曲，表示对他人的赞赏；若在谈话中将拇指指向他人，则其就成为嘲弄和藐视对方的信号。其余手指插在上衣或裤子口袋里，伸出两根拇指，显示高傲的态度；将双臂交叉于胸前，两根拇指翘向上方，这既可显示防卫和敌对情绪（双臂交叉），又可显示十足的优越感（两根拇指上翘），此状态下的人极难接近。

（3）判别一个人是否诚实的有效途径之一就是观察其讲话时手掌的活动。人们一般认为，敞开手掌象征着坦率、真挚和诚恳。小孩子撒谎时，手掌经常会藏在背后；成人撒谎时，往往将双手插在兜内，或双臂交叉，不露手掌。常见的手掌动作有两种：掌心向上和掌心向下。前者表示诚实、谦逊和屈从，不带任何威胁性；后者则表示压制、指示，带有强制性，容易使人产生抵触情绪。例如，当会议进行得很激烈时，有人为了让大家情绪稳定下来，做出两手掌心向下的动作，意思是“镇静下来，不要再为这一点小事争执了”。

（4）冬天搓手掌，是防冷御寒的表现。平时搓手掌，则表示人们对某一事情结局的一种急切期待的心情。

（5）手握手的背手，代表一种至高无上、自信甚至狂妄的态度；一个人在极度紧张、不安时，常常背手，以缓和这种紧张情绪。如果背手时伴以俯视、踱步，则表示沉思。

（6）将双手手指交叉，并将手置于脑后，这是有权威、有优越感或对某事抱有信心的人经常使用的一种典型的高傲动作。这也是一种暗示所有权的手势，表明当事人对某地或某物具有所有权。若单手或双手抱头并俯视，则表示当事人在沉思、沮丧或懊恼。若双手（或单手）支撑着脑袋，或双手握拳放在太阳穴部位，则表示当事人正在思考。

（7）双臂交叉于胸前，表示一种戒备、敌对和防御的态度；双臂展开表示热情和友好。

（8）挽袖亮出腕部可显示积极的态度。

2. 头部动作

头部动作也是运用较多的身体语言之一，而且头部动作所表示的含义也十分多，我们需根据具体的头部动作，结合具体的背景条件来对头部动作传达的信息进行判断，具体如下。

（1）点头。点头这一动作可以表示多种含义，有表示赞成、肯定的意思，有表示理解的意思，有表示承认的意思等。在某些场合，点头还表示礼貌、问候，是一种优雅的社交动作。

（2）摇头。摇头一般表示拒绝、否定的意思。在一些特定背景条件下，轻微摇头还有沉思的含义。

（3）歪头。在倾听的时候，歪头表示认真专注；在听到悲伤的消息时，歪着头看着对方，表示同情别人的遭遇。

3．肩的动作

耸肩膀也被定义为一种自我保护形式，或是一个面对困局选择退却的信号。耸肩还有“随你便”“无可奈何”“放弃”“不理解”等含义。

4．腿和脚的动作

脚的动作虽然不易被观察到，但却更能直观地表现对方的心理。例如，抖脚表明轻松、愉快；跺脚表明着急、愤怒。脚步轻快时表明心情舒畅；脚步沉重时说明疲乏或心中有压力；脚尖点地表示轻松或无拘束感；等等。

双腿交叉在一般情况下是为了舒服，但在有些情况下则不同。例如，在约会时，若女方坐在一旁，双臂交叉，双腿相搭，就证明她内心不愉快；还有一些人常用一只手或双手掰住一条腿搭在另一条腿上，形成一种“4”字形的腿部动作，这暗示当事人有顽固不化的态度；又如一些女性，喜欢将一只脚放在另一条腿的某个位置，这是一种加固防御性的体态，表示她害羞、忸怩或胆怯。

10.2.3 身体接触

扫一扫 微课视频

身体接触是指通过沟通双方身体互相接触或抚摸某一物体而传递信息的一类身体语言。身体接触具有影响力和感染力。

1．身体之间的接触

握手是一种典型的身体接触。握手的力度、姿势和时间长短均能传递不同的信息。

（1）支配性与谦恭性握手。用支配性方式握手时，手心向下，传递给对方支配性的态度。地位显赫的人习惯于这种握手方式；谦恭性握手是掌心向上与人握手，传递一种顺从性的态度，愿意接受对方的支配，谦虚恭敬。若两个人地位相当，则握手时双方的手掌都处于垂直状态，同事之间、朋友之间往往会采用这种方式握手。

（2）直臂式握手。用这种方式握手时，双方会猛地伸出一条僵硬挺直的手臂，掌心向下。事实证明，这种握手方式是最粗鲁、最放肆的握手方式之一。所以在日常生活中，应避免这种握手方式。当然，在特定的场合，如老朋友见面等，如此握手也许能达到意想不到的效果。

（3）“死鱼”式握手。用这种方式握手时，一方常常会接到一只软弱无力的手。这种握手方式会使人感到无情无义。

（4）扣手式握手。这种握手方式即以右手握住对方的右手，再用左手握住对方的手背，双手夹握，西方也称其为政治家的握手方式。采用这种方式接收者会感到热情真挚，诚实可靠。但对初次见面者慎用，以免起到反效果。

（5）攥指。这种握手方式即用拇指和食指紧紧攥住对方除拇指外的其余四指的关节处，像老虎钳一样夹住对方的手。不言而喻，这种握手方式必然会让人感到厌恶。

（6）捏指尖式握手。这种握手方式常用于对方是女性的场合，不是亲切地握住对方整个手掌，而是轻轻地捏住对方的几个指尖，给人十分礼貌的感觉，其用意大概是要与对方保持距离。

（7）拽臂式握手。这种握手方式即将对方的手拉过来与自己相握，当对方是胆怯的人时多用此握手方式，但同样会给人不舒服的感觉。

（8）双握式握手。用这种方式握手的人是想向对方传递真挚友好的情感：右手与对方相握，左手伸出握住对方的腕、肘、上臂或肩等部位。

身体间接触的其他形式还有拍肩膀、拍胸脯等。例如，领导拍下属肩膀表示关心、鼓励和信任，是关系融洽的一种表现；熟人、老朋友见面时拍胸脯则表示一种亲切、热情。另外，在承诺某一件事时拍胸脯则表示自信、有把握等。

2．身体与物体接触

身体与物体间接触传递的信息，即在摆弄、佩戴、选用某种物体时传递的某种信息，实际上也是通过人的身体语言表示的信息。下面是一些常见的行为。

（1）转笔，表示漫不经心，对所谈的内容无兴趣或不在乎。

（2）摘下眼镜，轻轻揉眼或擦眼镜，反映精神疲劳，或对争论不休的问题感到厌倦，或想喘口气准备再战。如果是摘下眼镜，继而很快或有意地把眼镜抛在桌子上，则表示其难以抑制不满情绪。

（3）慢慢打开记录本，表示关注对方讲话；快速打开记录本，说明发现了重要问题。

（4）如果轻轻拿起桌子上的帽子，表示要结束这轮谈判或暗示要告辞。

交替重复表示放松和认真的动作，如一会儿放松地背靠座椅，一会儿表情严肃地探出身子，会让人无法理解这些身体语言。老练的政治家或外交家因某一棘手问题遭到公众、记者围攻时，常做出这一行为。

10.2.4　身体姿态

一个人的身体姿态能够表明其是否有信心、是否精力充沛等情况。通常人们想象中精力充沛的姿态是：收腹、肩膀平而挺直、下巴上提、面带微笑、充满信心等。

走路的姿态能充分体现一个人是否有信心。走路时，身体应当保持正直，不要过分摇摆；也不要左顾右盼，应平视前方；两腿要有节奏地交替向前，步履轻盈不要拖拉；两臂在身体两侧自然摆动。要做到轻、灵、巧。男士要稳定、矫健；女士要轻盈、优雅。如果因工作要求需要经常出入别人的办公室，要养成随手带些材料或者夹个文件夹的习惯，这不仅不会让自己的手空着，而且所表现出来的是讲求效率的形象，会得到同事和领导的赞许。

站立的姿态体现了一个人的道德修养、文化水平以及与他人交往是否有诚意等。站立时，躯干要正直，头、颈、腿要与地面垂直；平视前方，挺胸收腹，要显得庄重平稳，切忌东倒西歪、耸肩驼背。站立交谈时，可随所说的内容做一些手势，但不要动作过大，以免显得粗鲁。在正式场合站立时，不要将空手插入裤袋里或交叉放在胸前，更要避免一些下意识的小动作，如摆弄手中的笔，玩弄衣带、发辫等，否则不仅会显得拘谨，还会给人一种缺乏自信、缺乏经验的感觉，而且也有失庄重感。良好的站姿应该给人以挺、直、高的感觉，像松树一样舒展、挺拔。

在坐姿方面，要做到尽可能舒服地坐着，但不能降低自己的身份，以免影响正常的交流。如果笔直地坐在一把直靠背椅上，会显得很僵硬。最好的方式是将身体的某一部位靠在靠背上，使身体稍微有些倾斜。当听对面或旁边的人谈话时，可以采用一种轻松而不紧张的坐姿。在听别人讲话时，可以通过微笑、点头或者轻轻移动的方式，清楚地注意对方的讲话方式，来表明自己感兴趣与欣赏。当轮到自己说话时，可以先通过手势来吸引对方的注意力，以强调谈话内容的重要性，然后身体前倾，变化语调，并配合适当的手势来强调想强调的论点。面试时，应试者如果弓着背坐着，两臂僵硬地夹紧，两腿和两只脚紧靠在一起，就等于向面试官表达“我很紧张”。同样，如果应试者懒散地两脚分开坐着，则表明他过分自信或随便，也会令人不舒服。

素养课堂

孟子欲休妻

孟子的妻子独自待在屋子里，伸开两腿坐着。孟子进门看到了妻子的样子，对他的母亲说：“我的妻子不讲礼仪，请让我休了她。”孟母说：“为什么？”孟子说：“她伸开两腿坐着。”孟母问：“你是怎么知道的？”孟子说：“我亲眼看见的。”孟母说：“这就是你没礼貌，不是妇人没礼貌。《礼记》上不是说了吗？‘将要进屋的时候，先问屋中有谁在里面；将要进入厅堂的时候，必须先高声传扬（让里面的人知道）；将进屋的时候，必须眼往下看。’为的是不让人没准备。现在你到妻子闲居休息的地方，进屋没有声响，因而你看到了她两腿伸开坐着的样子。这是你没礼貌，并非你妻子没礼貌！”孟子认识到自己错了，不敢休妻。

本案例告诉我们，一个优秀的管理者应做到以下几点：讲话时姿态要端正、稳重而又自然，让人看着顺眼、舒服；避免紧张、慌乱，要给人一种认真而又轻松的感觉。站着讲话时，要站正站直，但不要僵硬，要略向前倾；头抬起，目光平视。坐着讲话时，两腿要自然平放，必要时才可交叉跷腿，切不可抖腿摆脚，以免给人不稳重的感觉。在大会上讲话时，不能只顾自己，不能高傲、目中无人；更不能讲话声音低，语调平直，显得拘谨、胆小。另外，在公众场所，无所顾忌地打哈欠、伸懒腰等不文明行为会大大影响管理者的形象，阻碍正常的交流和沟通。

下面是一些具体的身体姿态所表达的含义。

一般性的交叉跷腿的坐姿（俗称“跷二郎腿”），常伴以消极的手势，表示紧张和防御态度。

高跷腿坐姿，是在上述姿态的基础上，将上压腿上移，使小腿放在另一条腿的上膝部的姿势，它暗示一种争辩、竞争的态度，如果再用双手扳住上压的这条腿，则表示这个人固执己见。

谈话时，如果对方将头侧向一边，尤其是倾向讲话者的一边，或者身体倾斜面向讲话者，盯住讲话者，则说明他对讲话者所讲的事很感兴趣。

如果对方把头垂下，则是一种消极的信号，表示他对所讲的事没有兴趣。

若某人两腿分开，间距同肩宽，双手背后，挺胸，抬头，平视对方，面带微笑，则说明其对交谈内容感兴趣、有信心。

若某人双腿合拢，上身微前俯，头微低，目视对方，则表示谦恭有礼，愿意听取对方的意见。

若某人体态端正，彬彬有礼，则说明其稳重和有信心。

10.2.5　面部表情

扫一扫 微课视频

面部表情就是面部器官的动作。人的基本情感及各种复杂的内心活动都能够通过面部表情真实地表现出来。我们在日常生活中经常会使用面部表情这一身体语言。与人说话、求人办事、请人帮忙等时，我们都需要注意对方的面部表情。可见，面部表情对有效沟通是很重要的。

1. 眼睛的动作

孟子曰：“胸中正，则眸子瞭焉；胸中不正，则眸子眊焉。”一个人的眼神可以表现其喜、怒、哀、乐，反映其内心的变化。有经验的讲话者都很注意恰当而巧妙地运用自己的眼神，借以充分发挥口才的作用。如果一位管理者说话不善于用眼神传情，总是呈现出一双无神的眼睛，就会给倾听者一种呆滞麻木的感觉，无法引起倾听者的注意，有损语言的表达。

（1）注视。行为科学家断言，只有同他人对视时，即只有在相互注视到对方的眼睛时，彼此的沟通才能进行。在沟通中保持目光接触非常重要，甚至有的人对目光接触的重视程度远远超过对语言沟通的重视程度。例如，管理者说话时，目光要朝向对方，适度地注视对方的脸和眼，不要仰视天空，也不要俯视地面，更不要不停地眨眼或者斜视对方。既不要一动不动地直视，也不要眼球乱转，前者会使人感到滑稽可笑，后者会使人感到莫名其妙。

① 注视的时间。注视时间的长短对双方交流有着十分重要的影响。有时，我们和有些人谈话会感到舒服，和有些人谈话则不自在，甚至对方看起来不值得信任。这主要与对方注视我们的时间长短有关。当然，这也要区分不同性别之间的交流和同性别之间的交流两种情况。当一个人不诚实或企图撒谎时，他的目光与你的目光接触的时间往往不足全部谈话时间的三分之一。如果某个人的目光与你的目光接触的时间超过全部谈话时间的三分之二，就可以说明两个问题：第一，对方认为你很吸引他，这时他的瞳孔会扩大；第二，对方对你怀有敌意，向你表示无声的挑战，这时他的瞳孔会缩小。事实证明，若甲喜欢乙，甲会一直看着乙，这时乙意识到甲喜欢他，乙也可能会喜欢甲。换言之，若想同别人建立良好的关系，在整个谈话的时间里，你和对方的目光相接触的时间应达到谈话总时间的 50%～70%。只有这样，你才能得到对方的信赖和喜欢。相反，若你在交谈时眼睛不看着对方，那么你自然很难得到对方的信赖和喜欢。异性之间进行交流时，不论是男性还是女性，都不可长时间地注视对方，即使有必要注视也不能太放肆，而必须是诚恳的、善意的。

② 注视的部位。注视的部位同样也很重要。注视的部位因场合的不同而有很大的区

别。公务注视，这是洽谈业务、磋商交易和贸易谈判时所用的注视方式。眼睛应看着对方额头处的三角区域（以双眼连线为底线，底线对应的顶点位于前额），注视这个部位，显得严肃认真、有诚意。在交谈中，如果目光总是落在这个三角区域，就有可能把握谈话的主动权和控制权。这是商人和外交人员经常使用的注视方式。社交注视，这是人们在社交场所使用的注视方式。这类社交场所包括鸡尾酒会、茶话会、舞会和各种类型的友谊聚会。眼睛要看着对方脸上的倒三角区域（以两眼连线为上线，以嘴为底线对应的顶点），即双眼和嘴之间的部位，注视这个部位，会营造出一种社交气氛。亲密注视，这是男女之间，尤其是恋人之间使用的注视方式。眼睛看着对方双眼或胸部之间的部位，恋人之间这样注视很合适，对陌生人来说，这种注视就出格了。瞥视，轻轻一瞥用来表达感兴趣或有敌意。若加上轻轻地扬起眉毛或展露笑脸，就表示感兴趣；若加上皱眉或压低嘴角，就表示疑虑、敌对或批评的态度。

在面对面的交往中，我们应针对不同的对象，选择不同的注视方式。例如，批评下属若用社交注视的方式，那么再严肃，对方也可能会漫不经心，因为社交注视的方式削弱了批评的严肃性；若用亲密注视的方式，则会使对方窘迫，产生抵触情绪。所以，只有采用公务注视的方式才合适。

③ 眨眼。人们眨眼的频率一般为每分钟 5～8 次，若上下眼睑合拢时间超过 1 秒就成了闭眼。在 1 秒之内连眨几次眼，是神情活跃、对某事物感兴趣的表现（有时也可以理解为由于怯懦羞涩、不敢正眼直视而不停眨眼）；闭眼则表示厌恶、不感兴趣，或表示自己比对方优越，有蔑视或藐视的意思。

（2）盯视。在人们的日常交往中，盯视有特殊的功能和意义。

① 爱憎功能。亲昵的盯视可以打破僵局，使谈话双方的目光长时间相接触。

② 威吓功能。长时间盯视对方还有一种威吓功能。例如，警察对罪犯、父母对违反规矩的孩子等进行长时间盯视，会形成无声的压力。

③ 补偿功能。两个人面对面交谈，一般是讲话者看着倾听者的次数要少于倾听者看着讲话者的次数，这样便于讲话者将更多的注意力集中到要表达的内容上。一段时间后，如果讲话者盯视倾听者，这就是暗示对方可以讲话了。

④ 显示地位功能。如果地位高的人与地位低的人谈话，那么地位高的人盯视地位低的人的时间往往长于地位低的人盯视地位高的人的时间。

（3）扫视与侧视。扫视常用来表示好奇，侧视常用来表示轻蔑。在交际中过多地使用扫视，会让一方觉得另一方心不在焉，对谈论的内容没兴趣；而过多地使用侧视，会让一方觉得另一方有敌意。

（4）闭眼。长时间的闭眼会给对方很孤傲的感觉。如果闭眼的同时伴有双臂交叉、仰头等动作，就会给对方目中无人的感觉。

（5）眼球位置分析。

① 眼球位于眼睛正中间表示自信、坚定。

② 眼球向左侧转动表示此人正在回忆所见所闻和所经历的事情、所遇见的人物等。

③ 眼球向右侧转动表示此人正在推理、计算、分析和思考，对未来可能发生的事情进行想象和憧憬。但如果所叙述的事情是过去发生的，眼球却向右转，则可以说明此人在撒谎。

④ 眼球向上转动表示此人正在思考、判断、分析和想象，此时他所说的内容会更加违心或意识化。

⑤ 眼球向下转动表示此人承认当前所做事情或不好意思、感到羞愧。

2. 眉毛的动作

眉毛的动作可以传递如问候、惊讶、恐惧等信息。俗话说："眉目传情。"眉和目总是共同传递信息的，眉毛的动作可以帮助眼神的传递。当眯起双眼、眉毛稍稍向下时，那可能表示已陷入沉思；当眉毛扬起时，则可能表示对某事有所怀疑或感到兴奋。

3. 鼻子的动作

鼻子用得适当也能使话语生辉。如愤怒时，鼻孔张开、鼻翼翕动，感情会表达得更为强烈。在管理活动中，当内心对某事不满时，应理智地予以处理，或委婉地说出来，千万不能向对方皱鼻子。

4. 嘴的动作

嘴部的动作是通过口型变化来体现的。例如，鄙视某人时会嘴巴一撇，惊愕时会张口结舌，忍耐时会紧咬下唇，微笑时会嘴角上翘，气急时会嘴唇发抖等。

5. 脸的动作

如果对某事感到棘手，会微皱额头；如果脸部肌肉放松，表明遇到了令人高兴的事情。

6. 微笑

在非语言沟通中，微笑是一种很常见但却很有效的沟通方式。微笑对他人有移情效用。俗话说，"笑有传染性"。微笑的作用是巨大的、多方面的。我们把微笑运用到日常工作中，就会给我们带来意想不到的效果。正因如此，不少企业，特别是服务企业，开始对其员工进行微笑培训。

善于交际的人在人际交往中总面带微笑。一个友好、真诚的微笑会传递给别人许多信息。微笑能够使沟通在一种轻松的氛围中展开，可以消除陌生、紧张带来的障碍。同时，微笑也可显示自信心，有助于通过良好的沟通实现预定的目标。

作为一名管理者，要非常清楚地知道微笑对处理客户关系、上下级关系的重要性。如果想让微笑成为友好感情的使者，那么必须从内心深处发出这种微笑。为了赢得客户的好感和融洽上下级关系，就要让他们在潜意识里了解管理者真实的情感。真诚的微笑能够让对方心中产生轻松、愉快、可信的感觉。

案例2

善意的微笑

一天傍晚，一位独居的老妇人突然听到一阵急促的敲门声。她小心翼翼地打开门，发现一个持刀的小伙正恶狠狠地盯着自己。她灵机一动，微笑着说："小伙子，你真会开玩笑！敲门还拿刀，不嫌累吗？你不会是推销刀的吧？我正好要买一把菜刀……”说着，老妇人把小伙子请进屋，让他坐下，然后接着说：“你拿菜刀的样子真像我死去的儿子，算了，不提那些伤心的事了，看到你我非常高兴，你要喝咖啡还是茶……”本来准备实施抢劫的小伙子看着笑容可掬的老妇人，居然慢慢变得腼腆起来，甚至感觉有点惭愧。他有点结巴地说：“谢谢，哦，谢谢，来杯白开水就可以了。”最后，老妇人真以高价买下了那把菜刀。小伙子拿着钱迟疑了一下，在转身离去的时候，他回过头对老妇人说：“感谢您，老人家，您将改变我的一生！”

本案例说明，真诚的微笑真的能在瞬间缩短彼此的心理距离，使人与人之间充满信任与感激。任何时候，真诚的微笑都会直抵人的心灵深处，并在那里发酵，自内而外地影响和改变一个人。

10.2.6 空间距离

扫一扫 微课视频

这里所说的空间距离，是指两位沟通者之间的空间距离。通过控制双方的空间距离进行的沟通为空间沟通。空间距离包括位置、距离、朝向以及影响空间距离的因素。

1. 位置

位置在沟通中所表示的主要的信息就是身份。你去拜访一位客户，在他的办公室里进行会谈，他让你坐在他的办公桌的前面，表示他是主人，他拥有控制权，你是客人，你要听取他的意见。在开会时，积极坐在显眼位置的人，希望向其他人（包括领导）显示自己的存在和重要性。筵席座椅的位置也很讲究宾主，东道主坐在正中，面对上菜方向，他右侧的第一个位置留给最重要的客人，他左侧的第一个位置留给第二重要的客人，其他客人、陪同人员以东道主为中心，按职务、辈分依次落座。

2. 距离

我们在与他人沟通时有 4 个层次的距离，即亲密距离、人际距离、社会距离和公共距离。

（1）亲密距离。亲密距离范围为人们相距不超过 15 厘米，可以有意识地、频繁地互相接触。适用对象为父母、夫妻或亲密朋友等。例如，母亲和婴儿在一起时，她或者抱着婴儿、抚摸婴儿、亲吻婴儿，或者把婴儿放在腿上等。

当无权进入亲密距离的人进入这个范围时，我们会感到不安。例如，在拥挤的公共汽车、地铁或电梯上，人们挤在一起，他们处在我们的亲密距离范围内，我们会通过忽视对方的存在或不与对方进行目光接触来应付这种情况。

（2）人际距离。人际距离范围为人们相互间的距离为 46～76 厘米，这是我们在进行非正式的个人交谈时经常保持的距离。这个距离允许人们与朋友或熟人随意谈话。如果距离超过 76 厘米，人们就有交谈会被外人无意听到的感觉，从而使交谈很难进行。

（3）社会距离。当对别人不熟悉时，最有可能与其保持社会距离，即保持 1.2～2.1 米的距离。它适用于面试、社交性聚会和访谈等非个人事件，而不适用于分享个人的东西。

你注意过重要人物的办公桌的大小吗？它大到足以使来访者与被访者保持恰当的社

会距离。在一个有许多工作人员的大办公室里，办公桌是按社会距离分开摆放的，这种距离使每个人都有可能把精力集中在自己的工作上，以及不干扰同事。有时，人们通过移动将社会距离变为人际距离。

（4）公共距离。公共距离，近范围为 3.7～7.6 米，远范围在 10 米之外，通常被用在公共演讲中。在这种情况下，人们说话的声音更大，手势更夸张。这种距离下的沟通更正式，同时人们相互影响的情况极少。

研究不同距离的意义在于：不同的距离表达了不同的意思。例如，如果将人际距离改为亲密距离，很可能使对方感到不自在甚至产生误解，因为没有事先传递任何距离变化的信息。但如果将亲密距离改为人际距离，对方会立刻感到距离远了或被拒绝。选择何种距离以及在此之后所做的任何变化都会传递某种信息。

3．朝向

朝向即交际主体调整自己相对于对方的角度。朝向可以分为以下 4 类。

（1）面对面的朝向，即交际双方面部、肩膀相对，这种朝向通常表示一种不愿让正在进行的交际活动被打断的愿望，同时也显示了双方要么亲密、要么紧张甚至敌对的关系。人们在讨论问题、协商、会谈、谈生意或争吵时，往往都会自觉或不自觉地选择这种朝向。

（2）背对背的朝向，它与面对面的朝向完全相反，其所表示的否定含义是不言而喻的。

（3）肩并肩的朝向，即两个人肩部成一条直线，朝向一致。较亲密的人在随意的场合中喜欢采取这种朝向。

（4）V 形朝向，即两人以一定的角度朝向对方。

肩并肩的朝向和 V 形朝向，一方面可以表示双方维持交际的兴趣；另一方面可以显示这种兴趣比面对面的朝向下的兴趣略为减弱。

10.3 服饰与仪态

俗话说：“人靠衣装，佛靠金装。”穿着打扮反映了一个人的精神面貌、文化素养和审美水平，同时也反映了其地位、归属、遵循的规范等。穿着打扮给他人和公众留下的第一印象是至关重要的，其对社会交往活动能否顺利进行、能否取得成功有很大影响。

10.3.1 服装

扫一扫 微课视频

在现代沟通中，服装的作用已不仅是基本的遮羞避寒，还包括向别人传递有关个人风格的信息。

1．服装的种类

服装分为 4 类：制服、职业装、休闲服和化妆服。每一类服装的含义略有不同。

（1）制服。制服是专业化的服装，它表明穿着者属于一个特定的组织。在制服上人们存在着极小的选择自由，穿着者被告知什么时候穿（冬天、夏天等）及能否佩戴装饰品（胸针、奖章等）。例如，有的学校要求学生上学穿校服。常见的制服是军服，通过展示军衔标志，军服告诉人们穿着者在军队中处于什么位置以及在这个组织中与他人是什么样的关系等。制服也暗示着它的穿着者要遵循特定的规范。

（2）职业装。职业装是要求雇员穿着的服装，但它不像制服那样刻板。例如，很多公司、金融机构等都为员工制作了职业装。不像制服的穿着者，穿职业装的雇员有一些选择空间，如飞机乘务员被要求穿专门的服装，但他们可以按自己的爱好进行搭配；护士可能被要求穿白色的服装，但她们能选择所喜欢的样式；商业从业人员甚至有更多的选择，一个公司可能要求其雇员穿西装，但雇员既可以选择西装的颜色，又可以选择西装的样式。

（3）休闲服。在工作结束后的私人时间内，大多数人都会选择穿休闲服，且有较大的选择空间，如一些人通过穿卫衣、紧身服等来表明自己的个性。

（4）化妆服。化妆服是一种高度个性化的服装，且具有象征意义。很少有人对在日常生活中穿化妆服感兴趣，穿化妆服不仅要考虑它所传递的形象，而且要考虑它是否与许多规范相符合。例如，当一个学生为参加一家超级市场的工作面试而改换自己的鞋时，他会注意到“最好不穿牛仔靴，它看上去令人不舒服”。

2. 着装要求

（1）符合年龄、职业和身份。不管是青年人还是中老年人，都有权利打扮自己，但要注意不同年龄的人有不同的着装要求。除了在正式工作或宴会、各种仪式等特定场合外，年轻人应穿得随意、鲜艳、活泼一些，这样可以充分体现年轻人朝气蓬勃的青春之美。而中老年人则要注意庄重、雅致，体现成熟和稳重，透出年轻人所没有的成熟美。

管理者的着装还要突出表现自己的身份，并且能给别人留下好印象。服装能表明管理者的性格特点。在社交场合中，人们对新来者的第一印象就来自着装，并根据这一印象对新来者做出某种更深入的判断。

服装表明身份，职业装更能显示一个人的工作性质以及从属关系。以某一饭店中的管理人员、各种性质的服务员的着装为例，饭店员工的制服首先要有整体感，以区别于其他饭店的制服。同时饭店又以不同的样式、标志或颜色显示穿着者不同的身份、职责范围。当客户来到某一饭店时，一定希望接待自己的是一位穿着美观和整洁、态度和蔼的服务员，而不是衣着不整、无精打采的服务员。职业装明确表明了人们的身份，促使每一个人自觉维护集体的荣誉、热爱本职工作、增强责任心，同时有利于树立良好的企业形象，使人们对企业产生信任感。

（2）符合个人的脸型、肤色和身材。人的身高有高有矮、体型有胖有瘦、肤色有深有浅，着装时应考虑到这些因素，扬长避短。一般来说，个子较高的人，上衣应适当加长，配以低圆领或宽大而蓬松的袖子、宽大的裙子、衬衣等，这样能给人以“矮”的感觉，衣服颜色可选择深色、单色或柔和的颜色；个子较矮的人，不宜穿大花图案或宽格条纹的服装，可选择浅色的套装，上衣应稍短一些，服装款式以简单直线为宜，上衣、下装颜色应保持一致。体型较胖的人应选择小碎花、直条纹、冷色调的衣服，以达到显瘦的效果；在款式上，服装应力求简洁，腰部略收，不宜采用关门领，以 V 形领为佳。体型较瘦的人应选择色彩鲜明，带有大花图案、方格以及横格的衣服，给人以宽阔、健壮的视觉效果；在款式上，应当选择宽大、有分割花纹、有变化的、较复杂的、质地不太软的衣服，切忌穿紧身衣裤，也不要穿深色的衣服。另外，肤色较深的人穿浅色服装，会获得健美的色彩效果；肤色较浅的人穿深色服装，更能显出皮肤的细腻柔嫩。每个管理者在决定自己的服饰穿戴时，要根据自己的具体情况而定，不必墨守成规，何况着装还受时尚因素的影响。

（3）符合时代、场合。在考虑时代、场合方面，我们应努力使着装体现时代的新风貌。随着对外交往的频繁，西装成为男士在交际中穿着频率最高的服装，女士则根据不同的场合选择职业套装、各种各样的裙子等。如果穿过时的服装，会给人以僵化、守旧的印象，但一味地追求时髦、奇装异服，也会显得不实在。

庆典仪式、会见外宾、音乐会等正式场合，对着装有严格的要求。西装要合体、优雅、符合规范。打领带时，衣领扣子要扣好，领带要推到领扣上面，下端不要超过腰带。如果穿毛衣或背心，领带应放在毛衣里面，如果夹领带夹，应夹在衬衣第二个扣子和第三个扣子之间。一般来说，西装上衣为双排扣的扣子应全部扣好。要注意，如果西装上衣为单排扣且是两粒扣子，只扣上面的扣子是常采取的做法。如果是三粒扣子，应只扣中间一粒扣子或三粒扣子都不扣。西装左侧翻领上有个扣眼，人称“美人眼”，通常应在这个扣眼插上一朵花，或别上别针、徽章等。

西装左胸口袋是装饰袋，人们常用手帕叠成各种花型放在里面并露出一部分。手帕叠成的花型有很多，常用的呈一山型、二山型和三山型等。手帕质地多为麻纱、丝等。

衬衣应扎在裤子里，领子、袖口露出西装约 1 厘米，衬衣袖子不应卷起来。穿西装时，手要插在裤兜里，不宜插在西装上衣口袋里。

女士服装讲究美观大方，讲究时髦。在正式场合，女士可以穿旗袍、裙子或西装，但不宜穿靴子，也不宜穿紧身裤。

参加婚礼等喜庆活动时，可打扮得漂亮些，但不可与新郎、新娘争风头。到朋友家做客、参加联谊会等，可穿着美观大方，并适当进行装饰打扮。

参加葬礼、吊唁等活动时，男士可着黑色或深色西装，女士穿深色服装，内穿白色或暗色衬衣，不用花手帕、不抹口红、不戴装饰品。

（4）注意服装颜色的含义。我们生活在一个色彩缤纷的世界中，人们对不同色彩有不同的感觉。根据这些感觉，人们将色彩分为不同的色调，如冷色调、暖色调等。不同的色调不但给人的感觉不同，而且有些色调、色彩还具有象征意义。

① 黑色。黑色意味着权力，是一种强有力的颜色。这种颜色会使着装者与别人之间形成一种感情上的距离。作为管理者，在一些庄重而且正式的场合，如员工大会、董事会、经济谈判、合同签字仪式、重要会见等，穿黑色西装往往更符合要求。在出席一些重要的宴会，需要做一些商务交际和公关活动，体现公司的形象和实力时，也需要以黑色或深色服装作为正式礼服。另外，在一些悲伤的场合，如吊唁活动等，最好穿黑色服装，内穿白色或暗色衬衣。

② 灰色。灰色意味着冷漠，是冷色。如果身着灰色服装，想要把自己友善的微笑传达给别人，将十分困难。灰色给人一种冷冰冰的感觉，但同时也有助于使各种事情平息下来。许多业务代理人员在业务活动中喜欢穿灰色衣服，主要是因为灰色能确切表明其身份，能够帮其顺利地开展业务。穿着灰色服装的弊端是不能在较短时间内使别人与自

己的关系融洽。因此，如果选择了灰色服装，则可以在领带、衬衣上补充别的颜色。

③ 棕色。棕色是一种友好而富有同情心的颜色，也代表着一定的权力与力量。作为企业的管理者，应具备控制能力，在参加会谈时，穿棕色西装是一个很好的选择，如果穿黑色或深蓝色西装，可能会显得过于强势，从而不利于会谈。

④ 深蓝色。深蓝色既表明了力量和权力，又不像黑色和灰色那样令人感到冷漠。有许多人在参加会议时，选择穿深蓝色的西装。假如你是一个部门经理，正被别人访问，如果你穿灰色服装，可能会给人一种疏远冷淡的感觉，从而使别人认为你是一个不了解下属情况的人。黑色服装和棕色服装也是不明智的，而深蓝色也许是最好的选择。需要注意的是，当为重要的会议和会面选择服装的颜色时，不但要考虑颜色本身的含义，还要考虑面临的局势，两者是同等重要的。

⑤ 浅黄色。浅黄色是一种淡而柔和的颜色。大家在业务活动中应避免穿浅黄色服装，因为它会使人显得软弱无力。与浅黄色象征意义相类似的颜色还有浅紫色、浅绿色等。即使穿一套深蓝色的服装，若搭配浅黄色的领带，也是不合适的。因为任何浅黄色的点缀均格外突出醒目，会削弱影响力，不利于坚持立场。

⑥ 深绿色。深绿色为过于吸引人注意力的颜色。这一颜色非常夺目，以至于如果穿上这一颜色的衣服，别人的注意力将完全放在衣服上面而忽视了人本身，从而使他们对人的印象非常模糊。但是，也可以很好地利用这一颜色的衣服，来避开人们的注意力。

选择适当颜色的服装，对于调整心理状态和改善会见气氛是非常重要的。如果决定穿深蓝色的西装去参加一个重要会议，可以选择一条颜色稍浅的领带和白衬衣，因为深蓝色的西装与白衬衣相配，会使人看起来很有力量感。同时还要露出衬衣袖口，这将表现出友好。

（5）注意服装色彩的搭配。服装色彩的搭配要求和谐、美观，否则就会给人以不悦之感。

服装色彩的搭配有两种有效的方法，即亲色调和法和对比色调和法。亲色调和法是一种常用的配色方法。这种方法要求将色调相近、浓淡不同的颜色组合在一起，如深绿与浅绿搭配、浅红与深红搭配等。对比色调和法的特点是在服装色彩搭配上以其中一种颜色衬托另外一种或两种颜色，使各种颜色不失各自的特色，相映生辉，如红黄蓝、橙绿紫等的搭配。在着装颜色搭配上，切忌上下身都采用鲜明的颜色，这样会显得很刺眼，令人不舒服。

对于服装色彩搭配，人们要根据不同的地理环境和不同的社交场合来进行。认识了色彩的搭配规律，有助于更好地在着装上运用色彩。

服装的整洁是头等大事，着装要求清洁、整齐、挺直，使人们显得容光焕发。衣服应熨平整、裤子应熨出裤线。衣服袖口应干净，皮鞋要上油擦亮，鞋面上不能留有污垢。穿长袖衬衣要将前后摆塞进裤内，长裤不要卷起。假如服饰被人赞美，应大方地说一声："谢谢！"但不要在对方刚赞美后，就马上去赞美他的服饰。不要在正式场合询问对方服饰的新旧、价格及购买渠道，更不要触摸对方的服饰，这可能会使对方恼火。

参加各种活动，一旦进入室内，就应当脱去大衣、风衣和帽子，摘下围巾，但西装上衣、夹克是不能随便脱的。男士在室内不应戴帽子、手套。女士的纱手套、帽子、披肩、短外套等，作为服饰的一部分则可在室内穿戴。在他人办公室或居室里，不要乱放自己的衣帽，应在获得主人允许后按照要求放好。

10.3.2　饰品

饰品佩戴是一门艺术，其不仅适应了人的生理与心理需要，而且反映了人们一定的文化修养水平。佩戴饰品的要求有 3 个：与服装相协调、与人相协调以及与环境气氛相协调。

饰品在人的整体着装中至关重要。合适的饰品能使人显得更加潇洒飘逸。领带和领结被称为西装的灵魂，在其选择上应下一番功夫。在正式场合穿礼服时，可配以黑色或白色的领结。蝴蝶结在运动场上或比较轻松的场合里很受欢迎。

男士的腰带分工作和休闲两大类。工作场合应以黑色和棕色皮革制品为佳。而在休闲场合中，腰带只要漂亮就可以了。腰带的颜色和式样不宜太过醒目。女士系腰带应考虑同服装相配套，还要注意同体型相搭配。

纽扣在服装上的作用很大。女士服装上的纽扣式样很多，而男士服装上的纽扣式样则不宜追求新潮。西装上衣为双排扣的，穿着时一定要把纽扣全扣上。如果是单排扣的，还有两粒纽扣与三粒纽扣之分，对于前者应扣上面那一粒纽扣，对于后者应扣中间那一粒纽扣或三粒都不扣。

眼镜选配得好，可使人显得儒雅端庄。方脸要搭配大圆框、粗线条的镜框，圆脸宜搭配四方宽阔的镜框，而椭圆形脸更适合框型宽阔的眼镜。在室内不要戴黑色等有色眼镜，如有特殊情况，应向他人说明。

女士应将手提包套在手臂上，不要拎在手里，且手提包大小应与体型相适应。男士在公务活动中的公文包应以黑色、棕色等颜色为宜。女士用的钱夹可以随手携带，或放在手提包里。男士的皮夹则应放在西装上衣内侧口袋里。

男士应随身携带至少一支钢笔，可将其放在公文包里，也可将其放在西装上衣内侧的口袋里。手表的佩戴因人而异，但在正式的场合不要戴潜水表、太空表等。

10.3.3　化妆

化妆是一种积极的生活态度，是热爱生活的表现，从礼仪的角度讲也是尊重他人的表现。

化妆有悠久的历史，可追溯到远古时期。例如，古埃及妇女在几千年前就已懂得装饰卷曲头发了，并且在脸部擦油以防止被太阳晒伤；新几内亚的原始部落亦擅长化妆，喜把身体涂得红红绿绿的。

女性常见的化妆品包括眼影、眉笔、胭脂、粉、唇膏、指甲油、香水等。

10.3.4　仪态

在不同的场合，管理者要仪态大方、得体，只有这样才能显示自己的修养和交际技能。

扫一扫　微课视频

1. 办公室仪态

无论是主人还是访客，在公务交际中，重要的是随时保持优雅、警觉以及有条不紊的态度。在接待访客时，如果没有接待人员引导访客到主人的办公室，主人应该出去迎接，问候来客，并且带他到自己的办公室；当接待人员将访客带到主人的办公室时，主人应马上站起来，从桌后快步走出，并热情握手，寒暄问候，以表达很高兴见到对方，并且视他为一个重要的访客。当一些突如其来的紧急事件打乱了接待节奏时，如果必须让访客等待超过 10 分钟，则应抽出 1～2 分钟，到办公室外面跟访客寒暄一下，表明歉意，以安抚访客的情绪。访客到达时，主人如果正在打电话，应该马上结束通话，并告诉通话对象，等这里的事情处理完了，会立即回电话给他，这样可避免让访客久等。等访客在安排好的座位上落座后，主人再坐下，然后请访客喝茶，再进入谈话的正题。

当主人较忙，工作安排很紧凑，而来访的人逗留时间过久，或者另一位重要客人来了，而主人必须给予特别的接待时，可以看着手表对当前接待的访客说："我很抱歉，我下面还有另一个会议，几分钟前就开始了。"同时，给对方一点时间说最后一两句话，然后起身，热忱地与对方握手，并且说"今天的会面非常有益"或"谢谢你的光临，一旦有消息，我就会通知你"等，或采取其他适当的方式告别，然后把访客送到门口，礼貌地道别。

2. 商业拜访仪态

在进行商业拜访时，访客要按约定时间准时到达，否则很可能会影响整个拜访活动。在等待期间，访客不要向接待人员提任何要求，避免干扰对方正常工作。如果已等待较长时间，可向接待人员询问还需要等多久，但不要不停地问，抱怨等了很久。要保持安静、有礼貌，当离开接待室时，记得说声"谢谢"。如果访客能叫出接待人员的名字，那么访客的道谢会令接待人员印象深刻，也不要忘记向其上级提起他的良好接待。当访客离开办公室时，无论这次会面是否达到目的，都应该谢谢对方的接见，并且在离开时与对方握手道别。

3. 谈判仪态

谈判一般选在比较正规的场合，它是谈判双方风度的一场较量，因此谈判双方必须注意仪表举止，给人一种有良好修养的印象。交谈时可进行自我介绍，也可由第三者介绍。自我介绍时要自然大方，不必过分拘泥礼节，一般应姓、名并提，讲清自己的单位、所担任的职务等。介绍他人时，社会地位较低的人总是先被介绍给社会地位较高的人。介绍时，被介绍人应起立面带微笑，向大家点头示意。介绍完之后，双方要互致问候和握手，并交换名片。

问人姓名时，要使用礼貌用语，如"请问尊姓大名""对不起，您怎么称呼"等，对男士一般称"先生"，对女士一般称"女士"等。

在谈判过程中，语气要平和、友好，不生硬、不咄咄逼人。在对方发言时，要仔细聆听，不能漫不经心，四处张望，流露轻视对方的神情，可以用点头同意或简单的"嗯""对""我明白"等语言，鼓励对方继续讲下去，并以积极、友好的手势或微笑做出反应。若在谈判过程中出现分歧，双方应平和地坐下来，找出双方观点相左之处，然后态度诚恳、实事求是、不伤和气地阐明各自的观点，即使谈判未获成功，也不能嫉恨、挖苦对方，要建立与对方的友谊。

4. 宴请仪态

在餐桌上的仪态很能体现就餐者的风度。在宴请时，客人应等主人示意坐下后再坐下。如果主人径自坐下而没有示意客人坐在哪里，客人就坐在最靠近主人的座位。主人则应以缓和的手势示意客人落座。在主人开始用餐后，客人才可以开始用餐。如果参加自助形式的餐会，最好等到有两三位就餐者入席后，再开始享用餐点。

用餐时，应把餐巾放在腿上，如果用餐途中必须离开餐桌，则应把餐巾放在座椅上，千万不要放在桌上。唯有用餐完毕，大家都已站起来准备离去时，才可把餐巾放在桌上。用餐时应该笔直、有精神地坐着，一副懒洋洋、没精神的姿态会给人一种没活力、慵懒无力的印象，从而不利于良好的沟通。

一般情况下，不应把整个手肘都搁在桌上，否则是对他人不尊重的一种表现。此外，只有当最后一道甜点吃完后，才可以把椅子向后推，稍稍远离餐桌，以一种较舒适的方式坐着。在餐后闲聊时，以舒服的方式坐着没有问题；但如果在用餐当中，这样的举止便显得不协调，同时也可能会对其他人造成影响。

5. 舞会仪态

舞会作为一种高雅的娱乐活动，有着较为严格的礼仪要求。舞会上的礼仪有很多，无论是从衣着打扮还是从行为举止来说，必须遵从一定的礼仪规范，如进入舞场要彬彬有礼，说话要轻声细语，不宜高声谈笑，脚步要轻，坐姿要端正，不要跷二郎腿或抖腿等。

邀舞时，一般是男方邀请女方。当舞曲奏起时，男方可慢步来到想邀请的舞伴前，做出邀请姿势，并面带微笑，神情诚恳，举止大方。女方在接受邀请时，也要有一定的礼貌，如果已答应别人的邀请，应主动向对方表示歉意。

舞会中的对话是很重要的。一句得体的话会使人产生好感；不得体的话会使人反感。舞会中的对话要彬彬有礼，交谈要亲切自然，不可油腔滑调或信口开河，更不要说些不礼貌的话。

当舞完一曲后，男方应热情大方地向女方表示感谢，并送女方回到原来的座位，落座后可与其进行适当的交谈，也可礼貌地告辞离开。

本章小结

◆　非语言沟通指通过某些媒介而不是讲话或文字来传递信息。

◆　非语言沟通的形式包括辅助语言、身体动作、身体接触、身体姿态、面部表情、空间距离等。

思考题

1．不管是在现实生活中还是在网络上，都有关于以貌取人的例子，假如现在有人声称自己是贵族或者上层社会的人，你相信还是不相信呢？要依据什么进行判断？怎么和这样的人进行沟通？

2．在面试的过程中，你要怎么表示你已经做好了准备工作？同时又怎么让面试官对你有个好的第一印象呢？

3．在沟通的过程中，如果对方通过语言沟通所传递的信息与通过非语言沟通所传递的信息存在矛盾，你会相信哪种信息？为什么？

4．作为管理者，需要注意的仪态有哪些？

5．饰品搭配的技巧有哪些？

技能训练

一次非语言沟通形式的自我介绍

训练目的：本游戏用以说明沟通有时完全可以通过肢体语言完成，而且同样行之有效；说明通过手势和其他非语言沟通的形式完全可以实现人与人之间的沟通。

参与人员及分组：全体成员，每2人一组。

时间：10分钟。

材料：不需要。

场地：教室。

操作程序：

每2人一组，老师声明本次游戏旨在向对方介绍自己，但是整个介绍期间不可以说话，必须全部用动作完成，大家可以通过图片、标志、手势、目光、表情等非语言的形式进行沟通。如果需要，老师可予以适当的暗示。

一方先通过非语言的形式介绍自己，10分钟后双方互换，然后请大家口头交流一下刚才通过肢体语言对对方的了解，并与对方希望表达的内容进行对照。

相关讨论：

（1）你用肢体语言介绍自己时，表达得是否准确？

（2）你读懂了哪些对方用肢体语言表达的内容？

（3）你的同伴给了你哪些很好的线索使你了解他？

（4）分析运用这种沟通方式时存在哪些障碍（如缺乏经验、缺乏支持和辅助手段等），以及怎样才能消除或减少这些障碍。

评价标准：评价分为自评与互评两个部分，自评与互评满分均为 100 分。每个小项最高分均分 25 分，按照表达情况酌情扣分。

评价表如表 10-1 所示。

表 10-1　评价表

评价指标	得分	
	自评	互评
团队合作和协作能力：能与团队成员合作完成项目		
沟通能力：能用手势或其他非语言形式较好地表达自己的观点		
学习能力：善于学习模仿并借鉴有用信息和好的思路、想法		
独立思考及创新能力：能提出新的想法、建议和策略		

第11章 倾听

【学习目标】	1. 熟悉倾听的定义与过程 2. 熟悉倾听的作用、类型和层次 3. 熟悉倾听的原则和方式 4. 熟悉倾听的障碍 5. 熟悉倾听艺术
【技能目标】	1. 掌握倾听的方式和技巧，养成良好的倾听习惯 2. 掌握对所听到的内容进行准确判断、分析和理解的方法
【素养目标】	1. 培养尊重与专注的品质，促进思维、智力和沟通能力的全面发展 2. 培养辩证思维能力，提高处理复杂问题的能力

案例导入

小金人

曾经有个小国的使者来到某国，进贡了三个一模一样的小金人，这把皇帝高兴坏了。但同时使者也出了一道题目：这三个小金人哪个最有价值？

皇帝想了许多办法，请来珠宝匠检查、称重量、看做工，得出的结论是它们是一模一样的，怎么办呢？最后，有一位老臣说他有办法。皇帝听后便将使者请到大殿，老臣胸有成竹地拿出三根稻草，将第一根稻草插入第一个小金人的耳朵里，这稻草从另一面的耳朵出来了。插入第二个小金人的稻草，从嘴巴里直接掉出来了。而插入第三个小金人的稻草掉进了肚子里，什么响动也没有。老臣说："第三个小金人最有价值！"使者沉默，因为老臣的答案是正确的。

本案例告诉我们，最有价值的人，不一定是最能说的人。善于倾听，才是成熟的人的基本素质。

11.1 倾听的定义与过程

扫一扫 微课视频

11.1.1 倾听的定义

国际倾听协会把倾听定义为：倾听是接收口头及非语言信息，确定其含义和对此做出反应的过程。

此处对“听”的繁体写法“聽”进行拆分讲解。

（1）一个“耳”字，表示要用耳朵听。

（2）一个“一”和“心”，表示一心一意，很专心地听。

（3）“四”代表眼睛，表示听的时候要看着对方。

（4）“耳”字下方还有一个“王”字，表示对方至上。

11.1.2 倾听的过程

有效的倾听过程包括6个阶段，即预言、接收信息、注意、赋予含义、记忆和评价。

1. 预言

在沟通的过程中，倾听起着一定的作用。根据以往的经验，我们会对将要与我们沟通的人可能会做出的反应进行预言。例如，如果你将一份超过时限的作业交给老师，根据以往的经验，你知道老师可能会不高兴，并且你预计他可能会批评你。你也知道此时最好的策略是去听，而不是去辩解。

2. 接收信息

在任何一天中，我们都要接收比我们所需要或能处理的还要多的信息，包括广告、老师的讲课内容、与朋友交谈的内容等。虽然我们听到了许多信息，但没有倾听全部信息。

我们听到的声音，包括词语和这些词语被说出来的方式。但在倾听时，我们会做出更多的反应。听是一种涉及听觉系统的生理过程，而倾听是一种对他人全部反应的更加复杂的知觉过程，他人反应包括口头语言以及身体语言。

因此，接收信息的方式不只包含听，接收信息有多种方式并且接收的信息来自各种渠道。在倾听时，我们剔除了无关的信息，只接收有效信息。

3. 注意

我们能把注意力集中在某种特定的刺激物上。例如，傍晚在宿舍楼里，你会听到各种声音，包括学生的叫喊声、音乐声、关门声等。然而，当音乐播放器正播放你喜欢的歌曲时，你就会全神贯注地听歌曲，而忽视了周围的所有其他声音。

把感知集中起来的能力被称为选择性注意，这是相当奇特的。在一项研究中，参加者坐在 4 个播放不同内容的喇叭中间，参加者被告知只需注意听某一个喇叭中传出来的信息。播放完毕后，参加者能完整地说出被指定听取的喇叭传达的信息。

虽然我们能按某种特殊的方式集中注意力，但注意力集中的时间却是有限的。有时信息内容会使我们想起一些其他的事情，或者我们反对这些信息内容，或者这些信息内容使我们按照完全不同的方式考虑问题。这时，我们的注意力就被分散了。不过，我们能很快地重新把注意力集中在相应的信息上，但要明白，注意力确实是很容易被分散的。

注意力集中的时间是与厌烦程度相关的。研究者发现，最好的倾听者是不容易厌烦和在获取信息方面有一些基本技能的人。

4. 赋予含义

当我们决定注意某种信息时，下一个步骤就是要为它赋予含义。这包含吸收信息——使它成为我们的知识和经验。为了对信息赋予含义，我们必须决定信息与什么相关以及信息怎样与我们已经知道的内容相联系等。这样，对信息赋予含义的过程基本上是一种选择材料和设法把信息与我们的经验相联系的过程。在对信息赋予含义的过程中，我们也要对其进行评估。我们用所拥有的个人信息对讲话者所说的内容进行衡量，对讲话者的动机进行质疑，并对其中观点的确切性进行质疑。我们不仅要明白讲话者说了什么，还要考虑讲话者是怎么说的，同时还需对讲话者的腔调、手势和面部表情赋予相应的含义。

5. 记忆

记忆也是一个决定什么重要和什么不重要的选择过程。例如，作为学生，很少有人能复述老师讲课的全部内容，但笔记可以帮助学生记录老师讲课的要点。而有些学生把太多的注意力放在了记笔记上，企图记下老师所讲的所有内容，而不是记录要点，这样就可能会影响他们听课的质量，因为他们只忙于记笔记而没有注意老师所讲内容的含义。

6. 评价

评价是在倾听完成后对所发生的事情的评估。

在理想的倾听情景中，人们一般会经过以上阶段。然而，如果倾听是无效的，那么这个过程可以在上述任何一个阶段中断。

11.2 倾听的重要性

1. 倾听时间在整个沟通过程中所占的比例最大

调查研究发现，我们在沟通中，在倾听上花费的时间要超出在其他的沟通行为上花费的时间。

2. 会听比会说更重要

莎士比亚说：“最完美的交谈艺术不仅是一味地说，还要善于倾听他人的内在声音。”沟通学者研究发现，最有影响力的沟通方式是交谈。从人际沟通角度看，人际关系是一种相互问询的关系。人际沟通的基本特性是讲话者与倾听者沟通关系的完整性。人际沟通必须保持听与说的回应关系，保持心与心的交流。因此，人际沟通不仅需要言说，还需要倾听。

案例 1

两个项目协调员

小李和小张同年毕业于同一所大学，同时被聘为某公司的项目协调员。两个人的业务水平难分高下，不同的是他们的处事态度。

每次讨论小张的设计时，大家只要提出一些意见，他总是据理力争，说得别人无言以对。领导有时极有风度地点出其项目设计的某些缺点，小张便引经据典，反驳领导，使领导很难堪。

小李的态度正好相反。对每个人的意见，他都认真倾听并记录，对领导的指示十分重视，有不清楚的地方便反复请教。大家参加小李的项目设计讨论会时都会畅所欲言，乐意将自己的想法说出来。小李最后给出的项目书也总是能博采众长。慢慢地，两个人产生了差距。后来，小李升任公司副总经理，而小张早在两年前就跳槽了，至今还是一名小职员。

从本案例可以看出，虚心倾听他人的意见、学会在倾听时尊重他人十分重要，小李比小张更胜一筹的地方是他尊重他人，能积极地收集信息，与大家充分交流，因此在职场上才会取得领导和同事的认可，取得事业的成功。

11.3　倾听的作用与类型

11.3.1　倾听的作用

倾听者会聚精会神，调动知识、经验储备及感情等，使大脑处于紧张状态，接收信息后，会立即对信息加以识别、归类、解码，并做出相应的反应，表示理解或疑惑、支持或反对、愉快或难受等状态。听一番思想活跃、观点新颖、信息量大的谈话，倾听者甚至比讲话者还要疲惫。因为倾听者总要不断调动自己的分析系统，修正自己的见解，以便于和讲话者同步思考。一般来说，倾听有以下主要作用。

（1）倾听是了解对方需要、发现事实真相的简捷途径。在双方的相互沟通中，掌握信息是十分重要的。一方不仅要了解对方的目的、打算，还要掌握不断出现的新情况、新问题。因此，沟通的双方都十分注意收集并整理对方的情况，力争了解和掌握更多的信息，倾听能使我们更直接、更简便地了解对方的信息。

（2）倾听能使人更真实地了解讲话者的立场、观点、态度和沟通方式。不能否认，讲话者也会利用讲话的机会，向倾听者传递错误的信息或对其有利的情报。这就需要倾听者保持清醒的头脑，根据自己所掌握的情况不断地进行分析，以确定哪些是正确的信息，哪些是错误的信息，进而了解讲话者的真实意图。

（3）倾听是给人留下好印象、改善双方关系的有效方式。倾听者专注地倾听讲话者讲话，则表示其对讲话者的看法很重视，能使讲话者对自己产生信任感和好感，使讲话者形成愉快、宽容的心理，变得不那么固执己见，这更有利于达成一个双方都认同的目标。

（4）倾听和讲话一样具有说服力，倾听常常使人不花费太大力气就可以取得意外的收获。有一家美国汽车公司，想要选用一种布料装饰汽车内部，有 3 家公司提供了样品供这家汽车公司选用。公司董事会经过研究后，请每家公司都来做最后的说明，然后决定与谁签约。3 家公司中，有一家公司的业务代表患有严重的喉头炎，无法流利地讲话，只能由这家汽车公司的董事长代为说明。这家汽车公司的董事长介绍了这家不能说话的业务代表公司的产品的优点、特点，各单位有关人员纷纷表达意见，这家汽车公司的董事长代为回答。而不能说话的业务代表则以微笑、点头或其他动作来表达谢意，结果这位不能说话的业务代表博得了大家的好感。

会谈结束后，这位不能说话的业务代表获得了 50 万码布的订单，总金额相当于 160 万美元。事后该业务员总结说，如果他当时没有生病，还可以说话，他很可能得不到这一大数目的订单。因为他过去都是按照自己的一套办法来谈业务的，并不觉得让对方表达意见比自己细致的说明更有效果。

（5）倾听对方的话可以了解对方态度的变化。有些时候，对方态度已经有了明显的改变，但是出于某种需要，却没有用语言明确地表达出来，但我们可以根据对方的言语来判断其态度的变化。例如，当对话进行得很顺利，双方关系很融洽时，双方都可能在对对方的称呼上加以简化，以表示关系的亲密，如将“李××”简称为“小李”，将“王××”简称为“老王”等。但是，如果对方突然间改变了称呼，一本正经地叫李××同志或其职务，则预示着双方关系可能变得紧张或双方出现了分歧。

素养课堂

倾听化解误会

有次孔子受困在陈蔡一带，有七天的时间没有尝过米饭的滋味。有一天中午，他的弟子颜回讨来一些米煮稀饭。饭快要熟的时候，孔子看见颜回居然用手抓取锅中的饭吃。孔子假装没有看见，当颜回进来请孔子吃饭时，孔子站起来说：“刚才孟李祖先告诉我，食物要先献给尊长才能进食，岂可自己先吃呢？”颜回一听，连忙解释说：“夫子误会了，刚才我是因看见有灰掉到锅中，所以把弄脏的饭粒拿起来吃了。”孔子叹息道：“人最愿信的是眼睛，而眼睛也有不可靠的时候，所可依靠的是心，但心也有不可靠的时候。”有些时候，倾听能化解误会。

11.3.2 倾听的类型

在人际沟通中，倾听按照不同的标准分为多种类型，具体如下。

（1）获取信息式倾听。获取信息式倾听是指当我们把重要的观点在头脑中进行勾画，并考虑提出问题或对提出的观点进行质疑时，我们就是一个主动的倾听者。即使我们可能什么也没说，但在思想上我们已经与正在说话的人融合在一起了。

（2）批判式倾听。批判式倾听是指在获取信息的基础上，要进一步对讲话者所讲的内容进行估量和质疑。

（3）情感移入式倾听。情感移入式倾听是指作为倾听者，要承认和识别讲话者的情感，投入对方的感情中去，并给予对方找到问题解决办法的机会。

（4）享乐式倾听。享乐式倾听是指充满乐趣地倾听复杂信息。

11.4 倾听的层次与原则

11.4.1 倾听的层次

有效的倾听技巧是可以通过学习而获得的。认识自己的倾听行为，将有助于我们成为一名高效率的倾听者。按照影响倾听的行为特征，倾听可以分为 4 个层次。

一个人从第一层次的倾听者逐渐成为第四层次的倾听者的过程，就是其倾听能力、交流效率不断提高的过程。下面是对倾听 4 个层次的具体描述。

1. 第一层次——心不在焉地听

这个层次是指倾听者心不在焉，几乎没有注意讲话者所说的话，心里考虑着其他毫无关联的事情，或内心只是一味地想着辩驳。这种倾听者感兴趣的不是听，而是说，他们迫不及待地想要说话。这种层次的倾听往往会导致人际关系的破裂。

2. 第二层次——被动消极地听

这个层次是指倾听者被动消极地听讲话者所说的字词和内容，在这一层次，倾听者常常容易错过讲话者通过表情、眼神等非语言形式所表达的意思。这种层次的倾听常常会使倾听者做出令人误解、错误的举动，从而失去真正交流的机会。另外，倾听者经常通过点头来表示其正在倾听，讲话者会误以为这表示其所说的话倾听者完全听懂了。

3. 第三层次——主动积极地听

这个层次是指倾听者主动积极地听讲话者所说的话时，能够集中注意力于讲话者，能够专心听讲话者的讲话内容。这种层次的倾听者常常能够获得讲话者的注意，但是很难引起共鸣。

4. 第四层次——设身处地地听

设身处地地听，是用心去听，这是一个优秀倾听者的典型特征。处在这个层次，倾听者在讲话者传达的信息中寻找感兴趣的部分，倾听者认为这是获取有用信息的契机；倾听者不急于做出判断，而是对讲话者感同身受；倾听者能够设身处地地看待事物，总结接收到的信息，质疑或权衡所听到的话，有意识地注意非语言信息，询问而不是辩解、质疑讲话者。处在这个层次的倾听者的宗旨是带着理解和尊重积极主动地倾听。这种注入感情的倾听方式在形成良好人际关系方面起着极其重要的作用。

11.4.2 倾听的原则

在倾听的过程中，倾听者需要注意倾听的原则，具体如下。

（1）要有正确的听的态度。倾听者要专心地听讲话者讲话，态度谦虚，始终注视讲话者。不要做无关动作，如看表、修指甲、打哈欠等。人人都希望自己的讲话能引起别人的注意、受到别人的尊重。

（2）适应讲话者的风格。不同的人在发送信息的时候，其说话的音量和语速是不一样的，倾听者要尽可能适应讲话者的风格，尽可能接收更多、更全面、更准确的信息。

（3）不仅要用耳朵听，还应该用眼睛去看。耳朵听到的仅仅是一部分信息，而眼睛看到的是讲话者传递出的除内容之外的更丰富的思想和情感。所以倾听是耳朵和眼睛共同完成的工作。

（4）让讲话者知道有人在听。在倾听的过程中，倾听者应偶尔说"是""我了解""是这样吗"等，以告诉讲话者自己在认真倾听。

（5）理解讲话者。倾听者在听的过程中一定要站在讲话者的角度去想问题，而不是去评论讲话者。有些人容易犯的错误是，还没有听完讲话者的话就根据自己的理解去打断讲话者，并与讲话者进行争论。这种行为是不礼貌的，极易引起对方的反感，造成矛盾。

（6）鼓励讲话者。倾听者在听的过程中要看着对方，保持目光交流，并且适当地点头示意，表示认同和鼓励，表现有倾听的兴趣。

（7）适时引入新话题。人们喜欢他人从头到尾安静地听自己说话，而且更喜欢被引出新的话题，以便能借机展示自己的价值。倾听者可以试着在讲话者说话时适时地加一句："你能不能再谈谈对××问题的看法呢？"

（8）听出言外之意。一个聪明的倾听者不能仅仅满足于对讲话者话语表层的理解，还要从讲话者的言语中听出其话中之话，从其语境、语气、身体动作中找出隐含的信息，以把握讲话者的真实意图。只有这样，才能做到真正的交流与沟通。

11.5 倾听的方式

沟通学研究者确认了下列4种不同的倾听方式。

11.5.1 被动倾听

被动倾听是人们听取他人观点时一种普遍采用的方式。在这种方式下，倾听者不仅不表达非语言信息，而且很少提供给讲话者语言上的反馈。被动倾听者经常表现出下面这些常见的行为。

（1）与讲话者目光接触。

（2）面部没有明显的表情。

（3）偶尔点头。

（4）偶尔口头回应，如"嗯""哦"等，在电话沟通中更为明显。

从这些行为中可以看出，倾听者虽然跟着讲话者的思路，但是倾听者却只能给出很少的信息以促进谈话。讲话者与一个被动的倾听者交谈经常会有挫败感，并开始怀疑倾听者是不是真的愿意听或者是否理解了其所表达的信息。

11.5.2 选择倾听

选择倾听和被动倾听一样普遍。选择倾听通常被定义为倾听者想听的时候才听。当听到想要听的信息时，倾听者就会成为一个非常投入和理解力很强的听众；当听到不想听到的信息时，倾听者就会不理睬讲话者。换句话说，当倾听者用这种方式倾听时，其在听的过程中所做出的反应是不一致的。

一个人以选择倾听这种方式听他不想听的信息时，就会有以下行为。

（1）表现出不感兴趣。

（2）环顾四周。

（3）安静地坐着。

（4）反抗情绪高涨，如反对某一个论点。

（5）讲话者还没有说完就插话。

（6）提出一个自己感兴趣的话题，但打断了讲话者目前所说的话。

这种倾听者从不理睬讲话者到言辞激烈，都在沟通中制造了障碍，从而阻碍了自身听取完整的信息，并给双方的关系增加了紧张的气氛。

11.5.3 专注倾听

当用这种方式倾听时，倾听者通过非语言的或语言的方式更多地参与、更少地判断。专注倾听时，倾听者常表现出以下行为。

（1）与讲话者保持稳定的目光接触。

（2）表现出感兴趣和诚恳的面部表情。

（3）点头表示理解。

（4）提供简单的口头信息（如“明白了”“好的”“是的”等）来鼓励讲话者。

（5）提出问题来延伸话题。

（6）提出问题以获得更多的信息。

讲话者的信息包括两个方面：事实（或内容）和情感（或情绪）。

一个专注的倾听者要学会获取讲话者想要展示的信息。当信息都是事实的时候，倾听者听的效果应该不错。但当信息中带有较多个人情感时，倾听者就容易忽略讲话者的情感，并直接处理信息。这就是专注倾听的短处。

11.5.4 积极倾听

积极倾听指有响应或有回应地倾听，这是人们倾听十分有效的方式。积极的倾听者认真接收并尊重讲话者的意愿，然后尽力验证自己对讲话者所传达的信息的理解的正确性，这正是讲话者所希望的倾听方式。积极的倾听者能够捕捉讲话者的全部意思——事实和情感。这样，讲话者不仅能够讲清楚信息，还能明白倾听者已经听懂了其意思。

积极倾听者表现出来的行为不仅包括专注倾听者常表现的行为，还包括以下几个行为。

（1）表现出耐心。

（2）语言反馈总结自己对信息的理解程度。

（3）通过联系讲话者的情绪来全面理解讲话者传达的信息。

（4）当讲话者的情感对理解整个信息意义重大时，探求这种情感的出处。

（5）当某个信息不清楚或者混乱时，高声提出来。

案例2

酒店的招聘

某酒店需要招聘服务人员。在面试时，考官们给每个求职者 5 分钟时间做自我介绍。在某个求职者做自我介绍时，考官们不只注意该求职者的表现，还留意其他求职者的表现。在其他求职者中，有的埋头准备自己的自我介绍，有的在热情地鼓掌。当讲话者出现失误时，有的人在一旁幸灾乐祸，有的人流露出替讲话者着急的表情。最后，那些认真聆听他人讲话的人得到了进入该酒店工作的机会。

本案例告诉我们，善于倾听是破除沟通障碍的有效方法。求职者中善于倾听的人得到工作机会，这一方面表明，倾听能够表达倾听者的尊重，另一方面表明，倾听能够获取更多的信息，使沟通顺畅。

11.6 倾听的障碍

倾听是困难的，有许多因素会分散倾听者的注意力。有时候我们可能在有意或无意间设置了倾听的障碍。这里所指的障碍是一种阻碍对话流畅进行的行为。下面我们来分析倾听的障碍。

11.6.1 环境干扰

环境对人的听觉与心理活动有着重要的影响，环境中的声音、气味、光线以及色彩、布局等都会影响人的注意力与感知。布局杂乱、声音嘈杂的环境会导致倾听者信息接收的缺损。

11.6.2 信息质量低下

沟通双方在试图说服、影响对方时，并不一定总能发出有效的信息，有时会有一些过激的言辞、过度的抱怨，甚至出现对抗性的态度。现实中，我们经常会遇到满怀抱怨的客户、心怀不满的员工、情绪激动的争论者等。在这种情况下，信息发出者受自身情绪的影响，很难发出有效的信息，从而影响了倾听者倾听的效率。信息质量低下的另一个原因是，信息发出者不善于表达或缺乏表达的愿望。例如，当人们面对比自己优秀或地位高的人时，害怕说错话给别人留下坏印象，因此不愿意发表自己的意见或尽量少说等。

11.6.3　倾听者存在主观障碍

在沟通的过程中，造成沟通效率低下的最大原因就在于倾听者本身存在主观障碍。研究表明，信息的失真主要是在理解和传播阶段，归根结底还是因为倾听者存在主观障碍。

1. 个人偏见

任何人都不免会心存偏见。在团队中成员的背景多样化时，倾听的最大障碍就在于倾听者对信息传播者存有偏见，从而导致无法获得准确的信息。

2. 先入为主

先入为主在行为学中被称为“首因效应”，它是指在进行社会知觉的过程中，对象最先给人留下的印象对以后的社会知觉产生重大影响。也就是我们常说的，第一印象往往决定了将来。人们在倾听的过程中，对讲话者最先提出的观点印象最深刻，如果讲话者最先提出的观点与倾听者的观点大相径庭，倾听者可能会产生抵触的情绪，而不愿意继续认真地听下去。

3. 心理防御

人们不愿意仔细倾听的一个重要原因就是存在心理防御。一般来说，人们不愿意得到坏消息；还有些人经常以自我为中心，本能地排斥坏消息。或许这些人认为听不到坏消息是一种更好的方式，因为听到坏消息后不得不去面对它。其实不然，人只有当听到或能确切地预见危险时，才会想到去避免和处理它。正确的做法是，只要怀疑有坏信息时，就应该更深入地对坏消息进行调查。

4. 焦虑

有时我们不能有效倾听是因为我们处于一种极度焦虑的状态中。假设你开车去一座陌生的城市，发现自己迷路了。在行驶了很长时间却没看到任何指明附近城市的公路号码或标志时，你会感到焦虑。

焦虑当然也存在于课堂环境中。研究表明，如果老师告诉学生考试内容将很难，学生可能会感到忧虑，这将影响学生的听课状况。

5. 被动倾听

有人认为听是毫不费力的事，他们的态度可能是“我不需要做任何事，只需坐着听”或“如果不是考试内容，我就不需要听”。

6. 选择倾听

许多人总是不愿意倾听。他们倾听是因为知道别人期望自己倾听，但他们更喜欢自己说。当与不愿意倾听的人交谈时，双方就是在互相表演独角戏而不是在对话。选择倾听者总是在寻找一种方式去谈论自己内心的想法和感受。比如，你谈到某种经历，他们则说出一种更长和更好的经历；你说自己买了一部性价比较高的手机，他们就告诉你某个人的手机更为经济实用等。这些人很少注意从他人那儿得到的非语言暗示，他们对对方呆滞的目光和偷偷看表的行为熟视无睹，他们也会忽略对方“我最好开始做某件事”或“我才注意到已经很晚了”这样的暗示。

7. 不受欢迎的语气

作为倾听者，可能根据讲话者的信息来说话或者发出声音——这就意味着语气特别重要。语气是举止的重要组成部分，而举止对信息的表达方式有着重要的影响。倾听者语气的一个小小的变化，如从接纳转为恼怒或不高兴等，就能改变或打断对话的流畅性。

下面是一些会产生交流障碍的语气。

（1）使用刻薄的、反对性的语气。倾听者从别人那里听到了解释，然后对讲话者做出反应，“你做了什么！”这种尖锐的语气产生了让讲话者处于防御状态的效果。

（2）尖锐的讽刺。这通常是倾听者对讲话者的一种反应。在这种情况下，声音里夹带着贬低的气息和嘲弄的感觉。例如，“听起来好像你已经尽力了”这种评论，尽管听起来像是同意的，但却是用含有反义的讽刺语气来表达否定的意思，对讲话者或听到的信息进行贬低的评论。

（3）单调的回应。这种用来回答讲话者的语气让人感到很厌烦或没有兴趣。例如，当讲话者正热情洋溢地讨论一次难忘的经历时，像“嗯，这很好”这样的回答就会显得沉闷和消极。

8. 目光交流不得体

目光交流是影响对话通畅的一个重要因素。稳定的目光接触有助于倾听者和讲话者之间的沟通，而下面的行为将会对双方的沟通起到阻碍作用。

（1）转移视线。偶尔移开目光并不是什么障碍，但切断目光接触时，讲话者就会认为倾听者的注意力转移到了其他地方。并且，在倾听者注意力不集中时，讲话者就会变得很沮丧，然后停止谈话。

（2）目光锁定。目光锁定就是盯住或者直视讲话者，这会让其产生一种很不舒服的感觉，尤其是当倾听者的眼睛盯住讲话者脸部以下的位置时，讲话者的这种感觉就会更强烈。

（3）眼神飘忽不定。对讲话者来说，这意味着倾听者对听到的内容的讽刺与不满，有时倾听者甚至会打断讲话者的思路——这是最大的倾听障碍。

9. 令人不快的面部表情

令人不快的面部表情具体如下。

（1）眉头紧锁。皱着眉头表示不赞成或反对。有时，这种表情伴随着不停地摇头和漫不经心地与讲话者交谈，这意味着倾听者不喜欢讲话者谈及的内容。

（2）突然假笑。假笑就是在讲话者说严肃的事情时，倾听者表现出的半笑不笑的表情。同样，不论意图如何，这对讲话者都是一种讽刺，好像讲话者说的很严肃的事情对倾听者来说仅是一个笑话而已，这很可能导致沟通失败。

（3）扬起眉头。它表示不赞成或怀疑。倾听者在听到不满意的事情时，眉头多会向上挑起，这可能会打断讲话者。

（4）毫无表情。它让讲话者怀疑倾听者是否什么也没听进去，是否心不在焉，是否毫不在意等。在多数情况下，这种表情会让讲话者身心疲惫——他们感觉自己在对着一堵墙说话。

10．不受欢迎的举止

下面是一些引起倾听障碍的举止。

（1）无精打采。无精打采指向后瘫坐在椅子上。倾听者可能喜欢在椅子上，尤其是又大又舒适的椅子上休息，而不是坐直了专心地倾听讲话者的信息。但这种无精打采的行为传递出了倾听者不感兴趣或不愿参与的信号。

（2）手部动作太多。手部动作太多即讲话者说话时，倾听者的双手不停地在动，如摆弄文件夹、钢笔，或者手能拿到的其他任何东西。这样会给人一种感觉：倾听者的注意力在别的地方，倾听者太紧张了而不能投入或理解全部信息。

（3）扭动身子。扭动身子是在椅子上来回摆动身躯。这种不停的身体扭动会给正在传达信息的人带来烦恼。

（4）把脸转向别处。把脸转向别处即在讲话者讲话时倾听者背对着他，或者把头转来转去，而不直面讲话者。这种行为通常会让讲话者感到不舒服，因为他们感觉到倾听者不喜欢听其讲话。

11.7　倾听的艺术

11.7.1　倾听的态度

要做到积极地倾听，倾听者首先就要有“三心”，即耐心、专心和虚心。

1．耐心

就日常生活中的交谈而言，并非所有的话语都包含着重要的信息，并且我们的思考速度是说话速度的 4～5 倍，因此，如果在谈话中不能保持足够的耐心，我们的思想就会开小差，注意力就会不专注。这种不专注的外在表现通常是出现心不在焉的下意识动作、神情，以及答非所问或者充耳不闻等现象。

2．专心

走神是影响倾听效果的主要因素。思想开小差的人心存太多杂念，他们可能想到了某个待写的报告、某个即将到期的工作、某些家庭问题。总而言之，他们不能专心听讲话者的讲话。我们要尽可能地消除那些来自内部或外部的干扰，把注意力完全放在讲话者的身上，专心倾听，才能明白讲话者说了些什么、没说什么以及讲话者的话所代表的态度和含义。

3．虚心

在与别人谈话时，应虚心倾听。有些人对他人抱有成见，这些成见会直接影响自己对他人话语的理解，导致错误的判断。有些人觉得自己在某一问题上比别人懂得多，常常会中途打断他人的讲话，急于阐述自己的看法和意见，还喜欢教育别人。这种人当然也不会成为积极的倾听者。

11.7.2 倾听的礼仪

在倾听的过程中，倾听者要尽可能地讲究一定的礼仪，这样既显得自己有涵养、有素质，又表达了自己对讲话者的尊重。通常倾听者在倾听过程中需要讲究的礼仪如下。

（1）保持视线接触，不东张西望。

（2）身体前倾，表情自然。

（3）耐心听讲话者把话讲完。

（4）不批评对方的观点。

（5）提供建设性的反馈意见。

（6）表示对讲话者的意见感兴趣。

（7）情感移入，理解讲话者。

（8）插话时请求对方的允许，并使用礼貌用语。

11.7.3 有效的倾听技巧

有效倾听的技巧如下。

1. 保持第三者的心态

当有人向你倾诉的时候，你要调整好自己的心态。我们在日常生活中，遇到的倾诉者大多是自己的亲人或者朋友，对倾诉者的事情你往往特别关心。倾诉者倾诉的大多是不良情绪，若你很容易受别人情绪感染，把别人的坏心情变成自己的坏心情，这样不但帮不了倾诉者，反而会让自己陷入困境。

因此，在倾听时应保持第三者的心态，这并不表示对倾诉者漠不关心，而是要理智地帮倾诉者分析和解决问题。自己一个人的时候，要及时从事件中跳出来，缓解自己的不良情绪，在心里郁积了太多不快时，也应学会向别人倾诉。

2. 创造良好的倾听环境

倾听者只有与倾诉者产生共鸣，才能使倾诉者的情绪得到调节。在倾听时，倾听者首先要保持环境的安静，以便让倾诉者的情绪平静下来。尽量不要做其他的事来干扰倾诉者诉说，如果倾听者一会儿接听手机，一会儿忙些别的事情，心不在焉，倾诉者会很快对倾听者失去信任。相反，如果倾听者自始至终保持心无旁骛的倾听姿态，让倾诉者感受到理解与支持，则有助于倾诉者说出自己的问题，然后心平气和地同倾听者商量解决的方法。

还有一点需要注意，无论是要劝解倾诉者，还是为倾诉者出主意，言语均要适中，不要激起倾诉者的不良情绪。例如，有人找你诉说自己受到的不公待遇和委屈，结果你听完后火冒三丈，甚至比倾诉者还生气，那么你就很难帮其打开心结了。

3. 鼓励对方先开口

首先，倾听别人说话本来就是一种礼貌，愿意听表示愿意客观地考虑别人的意见，这会让说话的人觉得受到尊重，有助于双方建立融洽的关系，彼此接纳。

其次，鼓励对方先开口可以降低谈话中的竞争程度。倾听有助于彼此交换意见。说话的人由于不必担心有竞争的压力，也可以专心讲述重点，不必忙着为自己的矛盾之处寻找遁词。

最后，对方先提出其看法，倾听者就有机会在表达自己的意见之前，掌握双方意见的一致之处。倾听可以使说话的人更加愿意接纳倾听者的意见，有助于倾听者说服说话的人。

4. 使用并观察肢体语言

当我们在和人谈话的时候，即使我们还没开口，我们内心的感情就已经通过肢体语言清清楚楚地表现出来了。这些肢体语言包括自然的微笑、点头等。

5. 非必要时，避免打断他人讲话

善于听别人说话的人不会因为自己想强调一些细枝末节、想修正对方话中一些无关紧要的部分、想突然转变话题或者想说完一句刚刚没说完的话，就随便打断对方讲话。经常打断别人讲话表示不善于倾听别人讲话。

虽然打断别人讲话是一种不礼貌的行为，但有时也有例外，如“乒乓效应”。所谓的“乒乓效应”，是指倾听者要适时地提出许多切中要点的问题或发表一些意见、感想，来响应对方。

6. 听取关键词

所谓的关键词，指的是描绘具体事实的字眼，这些字眼能透露某些信息，同时也能显示对方的兴趣和情绪。透过关键词，倾听者可以看出说话者喜欢的话题，以及说话者对自己的信任。

另外，找出对方讲话中的关键词，也可以帮助倾听者决定如何响应对方。倾听者只要在自己提出来的问题或感想中加入对方说过的关键内容，对方就可以感觉到倾听者对其所说的话很感兴趣或者很关心。

7. 反应式倾听

反应式倾听指的是重述刚刚所听到的话，这是一种很重要的沟通技巧。倾听者的反应可以让对方知道自己一直在听其说话，而且也听懂了其所说的话。但是反应式倾听不是要倾听者像鹦鹉一样，对方说什么自己就说什么，而是应该用自己的话，简要地叙述对方讲话的重点，如“你说你住的房子在海边？我想那里的夕阳一定很美”。反应式倾听的好处主要是能让对方觉得其自身很重要；能够掌握对方讲话的重点，以让对话不中断。

8. 弄清楚各种暗示

很多人都不敢直接说出自己真正的想法和感受，他们往往会百般暗示，来表达自己内心的看法和感受。但是这种暗示有碍沟通，因为如果遇到不良的听众，这种暗示可能会被人所误解，最后就可能导致双方失言或引发言语上的冲突。所以一旦遇到暗示性强烈的话，就应该鼓励说话的人再把话说得清楚一点。

9. 暗中回顾，整理重点

当和别人谈话的时候，我们通常会用几秒的时间在心里回顾一下对方的话，整理出其中的重点，把注意力集中在对方想说的重点和对方主要的想法上，并且在心中熟记这些重点和想法。

暗中回顾并整理出重点，也可以帮助倾听者继续提出问题。如果倾听者能指出对方有些话只说了一半或者语焉不详，说话的人就知道有人一直都在听其讲话，而且倾听者也很努力地想完全了解其所讲的话。如果倾听者不太确定对方比较重视哪些内容，就可以利用询问的方式，让对方知道自己对其说的内容有所注意。

10. 接受说话者的观点

如果倾听者无法接受说话者的观点，那么可能会错过很多机会，而且无法和说话者建立融洽的关系。就算说话者对事情的看法与感受，甚至所得到的结论都和倾听者的不同，但倾听者还是应该尊重其看法、感受和结论。尊重说话者的观点，可以让说话者知道倾听者一直在听，也听懂了其所说的话。若倾听者一直无法接受说话者的观点，则双方无法彼此接纳，或共同建立融洽的关系。除此之外，尊重说话者的观点，也能够帮助说话者建立自信，以使其更能够接受别人的意见。

11. 充分运用开放性提问

在倾听时，倾听者可通过提出带有“什么”“怎样”“为什么”等词的问题，让讲话者对有关问题、事件等做出较为详尽的解释。这样的提问会引发讲话者对某些问题、思想、情感等的详细说明。但要注意提问的方式、语调，不能太过生硬或随意。

12. 恰当运用封闭性问题

倾听者可提出以“是不是”“对不对”“有没有”“行不行”“要不要”等词语为关键词的问题，让讲话者对有关问题做出“是”或“否”的简短回答。使用封闭性的提问方式，倾听者可以收集信息、澄清事实真相、验证结论与推测、缩小讨论范围、适当中止叙述等。回答这些问题，只需一两个字、词或一个简单的姿势，如点头或摇头等，简单明确。但过多使用封闭性提问，会使讲话者处于被动的地位，压抑其自我表达的愿望与积极性，从而使其产生沉默和压抑感及被审讯的感觉。所以采用封闭性提问要适度，并且要和开放性提问结合起来运用。

13. 有效运用情感反应

情感反应是对讲话者情绪、情感的反馈。也就是把讲话者的情感反应进行综合整理后再反馈给讲话者的过程，如“你对此感到伤心”“这件事让你很不愉快”等。运用情感反应的有效方式是针对讲话者现时而不是过去的情感，如“你现在很痛苦”“你此时的心情比较好”等。另外，在运用这一技巧时，要及时准确地捕捉讲话者瞬间的情感体验，并及时进行反应，使讲话者深切地体验到被人理解的感觉。

14. 明确倾听目的，建立信任关系

事先明确倾听目的可促使倾听者积极参与沟通，使记忆更加深刻，感受更加丰富，并与讲话者建立良好的信任关系。

案例 3

A 集团的工人主动提建议计划

A 集团是一家拥有 62 000 名员工的大型食品包装公司，B 公司是其下属的一家分公司。最近，A 集团实行了一个让工人主动提建议的计划。工人可针对改善设备、工作环境或者工作方式等方面主动提出建议，如所提的建议被采纳，工人将得到奖励，金额由实施该建议而省下来的收益决定。另外，在指定时期提出最好建议的工人还会得到公司的股票奖励。

对 B 公司的抽样调查表明：75%的被访工人倾向于赞成该计划；但工人们都对自己或其他工人可能因新建议的实施被解雇而感到害怕。

一位资深工人雷×说："我不会提出使部分工友失业的建议，绝对不会。我刚来这儿时，搬运水果到冰库的工作全部是通过手工完成的，但现在公司已安装了传送带，所需人手也减少了一半！"

另一位老职工王×说："我不会为了几百元就提出一个会裁掉十个工人的建议。相反，如果一个建议可以改善环境或帮助工人，我一定会提出来。当公司因你提的建议而开除一个工人时，你心里会感到很难受，这可能不单伤害了他一个人，还可能伤害了他身边的人。"

一工会负责人设计了一个防止工人被解雇的方案："工会应特别安排一个负责人，或者提议工人自己将建议交给一个知道工作安排情况的人审阅。如果建议不导致裁员，就可以提出。"

但老工人刘×有不同看法，他说："我已递交了好几份建议了，虽然不希望拿到奖金，但我仍认为这是件好事。许多人认为新的发明会使人们失去工作，但事实并非如此。历史表明，有用的发明越多，工作机会也就越多。同时，产品也可以更经济地被生产出来，许多人都没有意识到这一点。"

曹×是一个赞成"提建议计划"的工会负责人，他说："照理说，这个计划是可行的，但却有一种与之完全相反的感觉，像一些人提了建议，于是就有 2～3 个人失去了工作，好在这种情况目前还不是很多。提建议的人拿到了 1 000 元奖励，却可能使他人一家的生计受到影响。但从公司的角度看，其追求的只是改善生产而已。这的确是个棘手的问题。"

本案例中，提建议方案的计划看似很好，但因为工人害怕新建议实施而被解雇，积极性不强，主要是因为在关系紧张的情况下，双方不会相互真诚地传递宝贵的信息。

11.7.4　学会倾听，走向成功

倾听是不容易做到的，据估计，只有约 10%的人能在沟通的过程中注意倾听。学会倾听远远比大多数人想象中的要困难。因为，根据沟通学者的观点，倾听能力和读写能力一样，是要通过后天的努力才能获得的。倾听技能是我们应该学习的有价值的一项技能。

我们总是认为人际场上能说会道的人才是善于交际的人，其实，善于倾听的人才是真正会交际的人。注意听，给人的印象是谦虚好学，专心稳重，诚实可靠；认真听，能减少不成熟的评论，避免不必要的误解。善于倾听的人常常会有意想不到的收获。

有不少研究表明，也有大量事实证明，人际关系失败的原因很多时候不在于说错了什么，而是听得太少，或者是不注意听。例如，别人的话还没有说完你就打断别人，讲出不着边际的话；别人的话你还没有听清，就迫不及待地发表自己的见解和意见；对方兴致勃勃地与你说话，你却心不在焉、目光斜视，手上还在不断拨弄东西等。一位心理学家曾说："以同情和理解的心情倾听别人的话，我认为这是维系人际关系、保持友谊的有效方法。"

可见，说是一门艺术，而听也是一门艺术。倾听，是对他人的一种尊重、一份理解，是对友人的宝贵馈赠。倾听，是心的接受，是热的传递；倾听，是智者的宁静。我们不必抱怨自己不善言辞，认真倾听，也会赢得友谊、赢得尊重。

案例4

猫妈妈的教诲

小猫长大了。

有一天，猫妈妈把小猫叫来，说："你已经长大了，3 天之后就不能再喝妈妈的奶了，要自己去找东西吃。"

小猫惶惑地问妈妈："妈妈，那我该吃什么东西呢？"

猫妈妈说："你要吃什么食物，妈妈一时也说不清楚，就用我们祖先留下的方法吧！这几天夜里，你躲在人们的梁柱间、陶罐边、屋顶上，仔细倾听人们谈话，他们自然会教你的。"

第一天晚上，小猫躲在梁柱间，听到一个大人对小孩子说："小宝，把鱼和牛奶放在冰箱里，小猫最爱吃鱼和牛奶了。"

第二天晚上，小猫躲在陶罐边，听见一个女人对男人说："老公，帮我一下，把香肠和腊肉挂在梁上，把小鸡关好，别让小猫偷吃了。"

第三天晚上，小猫躲在屋顶上，通过窗户看到一个妇人教训自己的孩子："奶酪、肉松、鱼干吃剩了，也不会收好，小猫的鼻子很灵，明天你就没有吃的了。"

就这样，小猫每天都很开心，它回家告诉猫妈妈："妈妈，果然像您说的一样，只要我认真倾听，他们每天都会教我该吃些什么。"

本案例中，小猫靠着倾听人们的话学习生活的技能。小猫后来有了孩子，也是以这样的方式教导它们的："仔细倾听人们的话，他们自然会教你的。"这证实了"学会倾听，走向成功"这句话。

本章小结

◆ 倾听是一种技巧，和其他技巧一样，我们必须通过学习和实践才能获得。倾听的障碍包括环境干扰、信息质量低下、倾听者存在主观障碍等。

◆ 倾听是了解对方需要、发现事实真相的简捷途径；倾听能使人更真实地了解对方的立场、观点、态度和沟通方式；倾听是给人留下好印象、改善双方关系的有效方式；倾听和讲话一样具有说服力；倾听对方的话可以了解对方态度的变化。

◆ 按照影响倾听的行为特征，倾听可以分为 4 个层次：第一层次——心不在焉地听；第二层次——被动消极地听；第三层次——主动积极地听；第四层次——设身处地地听。一个人从第一层次的倾听者逐渐成为第四层次的倾听者的过程，就是其倾听能力、交流效率不断提高的过程。

◆ 在倾听的过程中，我们需要注意“适应讲话者的风格、鼓励讲话者、适时引入新话题、听出言外之意”等一系列倾听的原则。

◆ 沟通学研究者确认了 4 种不同的倾听方式：被动倾听、选择倾听、专注倾听、积极倾听。积极倾听是人们倾听的十分有效的方式。积极的倾听者能够捕捉到讲话者的全部意思——事实和情感。

思考题

1. 倾听是如何定义的？有效倾听的过程包括哪几个阶段？
2. 列举倾听障碍影响倾听的案例。
3. 比较在语音聊天、语音视频聊天、电话聊天中的倾听有什么不同。
4. 在人际沟通中，倾听对我们的工作和生活具有哪些重要意义？
5. 下列材料对解决对话中的冲突有什么借鉴意义？

假如你是一个商人，接到客户的投诉，你该怎么办呢？

首先必须站在客户的立场上，冷静且耐心地倾听，一直等对方把要说的话说完。一位训练有素的推销员曾经说过：“处理客户投诉，推销员要用 80%的时间来倾听，用 20%的时间来说话。”

无论客户来投诉时脾气有多大，只要销售人员耐心地听，鼓励客户把心里的不满都发泄出来，那么客户的脾气就会越来越小，并恢复理智，这时销售人员才能正确地着手处理问题。

有一家通信公司碰到了一个对接线员大发脾气的客户。客户怒火满腔，扬言要把电话线连根拔掉，并且到处申诉、告状。最后，通信公司派了位最干练的调解员去见这位客户。见面后，这位调解员静静地听着，让暴怒的客户尽情地发泄，不时地说“是的”，并对客户的不满表示理解。

“客户滔滔不绝地说着，而我认真倾听，整整听了 3 个小时。”这位调解员后来对别人说道，“我先后见过这位客户 4 次，每次都对客户发表的论点表示理解。第 4 次会面时，客户说他要成立一个电话用户保障协会，我立刻赞成，并说我一定会成为这个协会的会员。他从未遇到过一个通信公司的人同他用这样的态度和方式讲话，他渐渐地变得友善起来。前 3 次见面时，我甚至连同他见面的原因都没有提过，但在第 4 次见面的时候，我把这件事完全解决了。他也把要付的费用都照付了，同时还撤销了向有关方面的申诉。”

技能训练

1. 热身准备

游戏名称：传口令。

训练能力：注意力、记忆力、概括力。

训练方法：6 人为一组，每组选 1 名同学在 1 分钟内快速默读由教师提供的材料，然后传口令给第二个人，依此类推，最后由第 6 个人向大家复述材料内容。训练结束后教师将材料内容展示出来，由学生评出最快最准确的复述。

2. 实地大演练

根据教师提供的材料进行问答式训练。要求集中注意力，把握好要点。此项训练可以加强对文字的理解能力和对问题的快速反应能力。训练结束后，师生共同点评，选出一名优秀倾听者。

3. 听说互动训练

先请 1 位同学上台进行题为《先听后说，听说互动》的即兴演讲，其他同学认真倾听并仔细观察。然后，请数位同学概括该演讲的主要观点，并就其观点发表自己的看法。

4. 倾听习惯训练

同桌的 2 位同学组成一组，以人际沟通中的倾听为话题，进行 20 分钟的现场聊天，训练过程中务必达到以下要求：选择合适的位置，以便听清对方的话；复述对方的话，以确认是否理解；观察对方的身体语言；做出回应和反馈之前，先让对方把话说完；谈话过程中，通过点头等非语言行为鼓励对方；不关注对方的衣着和外貌；眼睛看着对方；注意对方的潜在情绪；在倾听时给出鼓励性的回应，如“我明白”“嗯”“是的”等；专注于对方所说的话；记住对方所说的关键之处；总结自己对对方所说内容的理解；适当模仿对方的身体语言，使其放松；考虑对方的立场。

第12章 团队合作

【学习目标】	1. 了解团队及团队合作的含义 2. 了解优秀团队的特征 3. 了解团队合作的原则 4. 掌握团队维护的技巧
【技能目标】	1. 学会与同事相处 2. 学会在工作中与同事配合
【素养目标】	1. 增强团队意识和协作能力 2. 培养责任感与担当意识

案例导入

敢于承担责任的王倩

在企业中，争功诿过的员工往往难以得到上司和同事的信任。这类人表现欲望强烈，凡事总想突出自己，想问题、办事情之前总要考虑是否对自己有利，有利的事情就争着干，无利的事情就找借口推脱。这些人争功诿过的目的是想获得领导的赏识，得到晋升的机会，但是结果却恰好相反。企业的成功，关键靠的是团队力量，因此在完成任何一项重要工作或任务前，都应摒弃争功诿过的想法，与团队成员共同分享荣耀、承担责任。

王倩在国内一家大型化妆品公司工作，主要负责产品采购。她做事踏实认真，对于部门经理交给她的任务她总能够圆满完成，颇受经理赏识。有一次，采购部经理告诉王倩，泰国有一种产品很畅销，采购到国内销售一定会有很好的市场前景。王倩听后半信半疑，她认为在国外畅销的产品，国内未必畅销，这样贸然行动，风险很大。王倩说出心里的想法后，经理却坚持自己的意见，强烈要求大量采购，并且将采购账户上的资金全部花完了。

对于零售采购商而言，有一条非常重要的规则，即采购账户必须存有一定数量的余额。王倩深知其中的道理，对于经理的冒险行为一直提心吊胆。令她担心的事情终于发生了。一天早上，公司总经理打电话给王倩，说法国市场有一种畅销的化妆品，打算尽快采购。这个消息太突然了，让王倩有点措手不及。

经过考虑，王倩决定向总经理说明情况，但是她并没有将过错推到经理身上，而是主动承认这件事是自己造成的。总经理听后很生气，可是当他耐心听完王倩对泰国那批产品的具体描述，及坦诚地承担责任后，决定原谅她，再给她一次机会。

之后，总经理向公司总部申请拨款，让王倩出面采购法国的化妆品。后来，这两种产品在国内市场都卖得特别好，深受顾客喜爱，公司业绩直线上升。在公司的总结会议上，总经理表扬了王倩敢作敢为、勇于承担过错的精神。不仅如此，总经理还发给她一笔丰厚的奖金。

本案例中，王倩主动承认了错误，就等于承担了一定的风险，极有可能遭受处罚，甚至面临被辞退的风险。但是，她这种勇于承担责任的行为，却为她带来了丰厚的奖励。其实，无论从事哪种职业，在一个团队中，都难免有功有过，如果人人都争功诿过，就无法做到和谐相处，那么也谈不上发展。因此，只有做到功成不居，过失不诿，才能得到他人的认可。

作为一名员工，我们该如何培养自己与团队荣辱与共的意识呢？具体来说，要做到以下几点。明确目标，作为企业团队的一员，要清楚地认识到自己和团队的目标。在实现目标和规划远景的过程中，团队中的每一名成员都必须共同参与。这样，团队成员才能够逐渐培养全局意识，把团队目标作为个人目标的载体，自觉地通过实现团队目标的方式满足个人的需要。

12.1 团队及团队合作概述

扫一扫 微课视频

12.1.1 团队的含义

所谓团队，是指才能互补、团结和谐并为承担共同责任、实现同一目标而奉献的一群人。团队不仅强调每个成员的工作成果，还强调团队的整体业绩。团队所依赖的不仅是集体讨论和决策以及信息共享和标准强化，它还强调通过团队成员的共同贡献，得到实实在在的集体成果，且这个集体成果超过团队成员个人业绩的总和，即团队成果大于各部分之和。团队的核心是共同奉献。

只有切实可行而又具有挑战意义的目标，才能激发团队成员的工作动力和奉献精神，从而为工作注入无穷无尽的能量。团队的精神是共同承诺，共同承诺就是共同承担集体责任。没有这一承诺，团队就如同一盘散沙。做出这一承诺，团队成员就会齐心协力，团队会成为一个强有力的集体。

12.1.2　团队合作的内容

团队合作是指团队成员为了团队的利益与目标而相互合作。它主要包含 3 个方面的内容，具体如下。

（1）在团队与团队成员之间的关系上，团队合作表现为团队成员对团队的强烈归属感与一体感。团队成员具有共同的目标，并为实现共同的目标而愿意留在这个团队中。团队成员具有统一的理解和认识，并建立起共同的承诺，这使团队成员为实现共同的目标而有机地凝聚在一起。团队成员把团队视为“家”，并把自己的前途与团队的命运相关联，愿意为团队的利益与目标尽心尽力。在处理个人利益与团队利益的关系时，团队成员采取团队利益优先的原则，个人服从团队，维护公利。团队通过一系列的制度使其与其成员结成牢固的命运共同体。团队还通过一系列活动，培养团队成员对团队的共存共荣意识与深厚忠诚的情感。

（2）在团队成员之间的关系上，团队合作表现为团队成员之间的相互合作及共为一体。团队成员彼此视为“家人”，他们之间相互依存、同舟共济，互相敬重，相互包容，见大义容小过，彼此信任；在工作上互相合作，在生活上彼此关怀，在利益面前互相礼让。他们有一系列的行为规范，和谐相处，凝聚力强；他们彼此促进，追求团队的整体绩效与和谐。

（3）在团队成员对团队事务的态度上，团队合作表现为团队成员对团队事务全方位的投入。团队充分调动团队成员的积极性、主动性、创造性，让团队成员参与管理、决策和行动；团队成员在处理团队事务时尽职尽责、尽心尽力，充满活力与热情。

12.1.3　优秀团队的特征

1. 有共同的目标

一个优秀的团队必须有一个共同的目标。这一共同的目标是一种意境，团队成员应花费充足的时间、精力来讨论、制定他们的共同目标，并在这一过程中使每个团队成员都能够深刻地理解团队的目标。以后不管遇到任何困难，这一共同的目标都会为团队成员指明方向。共同目标对团队来说非常重要，它是团队存在的理由，是团队运作的核心动力，是团队决策的前提，更是团队合作的旗帜。一个团队一般至少要有两个基本目标：保证完成团队任务和维护团队成员间融洽的关系。

2. 有信任感

一个具有凝聚力的团队，重要的就是要有信任感。这就要求团队成员认识到自己与团队之间以及自己与团队内其他人之间的相互信任是不可或缺的，同时要求团队成员必须学会承认自己的错误。团队成员还要乐于认可团队内其他人的长处，即使这些长处超过了自己的长处。

3. 有牺牲精神

对于现代的社会和企业，个人的成功并不能代表企业的成功，只有团队的成功才是企业的成功。一个团队至少由 3 个团队成员组成，且每个团队成员都有自己的思考方式和做事方法。每个团队成员的想法可能与团队目标、计划有差异或冲突，但是团队成员必须按团队共同目标去执行。每个团队成员在这个过程中可以充分发表个人的意见，保留个人的想法，但同时要坚决地按团队的计划和目标执行，并且为实现团队目标要勇于牺牲自己的私利。

4. 凝聚力强

任何团队都需要凝聚力。凝聚力能使团队成员之间顺利地完成思想的沟通，从而引导人们产生共同的使命感、归属感和认同感，并逐渐将其升华为团队精神。凝聚力可分为向心力和团结力，向心力对团队和团队成员具有吸引力，而团结力对团队成员具有吸引力。

5. 沟通良好

在团队中，团队成员间信息交流畅通可以使团队的业绩成果远远大于每个人业绩成果的总和。持续的沟通是使团队成员能够更好地发扬团队精神的重要因素，团队成员唯有秉持对话精神，有方法、有层次地发表意见并探讨问题，汇集大家的经验和知识，才能凝聚团队的共识，从而激发自身和团队的创造力。

6. 有核心领导

一个团队首先要有一个核心领导，核心领导的作用是当团队成员意见不一致时，能做出关键决定，督促团队成员按照其决定执行。核心领导有充分的人、财、物的指挥权，较强的协调能力和充分的决策权，有大局观，同时还能关注细节，能够听取正、反方的意见。团队的核心领导往往扮演的是教练或后盾的角色，他们为团队成员提供指导和支持，而不是控制团队成员。

12.1.4 团队合作的原则

扫一扫 微课视频

1. 要有合作的精神

中国有句古语："三个臭皮匠，赛过诸葛亮。"只有善于合作，运用合力，才能聚起强大的力量，把事业做大。一个不懂得合作的人，必将感到步履维艰；一个善于合作的人，就会觉得如鱼得水。然而，很多人恰恰缺少团队合作精神，而信奉个人英雄主义或异常孤僻，从不注意和周围人的配合。

合作精神是任何企业都十分强调的，在招聘员工时，企业也会考察应聘者是否有合作精神。团队合作是非常重要的，团队合作是一个职业人的基本职业素养。

2. 不做团队中的短板

一只木桶能够装多少水取决于最短的一块木板的长度，而不是最长的那块木板的长度，同时一只木桶能够装多少水不仅取决于最短木板的长度，还取决于木板与木板之间的结合是否紧密。如果木板与木板之间存在缝隙或缝隙很大，同样无法装水。例如，一家商店随着规模的扩大，需要扩充店员，于是新招聘了 10 多名新店员。经过岗前培训之后，这些新店员被分别安排在不同的岗位上。一个月过去了，老板发现商店并没有出现预期的良好的销售局面，销售情况反而还不如招聘新店员之前。老板非常疑惑，便派人进行深入的调研，根据调研，他发现主要是因为这些新店员培训时间过短、素质良莠不齐，尽管有一些适应能力强的新店员提高了商店的销售额，但还有一部分新店员具有职业素养低下、业务能力有限、工作态度不端正等缺点，造成营销活动连连出现失误。这使得商店的服务质量及良好的信誉遭到了破坏，并且这些职业素养稍差的新店员在销售活动中因为服务态度不好还遭到了投诉，最后造成相当一批老客户流失，从而造成商店销售额的下降。

因此，一个团队的战斗力，不仅取决于每个团队成员的能力，也取决于成员之间能否相互合作、相互配合。心理学家荣格曾列出一个公式：I+We=Full+I。意思是说，一个人只有把自己融入集体，才能最大限度地实现个人的价值。认识自己的不足，善于看到别人尤其是同事的长处，是具有良好的团队合作精神的基础。

案例 1

小孟的工作态度

小孟大学毕业后便成为一家公司的业务员。最初，他的销售技能和业务关系都非常好，因此他的业绩在全公司里是最好的。取得成绩以后，他就开始对别人，尤其是对那些客户服务人员指手画脚。本来这些客户服务人员非常支持小孟的工作，只要是他的客户打来的电话，客户服务人员就会马上提供售后服务。但是由于小孟动辄就说“是我给你们的饭碗，没有我，你们都要丢工作”，要不然就是说这些客户服务人员服务态度不好，他的客户向他投诉等。客户服务人员虽然没有反驳他说的话，但却通过行动来与他对抗，凡是小孟的客户打来电话，客户服务人员都一拖再拖。最后，这些客户打电话给小孟，并把怒火发到小孟的身上。由于后续服务不到位，小孟的续单率非常低，而原来的客户也都被其他业务员抢走了。

案例 2

团队合作的重要性

深圳市拓普理德企业管理顾问有限公司董事长谭兆麟曾经在电视上讲过这样一个事例：在他的公司里有一个员工，工作能力很强，但其目中无人，不能和同事和睦地相处。这个员工来找他，说：“谭总，如果我辞职了，离开了你，离开了公司，你难道一点儿都不觉得可惜吗？”他回答：“我会非常难受，因为我将失去你这样一个非常有能力的人，一个能为我创造绩效的人。但是，如果你伤害到我的团队，我一定会让你离开。”

通过以上两个案例可以得知，无论个人能力如何，作为团队中的一员，如果不能融入这个群体，总是独来独往、唯我独尊，必定会陷入自我的圈子里，自然无法得到友情、关爱和尊重。所以，刚毕业的大学生要避免自己在团队合作中的能力弱势，既要有独立的个性，又必须融入群体，这样才能促进自身的发展。

3. 切忌单打独斗

拥有合作能力的优秀人士，喜欢与别人相处，做起事来则充满干劲，对生命充满极大的热忱。但也有不少人，虽有人生目标却无热情，平常态度冷冰冰，面无表情，令人感到不容易亲近，做事也提不起精神。团队成员之间如果没有交流和沟通，就不可能达成共识；如果没有共识，就不可能协调一致，也就不可能有默契。

例如，《西游记》中的唐僧师徒组合克服了常人难以想象的种种困难，最终完成任务，取回了真经。他们所依靠的就是彼此之间的团结。作为团队领导人和协调者的唐僧，其虽然处世不果断和不精明，但对团队目标抱有坚定的信念，并以博爱和仁慈之心在取经途中不断地教诲和感化着三位徒弟。每个团队成员都有特性，这是无法也无须改变的，只要其发挥自己的优势，在团队中形成合力，成功就能随之而来。

案例 3

韩刚的晋升之路

韩刚很幸运，大学一毕业就进入一家报社工作。他积极学习，工作踏实，取得了非常好的工作业绩。但工作 8 年后，韩刚仍然是位普通的员工，而跟他一起入职的同事，有的已担任了主编或副主编之职，再看看已经 30 多岁的自己，韩刚真是越想越郁闷。

看着韩刚郁郁寡欢的样子，他的好朋友向他传授了一套与同事相处的方法，一年后，韩刚顺利地晋升为副主编，而且还带领报社的业务骨干出去考察了。

是什么使韩刚升职的呢？

韩刚的朋友帮他找出了两个不足之处。第一，只工作不合作。韩刚有一定的能力，又肯埋头苦干，工作的质量和效率都很突出，但是不愿与同事交流，只顾着工作，从不与同事交谈和来往。第二，过分推销自己。韩刚在业务上投入了大量精力和时间，所以在业务上取得了非常好的成绩，很喜欢在别人面前指手画脚，自吹自擂，忽略了他人的感受，给人留下了不懂得尊重他人的坏印象。

从本案例我们可以看出，如果不能把自己融入与别人的合作之中，则会面临难以获得大家认同的局面。与同事合作，就要积极参与各种集体活动，积极与同事协商工作方法，听取意见和建议，并分享工作成果。融入团队必须要有团队意识，要想让自己善于合作，就要摒弃自视清高、刚愎自用的思想和态度，认识到团结就是力量和齐心协力的团队意识。

4. 学会与同事相处

美国思想家爱默生曾说：“你能诚心地帮助别人，别人一定会帮助你，这是人生中最好的一种报酬。”刚刚走出校园，参加工作的大学生面临的第一个难题便是如何与同事相处。

在我们的周围有着各种各样的人，他们和我们一样需要别人关心、需要得到别人的尊重与爱。如果希望别人如何对待自己，首先要学会如何对待别人。

（1）真诚。在职场上，与同事之间在某些方面会存在差别，如专业技能、经历、性格等的差别，这些差别会造成双方在对待工作及平时的交往上出现不同的看法。这时应真诚地把自己的想法说出来，并听听对方的想法。在相处时要记住：自己问心无愧就好了。而且“路遥知马力，日久见人心”，时间久了，大家自然就会在心里形成一个印象：这个人很真诚，让他办事放心。

（2）平等友善。进入新的环境，对许多事情还不了解，即使自己各个方面都很优秀，自认为自己有能力干好工作，也要虚心向有经验的同事请教，不要太张狂。要知道每个人在工作中，都可能需要同事的帮助，所以平等地和同事交朋友吧！另外，和同事友好相处，还可以从同事那里得到同事总结的个人经验，以弥补自己的不足。

（3）保持微笑。即使是遇到了十分麻烦的事，也要保持乐观，不要把个人情绪带进工作中，要保证工作的正常进行，要知道别人也可能在忙碌着、烦恼着，也想寻求轻松和快乐。

（4）有技巧地说“不”。当别人要求你帮忙时，若你实在不好意思说“不”，就告诉他你正要处理一件事情，如果他愿意等待，则告诉他你做完自己的工作以后才可以帮他做。可运用幽默的话语，亲切、友好地拒绝他人的要求。

5. 明确职责，学会配合

团队是由不同的人组成的，团队中的每个成员应明确分工。团队中的分工是为了有序、高效率地完成项目和工作任务，恰当分工是进行合作的首要前提。因此，作为团队中的一员，我们要明确自己的职责，做好自己的事情，并与同事配合，以保证工作顺利进行。

我们只有把自己的角色扮演好，担负起自己的责任，同时与其他团队成员配合，大家团结一致，才能取得成功。

6. 培养团队意识，做合作型员工

卓越的团队的成员很清楚需要做什么，他们会彼此提醒注意那些无助于成功的行为和活动。而不够优秀的团队一般对不可接受的行为采取放弃或相互埋怨的方式，这些行为不仅会破坏团队的士气，而且会让那些本来容易解决的问题迟迟得不到解决。

案例 4

大雁团队

雁群是由许多有着共同目标的大雁组成的，在组织中，它们有明确的分工合作，当队伍中途飞累了停下休息时，它们中有的负责觅食、照顾年幼或老龄的大雁，有的负责放哨，有的负责安静休息、调整体力以便再次出发。在雁群进食的时候，巡视放哨的大雁一旦发现有敌人靠近，便会长鸣一声给出警示信号，群雁便整齐地飞向蓝天、列队远去。而那只放哨的大雁，在别人都进食的时候自己不吃不喝，体现了一种为团队牺牲的精神。科学研究表明组队飞要比单独飞提高 22%的速度，在飞行中的雁群两翼可形成一个相对真空状态，而飞翔的头雁并未处于真空状态，漫长的迁徙过程中总有人带头搏击，这同样是一种牺牲精神。而在飞行过程中，雁群大声嘶叫以相互激励，通过共同扇动翅膀来形成气流，为后面的队友助力，而且 V 字队形可以扩大雁

群的飞行范围。如果在雁群中，有任何一只大雁受伤或生病而不能继续飞行，雁群中会有两只大雁自发留下来守护照看受伤或生病的大雁，直至其恢复或死亡，然后它们再加入新的雁群，继续南飞直至目的地。

从本案例中我们可以看出，大雁能够南迁成功主要是能够把团队的利益、集体的目标放在第一位，它们讲究团队合作，对同伴不离不弃。

12.2 团队合作的要求

团队合作有六大基本要求：平等友善、善于交流、谦虚谨慎、能化解矛盾、接受批评、有创造能力。

1. 平等友善

与同事相处的首要原则便是平等。不管是资深的老员工，还是新入职的员工，都需要丢掉不平等的想法，无论是心存自大或心存自卑都是同事间相处的大忌。同事之间相处具有相近性、长期性、固定性，彼此都有较全面深刻的了解。要特别注意的是真诚相待，才可以赢得同事的信任。信任是联结同事的纽带，真诚是同事间共事的基础。

2. 善于交流

同在一个公司、办公室里工作，同事之间会存在某些差异，不同的知识储备、能力、经历造成不同的人在对待和处理工作时会产生不同的想法。交流是协调的开始，大家应把自己的想法说出来，再听对方的想法。

3. 谦虚谨慎

要学会谦虚谨慎，只有这样才会受到别人的欢迎。

4. 能化解矛盾

一般而言，与同事有点小想法、小摩擦、小隔阂是很正常的事。千万不要把这种小不快演变成大对立，甚至成为敌对关系。对别人的行动和成就表示真正的关心，是一种表达尊重与欣赏的方式。

5. 接受批评

应从批评中寻找积极成分。如果同事对你的错误大加抨击，即使其带有强烈的感情色彩，也不要与之争论不休，而是应从积极方面来理解抨击。这样不但对自己改正错误有帮助，也避免了敌对场面的出现。

6. 有创造能力

培养自己的创造能力，不要安于现状，试着发掘自己的潜力。一个有不凡表现的人，除能与人保持合作以外，还需要让所有人乐意与其合作。

团队合作指的是一群有能力、有信念的人在特定的团队中，为了一个共同的目标相互支持、合作奋斗的过程。它可以调动团队成员的所有资源和才智，并且会驱除所有不和谐和不公正的现象，同时会给予那些诚心、大公无私的奉献者适当的回报。如果团队合作出于自觉自愿，它必将产生一股强大而且持久的力量。

12.3 团队维护的技巧

扫一扫 微课视频

1. 分权管理

分权就是转交责任，一个上级不是什么决策都由自己做，而是将确定的工作委托给下级，让下级有一定的判断和明确独立处理的工作范围，同时也承担一部分责任，提高下级的工作意愿和工作效率。采用分权管理，上级可以从具体工作中解放出来，可以将更多精力投入本身的领导工作。

2. 漫步管理

漫步管理的意思是：（尤其是）最高领导不埋头在办公室里而尽可能经常地去工作区域转悠，让下属看见。这样有利于领导察看工作和倾听职工的话，这对职工也是一种激励。

3. 结果管理

上级应把要得到的结果放在管理工作的中心。但在进行结果控制时不一定要评价下属，可以评价一个部门或下属所任职的岗位。

4. 目标管理

目标管理即上级给出一个他的下属要达到的目标并对目标的完成情况进行管理。例如目标为销售额提高 15%，再层层分解。确定目标后，上级应有规律地检查销售额的变化情况。目标管理有利于提高下属的工作意愿和参与感。此外，还能促进团体精神的建设。

5. 例外管理

例外管理即领导只对例外的情况进行决策。例如，一个下属有权决定 6%以下的价格折扣。当一个顾客要求提供 10%的折扣时，就属于例外情况，这必须由上级决定。例外管理有利于提高职工的工作意愿、减轻上级的负担。应用这个技巧的实际困难在于：如何确定什么是正常业务，什么是例外情况。

6. 参与管理

参与管理即下级参与有些问题，尤其是与他本人有关的问题的决策。当对重要问题有发言权时，下级不会感到被不平等地对待了。这样做可以提高员工对企业目标的认同感。

7. 系统管理

系统管理即对确定的企业流程进行管理。领导可把企业作为一个大系统，对那些不断重复的活动制定许多规定和指令。这个技巧主要用于工业企业。采用这个技巧时，领导要注意的是，不要使企业内出现官僚主义。

素养课堂

严明的团队纪律

一个好的团队并不是说各方面都特别棒，而是指能够很好地借物使力，团队成员能取团队其他成员的长处来补自己的短处，也把自己的长处分享给大家，互相学习交流，共同进步。团队协作是一种智慧，发挥团队力量便是管理者的用人艺术。成功往往青睐那些懂得如何将人们团结起来，利用创造性和多样化思维创造奇迹的人。

商业领袖如何通过团队的力量成功创造新的合作关系和获得竞争优势？著名企业管理专家谭小芳老师建议在各个层面上建立团队协作关系，包括社会的、知识的、政治的，以及企业之间的。此外，团队内还要有团队纪律。

本章小结

◆ 团队是指一些才能互补、团结和谐并为承担共同责任的统一目标和标准而奉献的一群人。

◆ 团队合作有六大基本要求：平等友善，善于交流，谦虚谨慎，能化解矛盾，接受批评，有创造能力。

思考题

1. 企业的员工要有较强的团队精神，企业的发展离不开高效的团队合作。请举例说明高效团队有哪些特征。
2. 请说明维护团队高效运转的技巧。
3. 请根据你熟悉的一个团队，分析此团队的团队合作现状。
4. 团队合作的要求有哪些？
5. 团队合作的内容有哪些？

技能训练

一、承认错误游戏

人数：不限。

规则：参与人员相隔一臂站成数排。组织者发口令——喊一时，参与人员向左转；

喊三时，向后转；喊四时，向前跨一步；喊五时，不动（组织者可变换规则，如将“一”“二”“三”换成“甲”“乙”“丙”）。

当一个人做错时，要走出队列站到大家面前先鞠一躬，举起右手高声说：“对不起，我错了！”

讨论：

面对错误时，大多数情况是没人承认自己犯了错误；少数情况是有人认为自己错了，但没有勇气承认；极少数情况是有人站出来承认自己错了。完成游戏后，共同讨论游戏中出现的各种情况并交流心得体会。

二、趣味跳绳游戏

说明：跳绳是大家熟悉的游戏，在玩的时候会发生很多事，不同的人会有不同的反应。为什么呢？因为这是一个典型的团队活动，需要大家共同配合。

材料：粗绳一条。

时间：10 分钟。

目标：学员互助合作，达成共识，完成低难度活动。

规则：请两个人各握住绳子的一端，其他人要一起跳过绳子，所有人都跳过去后记数，数一数整个团队共能跳过去多少次。

讨论：

（1）当有人被绊倒时，各学员当时发出的第一声是什么？

（2）发出声音的人是在刻意指责别人吗？

（3）想一想自己是否不经意就对别人造成了压力？

（4）接下来应该怎么做？

注意：

（1）提醒膝盖或脚部有伤者，视情况决定是否参与。

（2）宜在户外草地进行，以免受伤。

（3）合组跳绳时应注意伙伴位置及距离，以免互相碰撞。

变化：

（1）可考虑不同的跳绳方式，如每个学员依序进入。

（2）可用两条绳子，或变换甩绳方向。

参考文献

[1] 孙健敏，徐世勇．管理沟通[M]．北京：清华大学出版社，2006．

[2] 刘玉冰．沟通技巧与实训[M]．北京：清华大学出版社，2012．

[3] 张达芝．应用写作教程[M]．6 版．杭州：浙江大学出版社，2005．

[4] 李谦．现代沟通学[M]．2 版．北京：经济科学出版社，2006．

[5] 李元授，邹昆山．演讲学[M]．2 版．武汉：华中科技大学出版社，2003．

[6] 李国宇．倾听的力量[M]．北京：中国纺织出版社，2007．

[7] 谢红霞．沟通技巧[M]．北京：中国人民大学出版社，2011．

[8] 刘伯奎．口才与演讲：技能训练[M]．北京：中国人民大学出版社，2006．

[9] 李锡元．管理沟通[M]．武汉：武汉大学出版社，2006．

[10] 王建民．管理沟通理论与实务[M]．北京：中国人民大学出版社，2005．

[11] 康青，蔡惠伟．管理沟通教程[M]．4 版．上海：立信会计出版社，2019．

[12] 宋莉萍．礼仪与沟通教程[M]．上海：上海财经大学出版社，2006．

[13] 李谦．现代沟通学[M]．3 版．北京：经济科学出版社，2009．

[14] 彭于寿．商务沟通[M]．2 版．北京：北京大学出版社，2011．

[15] 范云峰，张福禄．客户沟通就是价值[M]．北京：中国经济出版社，2005．

[16] 李晓明．商务沟通与客户服务．北京：中国劳动社会保障出版社，2005．

[17] 黄漫宇．商务沟通[M]．2 版．北京：机械工业出版社，2010．

[18] 陈翰武．语言沟通艺术[M]．武汉：武汉大学出版社，2006．

[19] 常青．完美沟通[M]．北京：机械工业出版社，2006．

[20] 沃克，商务沟通技巧[M]．陈晶，顾天天，赵菁，译．北京：电子工业出版社，2011．

[21] 卡耐基．卡耐基沟通的艺术与处世智慧[M]．王红星，译．北京：中国华侨出版社，2012．

[22] 麻友平．人际沟通艺术[M]．2 版．北京：人民邮电出版社，2016．

[23] 赵京立．演讲与沟通实训[M]．3 版．北京：高等教育出版社，2021．